诉讼证明责任与证明标准研究

王圣扬 著

中国人民公安大学出版社
·北 京·

图书在版编目（CIP）数据

诉讼证明责任与证明标准研究/王圣扬著. —北京：中国人民公安大学出版社，2012.9

ISBN 978-7-5653-0981-6

Ⅰ.①诉… Ⅱ.①王… Ⅲ.①诉讼—证据—研究

Ⅳ.①D915.130.5

中国版本图书馆 CIP 数据核字（2012）第 208114 号

诉讼证明责任与证明标准研究

王圣扬 著

出版发行：中国人民公安大学出版社
地　　址：北京市西城区木樨地南里
邮政编码：100038
经　　销：新华书店
印　　刷：北京兴华昌盛印刷有限公司

版　　次：2012 年 9 月第 1 版
印　　次：2012 年 9 月第 1 次
印　　张：9.875
开　　本：880 毫米×1230 毫米　1/32
字　　数：260 千字

书　　号：ISBN 978-7-5653-0981-6
定　　价：35.00 元

网　　址：www.cppsup.com.cn　www.porclub.com.cn
电子邮箱：zbs@cppsup.com　zbs@cppsu.edu.cn

营销中心电话：010-83903254
读者服务部电话（门市）：010-83903257
警官读者俱乐部电话（网购、邮购）：010-83903253
法律图书分社电话：010-83905745

本书是安徽大学“211 工程”三期学术创新团队建设项目“宽严相济视野下中国刑事法律制度研究”（项目批准号：SK-TD002B）的系列成果之一

前　言

诉讼中的证明责任与证明标准问题是证据法学界乃至诉讼理论界多年来讨论的热点问题之一，也是学界不同观点最多的问题之一。本书在对学界诸多观点予以考察的基础上，试图运用辩证唯物主义的思想，根据我国法律规定并结合司法实践，对这一问题进行研究。总的指导思想是：若作者认可学界原有观点，则对该观点进行进一步分析，并努力作一些新的探讨；对有的内容作者则提出了新的观点，并力图予以周密的论证。全书分为上下两编，上编论述诉讼证明责任，下编研究诉讼证明标准。

证明责任是诉讼史上由来已久的问题，不论是奴隶制国家、封建制国家，抑或是当代文明国家，都存在证明责任问题，但由于各种社会形态下诉讼程序的性质、形式和特点有所不同，证明责任的内容也有所区别。证明责任与举证责任实际上是同一概念，它是指谁负有依法收集证据、提出证据并运用证据证明案件事实的责任。其内容包括：依法收集证据，提出证据，依法运用证据证明案件事实。证明责任具有如下特点：任务的必须完成性，内容的不可分割性，主体的不可任意性，责任的不可转移性及对后果承担的不可推卸性。明确证明责任，有助于诉讼任务的完成，有助于加强公安机关、司法机关及其工作人员的工作责任心，有助于进一步认清我国诉讼法的民主性和科学性，还有助于推动司法体制改革和国家的法治建设。

在我国，公诉案件的证明责任是由公检法三机关及其工作人员承担的，这是由我国刑事诉讼法所规定的，也是由刑事诉讼证明活动的性质和任务决定的。我国审判机关及其工作人员之所以也负有证明责任，是因为审判人员不仅负有审查核对证据、评判证据的责任，而且还负有调查、核实证据的责任；并且，人民法院及其审判人员承担证明责任也是向国家和人民，以及向被告人及法官本人负责任的具体表现，因证明责任与司法人员责任制是密切相关的。在自诉案件中，证明责任是自诉人和人民法院共同承担的义务。犯罪嫌疑人、被告人原则上没有证明责任；但在如巨额财产来源不明等例外情况下，犯罪嫌疑人、被告人承担证明责任。在民事诉讼中，证明责任是由主张者与法官共同承担的。而行政诉讼中的证明责任，则属于行政机关应当履行的义务。

诉讼中的证明任务是在法律程序中特定机关、组织和人员依法运用证据进行证明所要达到的目的，而证明标准是指实现证明任务所要达到的程度的标尺、准则，其具有目的性、层次性、多元性等特点。历史上不同的社会形态具有不同的证明标准，分别是奴隶制社会的神示真实、封建制社会的形式真实及现代西方国家的主观真实。我国现行诉讼证明标准深受苏联“客观真实的内心确信”和我国民主革命时期“确实充分，实事求是”的证明标准的影响。

证明标准与法律文化有着密切的关联，其随着法律文化的发展、法律观念的更新而发展和变化，在我国当前应当纠正“无讼”“厌讼”“缺乏法律信仰”等不健康的法律文化，形成有利于社会主义法治国家建设的优良法律文化，这样才能切实实现法律规定的诉讼证明标准。证明标准与司法状况（执法环境）、法官素质也有很大的关系。一般说来，司法状况好，证明标准的要求就要高一些；反之，司法状况严峻，证明标准就可能为了打击犯罪、维护统治阶级利益和社会秩序而有所降低。同时，法官素质高，他在运用证据判断案情时就会依据法定的证明标准或达到认清案件事实的客观标准，从而使案件尽可能得到公正审判；反之，法官素质不高，他就可能不会完全理解证明标准或证明标准所应达到的程度，甚至没有证明标准的正确概念，案件的审判可能就会陷入混乱。另外，证明标准虽具有一定的独立性，但其演变却与诉讼目的、诉讼价值、诉讼模式之间存在互动关系，诉讼目的、诉讼模式、诉讼价值是除文化传统、科技发展水平等之外的证明标准的直接决定因素。证明标准同证据制度也有区别，两者之间为从属关系。

大陆法系国家与英美法系国家证明标准不同，但有两个共同特点：（1）无论是大陆法系还是英美法系均区分刑事诉讼与民事诉讼，适用不同要求的证明标准；且在同性质诉讼的不同层次中，适用不同的证明标准。（2）无论是大陆法系还是英美法系，其证明标准均是基于客观事实与证据的主观标准。我国诉讼证明标准的传统观点是“客观真实”标准。与西方国家诉讼证明标准相比较，我国诉讼证明标准具有两个显著特点：（1）一元制证明标准，即刑事诉讼与民事诉讼均实行“客观真实”的证明标准。（2）坚持诉讼证明标准的客观性，否认其主观性。为此，应当对我国证明标准体系进行重构，而重构我国诉讼证明标准需要遵循四个原则：其一，针对不同案件适用不同的诉讼证明标准。其二，对同一案件来讲，不同的情节可适用不同的证明标准。其三，对同一案件，可随诉讼阶段的推进适用不同的诉讼证明标准。其四，就同一案件所面对的实体法事实与程序法事实，也可区别适用不同证明标准。为此，我国民事诉讼证明标准可以确立为“证据占优势”。行政诉讼的证明标准为“法律真实”。刑事诉讼证明标准可分为六个层次（级别），由高至低依次为：（1）确定无疑；（2）排除合理怀疑；（3）有确实证据的推定；（4）优势证据（控方证据不足或有罪证据不足）；（5）有证据证明有犯罪事实；（6）认为有犯罪事实。如此，公安司法人员在不同的刑事诉讼阶段针对不同的刑事诉讼行为可以分别适用不同的证明标准。

目　录

上编：诉讼证明责任论

第一章　举证责任：诉讼史上由来已久的问题 …………（3）

一、举证责任的含义 ……………………………………（3）

二、奴隶制国家刑事诉讼中的举证责任 ………………（3）

三、封建制国家刑事诉讼中的举证责任 ………………（5）

四、资产阶级国家刑事诉讼中的举证责任 ……………（6）

五、苏联、东欧等国以及俄罗斯联邦刑事诉讼中的证明责任 ……………………………………………（8）

第二章　举证责任：“一个具有多种含义而又模糊不清的概念” ……………………………………………（10）

一、“举证责任”概念应包含的内容 …………………（10）

二、举证责任的概念及特点 ……………………………（11）

三、举证责任和证明责任：是否需要辨析 ……………（15）

第三章　证明责任的意义：一个不可回避的问题 ………（18）

一、明确证明责任，有助于诉讼任务的顺利完成 ……………………………………………（18）

二、明确证明责任，有助于加强司法机关及其工作人员的工作责任心 …………………………………（19）

三、明确证明责任，有助于进一步认清我国诉讼法的民主性和科学性 …………………………（20）
四、目前，对证明责任问题的研究，还有助于推动司法机关的机构改革和国家的法制建设 ………………（21）

第四章　公诉案件的证明责任：公检法三机关及其工作人员不可推卸的义务 ………………………………（23）

一、这是由我国刑事诉讼法所规定的 ………………（23）
二、这是由刑事诉讼证明活动的性质所决定的 ………（25）
三、这是由我国刑事诉讼的任务决定的 ……………（26）
四、需要说明的两个问题 ……………………………（26）
五、证明责任与司法人员责任制 ……………………（37）
六、自诉案件的证明责任：自诉人和人民法院共同承担的义务 ……………………………………（41）

第五章　犯罪嫌疑人、被告人有无证明责任：法学界争论的焦点 ………………………………………（43）

一、原则上讲，犯罪嫌疑人、被告人没有证明责任 …（43）
二、例外情况下，犯罪嫌疑人、被告人承担证明责任 …（52）

第六章　证明责任的差异：三大诉讼的比较 ………………（64）

一、三大诉讼证明责任的相同处 ……………………（64）
二、三大诉讼证明责任在承担主体上的差异 …………（66）
三、三大诉讼在证明责任问题上的其他差异 …………（69）

第七章　民事诉讼中的证明责任：主张者与法官共同承担的义务 ………………………………………（71）

一、民事诉讼证明责任分配的一般原则 ………………（72）
二、民事诉讼中法官的证明责任分析 …………………（73）
三、法官自由心证中的事实认定 ……………………（78）

第八章　行政诉讼中的证明责任：行政机关的义务 ……… (84)
一、作为被告的行政机关是行政诉讼中证明责任承担的主体 ……… (84)
二、行政诉讼中被告对证明责任的承担 ……… (85)
三、行政诉讼中的原告不应承担举证责任 ……… (90)
四、行政诉讼中人民法院的证明责任 ……… (92)

下编：诉讼证明标准论

第九章　对证明标准概念的界定 ……… (97)
一、证明标准的定义 ……… (97)
二、证明标准与相关概念辨析 ……… (102)
三、证明标准的性质 ……… (103)
四、对我国证明标准概念及其性质的检讨 ……… (107)
第十章　我国现行诉讼证明标准的渊源 ……… (111)
一、历史上各种证据制度下的证明标准 ……… (111)
二、当代两大法系主要国家的诉讼证明标准 ……… (116)
三、我国现行诉讼证明标准的渊源 ……… (118)
四、苏联证明标准确立的历史条件、基本理论及其历史作用 ……… (120)
五、我国民主革命时期证据制度的形成及证明标准的确立 ……… (124)
六、苏联和我国民主革命时期所确立的证明标准对我国立法和司法的影响 ……… (128)
第十一章　证明标准与法律文化 ……… (130)
一、证明标准与奴隶社会的法律文化 ……… (130)
二、证明标准与封建社会的法律文化 ……… (134)
三、证明标准与西方资本主义国家的法律文化 ……… (136)
四、证明标准与我国的法律文化传统 ……… (138)

第十二章　证明标准与司法状况（执法环境）、法官素质 …（144）
一、证明标准与司法状况（执法环境） ……………（144）
二、证明标准与法官素质 ……………………………（150）
第十三章　证明标准与诉讼目的、诉讼模式、诉讼价值 …（162）
一、诉讼目的、诉讼模式和诉讼价值的内涵 …………（162）
二、诉讼目的、诉讼模式与诉讼价值三者之间的关系 ……………………………………………（166）
三、诉讼目的、诉讼模式、诉讼价值三者与诉讼证明标准之间的关系 ………………………………（168）
四、诉讼价值、诉讼目的与刑事诉讼证明标准的关系 ……………………………………………（169）
五、诉讼价值、诉讼目的与民事诉讼证明标准的关系 ……………………………………………（172）
六、行政诉讼中证明标准与诉讼价值、诉讼目的的关系 ……………………………………………（175）
七、诉讼模式与证明标准 ……………………………（176）
八、我国诉讼证明标准必须适应诉讼价值、诉讼目的、诉讼模式的改革和发展要求 ………………………（182）
第十四章　证据制度与证明标准 ……………………（187）
一、证据制度与证明标准的关系 ……………………（187）
二、历史上主要几种证据制度中的证明标准 …………（189）
三、对我国证据制度客观性证明标准的评析 …………（193）
四、内心确信证明标准能否引入我国证据制度 ………（199）
五、我国证据制度的命名 ……………………………（205）
第十五章　诉讼证明标准的多元制 …………………（212）
一、西方国家的诉讼证明标准及其理论支撑 …………（212）
二、我国的诉讼证明标准及其理论支撑 ………………（218）

三、我国证明标准的西方化与西方证明标准的本土化 …………（223）
四、多元制诉讼证明标准的构建 …………（227）
第十六章　民事诉讼中的证明标准 …………（231）
一、两大法系民事诉讼的证明标准 …………（231）
二、我国民事诉讼证明标准应予重构 …………（235）
三、我国应确立证据占优势的民事诉讼证明标准 …………（241）
四、证据占优势证明标准在我国民事诉讼中的施行 …………（248）
第十七章　行政诉讼中的证明标准 …………（254）
一、行政诉讼也存在证明标准问题 …………（254）
二、行政诉讼的证明标准为法律真实 …………（258）
第十八章　刑事证明标准及其层次性 …………（262）
一、我国诉讼法学界关于刑事证明标准层次性问题的观点及其评价 …………（262）
二、外国刑事证明标准的层次性问题 …………（264）
三、确立我国刑事证明标准层次性的几个基本理论前提 …………（269）
四、我国刑事证明标准层次性的设想 …………（275）
五、从一起实例看刑事证明标准在司法实践中的适用 …………（278）
第十九章　刑事疑案与证明标准 …………（286）
一、疑案的产生与刑事证明标准的基础分析 …………（286）
二、刑事证明标准与疑案的含义及关系 …………（289）
三、刑事疑案的处理与刑事证明标准 …………（293）
后记 …………（301）

上编：诉讼证明责任论

第一章　举证责任：诉讼史上由来已久的问题

一、举证责任的含义

证明责任，在刑事诉讼史上，由来已久。传统意义上的证明责任，也即举证责任，是指当事人对有利于自己的主张有向法院举出证据加以证明的责任。法院应就当事人所主张的事实和提出的证据进行审理，作出裁判。有责任举证的当事人不举证，其主张未被证明，必受不利于己的裁判。这一概念意味着举证责任的要素有：（1）主体是当事人；（2）对象是有利于自己的主张；（3）内容是向法院提供证据；（4）法律后果是该举证不举证要承担不利于自己的裁判。

对于证明责任问题，不论是奴隶制国家和封建制国家的刑事诉讼法律规范，还是资本主义国家的刑事诉讼法，都有相应的规定，但是由于各种社会形态下诉讼程序的性质、形式和特点有所不同，因而举证责任的内容也有所区别。

二、奴隶制国家刑事诉讼中的举证责任

奴隶制国家实行的诉讼程序是控告式（弹劾式）诉讼，诉讼由控告人提起，没有原告即没有审判。这就是所谓的“无告诉人即无法官”的诉讼原则。在这种诉讼制度下，举证责任主要由控诉人承担，但在某些情况下，被告人也负有举证责任。

《汉穆拉比法典》第9条规定："自由民遗失某物而发现其遗失物在另一自由民之手，倘占有此物者云：'此物由一卖者售与我，我在证人之前买得'，而失物之主云：'我能提出知道此为我物之证人'，则买者应领到出售此物之卖者及购买时为之见证之证人，而失物之主人亦应提出知此为其失物之证人。法官应审理他们的案件，而交付买价时为之见证之证人及知此失物之证人，皆须就其所知，声明于神之前。卖者为窃贼，应处死；失物之主应收回其失物，买者应从卖者之家收回其所付之银。"[①] 这条规定，生动而具体地规定了各当事人之间的证明责任，失主必须首先证明失物为他所有，买主也必须证明他是通过买卖而获得其物。

古代两河流域的《中亚述法典》第8条中规定："如果有人破坏他的同伴间的大片田界，有人誓言揭发他并证明他有罪，那么，他应加倍交还他破坏而取得的田地；他应砍掉一指受一百杖责，并应付王家劳役一整月。"[②] 可见，这里的证明责任是由控告人负担的。至于在充满迷信色彩、野蛮落后的神示证据制度中，如由原、被告双方决斗，则双方都负有证明责任；如果被告人接受水或火的考验，则实际上是由被告人负担证明责任。

在被恩格斯誉为"商品生产者社会的第一个世界性法律"[③] 的罗马法中，明确地提出了证明责任的原则。公元前450年颁布的《十二铜表法》第6表第2条规定"凡主张曾缔结'现金借贷'或'要式买卖'契约的，负举证之责"[④]，这就是"谁主张，谁就要提出证据证明"的诉讼规则。具体规则有两条：（1）每一方当事人对其陈述中所主张的事实，有提出证据证明的义务；否认的一方没有举证责任。（2）双方当事人都提不出证据，负举证责任的一

---

① 张子培、陈光中等：《刑事证据理论》，群众出版社1982年版，第2页。

② 张子培、陈光中等：《刑事证据理论》，群众出版社1982年版，第3页。

③ 《马克思恩格斯全集》第21卷，人民出版社1965年版，第346页。

④ 转引自李浩：《民事证明责任研究》，法律出版社2003年版，第1～2页。

方败诉。总之，“双方当事人之陈述答辩既竟，即应各负举证反证之责任。”[①] 由于古罗马时期民事诉讼程序、刑事诉讼程序不分，这条民事审判中证明责任的规则，也适用于刑事诉讼中。由于“罗马法是纯粹私有制占统治的社会的生活条件和冲突的十分经典性的法律表现，以致一切后来的法律都不能对它做任何实质性的修改”[②]。罗马法中关于举证责任的规则，对后世各国的诉讼立法有很大的影响。

三、封建制国家刑事诉讼中的举证责任

在封建制国家的纠问式诉讼中，没有专门的公诉机关，法官集控诉和审判职能于一身，他主动追查犯罪，收集证据，证明被告人的罪责，承担着证明责任。从法律的规定来看，原告人和被告人没有什么诉讼权利保障，但都负有证明责任。原告人首先有证明责任，提出证据，证明控告的罪行。而后证明责任被加到被告人身上。封建统治者主观上认为“被告人口供（自白）”是最好的证据，是“证据之王”。因此，“罪从供定”、“无供不定案”，有供即可定罪判刑。为了取得这种最好的证据，法律明文规定可以对被告人刑讯逼供，强迫被告人证明自己有罪或无罪。所以，纠问主义诉讼制度下的证明责任主要由被告人承担。

唐律规定：“诸告人罪，皆须注明年月，指陈实事，不得称疑。违者，笞五十。”[③] 此项规定，宋刑统、大元通制亦同。至于被告人的证明责任，不论是欧洲国家还是我国封建社会，主要是通过刑讯来强迫被告人承担的。法国路易十四颁布的一六七零年大赦令规定，对被告人的拷打可以进行两次，一次是在侦查期间，以使被告人供认为目的，另一次是在处刑以前，以使其供出犯罪为目

① 邱汉平：《罗马法》，上海法学编译社1933年版，第877页。
② 《马克思恩格斯全集》第21卷，人民出版社1965年版，第454页。
③ 《唐律·斗讼》“告人罪须明注年月”条。

的。神圣罗马帝国的《加洛林纳法典》，英国和俄国的有关法律规定可以对被告人进行拷打。我国封建制法律，从秦、汉到明、清，对刑讯逼供都有明文规定，封建社会刑事诉讼中的这种以刑讯逼供来强迫被告人承担证明责任的做法，是封建专制制度“轻视人类，使人不成其为人”① 的具体表现之一。

我国封建社会，原告的证明责任还表现在，对被告经过法定的拷讯之后，如被告仍不招供认罪，则可反拷原告，“诸拷囚，限满而不首者，反拷告人”②。原告被拷，受刑不过，承认诬告，则以诬告反坐。

总之，封建刑事诉讼中这种让原告和被告都负证明责任，而且直接承担严重法律后果的做法，是其政治上的专制主义在刑事诉讼中的具体表现。

四、资产阶级国家刑事诉讼中的举证责任

资产阶级国家的刑事诉讼从总体上来讲，可以称为“混合辩论式”③，因为它兼有控告式诉讼程序和审问式诉讼程序的特点，而法庭审理以辩论方式进行又是其主要特色。这种诉讼程序的证明责任，继承了罗马法的原则，扬弃了封建制法的糟粕，发扬光大了其中的长处并赋予新的内容，其主要特点是：（1）控告有罪的证明责任由原告人承担，主要是警察官员或检察官负担（因为绝大多数案件是公诉案件，其起诉由各级警察官员或检察官员负担）；（2）废除刑讯逼供，禁止用威胁、恐吓、引诱等手段强制被告人作不利于自己的供述；（3）被告人有拒绝陈述和沉默的权利；（4）如果控告一方提证不足，而又提不出新的证据，就宣告被告人无罪。但由于英美法系国家和大陆法系国家在刑事诉讼程序的特

① 《马克思恩格斯全集》第1卷，人民出版社1965年版，第411页。
② 唐律《断狱》“拷囚限满不首”条。
③ 严端主编：《刑事诉讼法教程》，中国政法大学出版社1986年版，第12页。

点上有差别，因而举证责任问题在两大法系的刑事诉讼中也有不同的特点。

英美法系国家的刑事诉讼，实行当事人辩论主义，证明责任基本上实行民事诉讼的规则，即当事人双方“谁主张，谁举证”。首先，如英国大法官桑基所说：“纵观英国刑法之网，常常可以看到一条金线，那就是证明被告的罪行是控方的责任。”① 控诉人负有义务提出证据，证明被告人有罪。陪审团对控诉人所举的证据有怀疑或认为不充分时，即宣告被告人无罪，“在刑事案件中，不需要被告人去作为证人，除非他希望这么做。被告人享有反对自证有罪这种宪法保护。也不要求被告人证明本身无罪。原告人或政府负有举证责任。”② 被告人一般没有证明责任，但是，“在诉讼过程中，具体举证责任和证据性责任可以从一方转移给另一方”③，即被告人在反驳控诉的情况下，证明责任就转移到他身上。例如，被告人说，犯罪发生时他不在现场，自己的犯罪行为是在别人威逼下进行的，自己没有犯罪行为能力，等等。④ 众所周知，刺杀里根总统的辛格利在被法院审判期间，他的家庭为他重金聘请的高级律师用长达一百多页的篇幅来证明他是精神病人，结果由于被告方提出的证据较为有力，他被宣布为无行为能力人而宣判无罪，法院勒令其家长给予强制治疗。

大陆法系国家的刑事诉讼实行职权主义，证明责任是由检察官和法官来承担的。他们依照职权搜集、提出证据，证明案情，而不以任何当事人建议、申请、提供证据为条件。被告人有拒绝陈述并保持沉默的权利，没有证明自己有罪或无罪的义务。例如，德意志联邦刑事诉讼法规定：检察官作为公诉人必须提出证明被告人有罪

---

① 何家弘、刘品新：《证据法学》，法律出版社 2004 年版，第 301 页。

② 《美国民事、刑事案件审理程序概述》，载《法学译丛》1981 年第 2 期。

③ 欧阳涛等：《英美刑法刑事诉讼法概论》，中国社会科学出版社 1984 年版，第 285 页。

④ 参见张子培、陈光中等：《刑事证据理论》，群众出版社 1982 年版，第 141 页。

的证据及无罪的证据，被告人没有证明自己有罪或无罪的义务，被告人有拒绝陈述和沉默的权利。法官在审判时，有权决定调查范围，主动调取证据，不受检察官和当事人的约束。因此，没有当事人证明责任问题。[①] 在法国，则有“刑事被告人不负任何证明义务”的公式。[②]《日本刑事诉讼法》第 311 条规定了被告人的沉默权，拒绝供述和任意供述权。总之，被告人在任何情况下都不负任何证明义务，这就是大陆法的公式。

五、苏联、东欧等国以及俄罗斯联邦刑事诉讼中的证明责任

苏联法学界对证明责任问题曾经展开过激烈的争论，维辛斯基主张证明责任转移说；斯特洛果维奇主张被告人不负任何证明义务；切里佐夫主张在苏维埃刑事诉讼中，控诉人是有证明义务的，但不存在西方国家中所说的那种举证责任。“既不能把苏维埃检察长提出有罪的证据这种义务看做是证明责任，也不能把被告人提出证明自己无罪证据的这种权利看做是证明责任。”[③] 维辛斯基和切里佐夫的观点后来为苏联大多数法学者和立法否认，1980 年版由蒂里切夫主编的《苏维埃刑事诉讼》指出：“检察长、侦查员和调查人员有证明刑事被告人有罪的责任，”他们必须依法“查明证明刑事被告人有罪或无罪，加重或减轻罪责的各种情节”。“不能让刑事被告人负证明自己无罪的责任。这就是说，刑事被告人无论在法律上还是在事实上都不承担举证责任，对于自己无罪或者案件其他情况的确信都不负有进行说明的责任。”[④]《苏联和各加盟共和国

---

① 参见《德意志联邦共和国刑事诉讼法》第六章。

② 参见［苏］安·扬·维辛斯基：《苏维埃法律上的诉讼证据理论》，王之相译，法律出版社 1954 年版，第 276 页。

③ ［苏］切里佐夫：《苏维埃刑事诉讼》，法律出版社 1957 年版，第 27 页。

④ ［苏］蒂里切夫编著：《苏维埃刑事诉讼》，张仲麟等译，法律出版社 1984 年版，第 125 页。

刑事诉讼纲要》第 14 条和《苏俄刑事诉讼法典》第 20 条都规定："法院、检察长、侦查员和调查人员必须采取一切法定措施来全面、充分和客观地查明案情，弄清证明被告人有罪或无罪，加重或减轻罪责的各种情节，法院、检察长、侦查员和调查人员不得把证明义务转嫁到被告人身上。"这说明，在苏联刑事诉讼中，证明责任由检察长、侦查员、调查员和法院承担，被告人没有证明责任。

在东欧一些国家的刑事诉讼中，法律"规定刑事被告人有权参与自己无罪的论证，但这并不是必须的（见《德意志民主共和国刑事诉讼法典》第八条、第十五条，《波兰人民共和国刑事诉讼法典》第九条、第三百三十一条等）"①。可见，在这些国家，被告人也不负证明责任。

苏联解体后，俄罗斯联邦刑事诉讼法承袭了苏俄刑事诉讼法，只是在 1995 年进行了再次修订。现行俄罗斯联邦刑事诉讼法典的主要内容与苏俄刑事诉讼法的主要内容是相同的。

---

① ［苏］蒂里切夫编著：《苏维埃刑事诉讼》，张仲麟等译，法律出版社 1984 年版，第 543 页。

第二章　举证责任：“一个具有多种含义而又模糊不清的概念”

一、“举证责任”概念应包含的内容

举证责任应当包含哪些内容？我国法学界一些学者根据我国的立法和司法实践，提出了一些观点。有学者提出，举证责任应包含如下内容：（1）收集证据；（2）提出证据；（3）审查判断证据；（4）证明要证的事实。[①] 也有学者提出证明责任应包含下列内容：（1）提出证明主张；（2）收集或提出有关证据；（3）用有关证据证明该主张。[②] 还有学者指出，举证责任的内容应当是：（1）以法定的程序和手段收集调查证据；（2）以法定的程序和手段审查判断证据；（3）以法定的程序提出证据，证明要证明的问题。[③] 但是，以上观点对举证责任为什么应当具有这些内容，一般都未予以论述。

上述观点，都有合理之处。笔者认为，举证责任包含的内容应当是：（1）依法收集证据；（2）提出证据；（3）依法运用证据证明案件事实。这是因为：

---

① 参见朱云编著：《刑事诉讼证据制度》，法律出版社 1986 年版，第 177 页。

② 参见刘金友：《论刑事被告人的证明责任和提出证据责任》，载《中国政法大学学报》1984 年第 4 期。

③ 参见吴运才：《试论刑事被告人不负举证责任》，载《西北政法学院学报》1985 年第 2 期。

其一，举证责任所要解决的根本问题是：由谁拿出证据来证明案情。而要让负有证明案情责任的人拿出证据，就必须让其有收集证据的条件；另外，各国的刑事诉讼法都规定，收集证据必须依法进行。因此，举证责任的第一项内容应当是“依法收集证据”。

其二，从“举证”这个中文词本身的意思来看，所谓“举证”，是“举出证据”的简称，强调的是拿出证据，或曰提出证据。不论是以往任何诉讼形式下的举证责任，还是当今各文明国家诉讼形式下的举证责任，都少不了“提出证据”这一内容。从上述三个内容本身来看，“提出证据”是举证责任的中心环节，收集到了证据拿不出来，就不能起到证明案情的作用，收集证据就没有意义；负有证明案情责任的主体不拿出证据，就不能使自己对案情的证明言之确凿，令人信服。正因为如此，法学界一般认为“提出证据”是举证责任的一个内容。

其三，“依法运用证据证明案件事实”是举证责任的第三项内容。这一内容包括依照法律规定审查判断证据、评定证据和利用证据证明案情。一方面，此是收集证据、提出证据的目的所在；另一方面，综观刑事诉讼史，引用证据证明案件事实的活动是受证据法调整的，只不过在不同的社会形态下，法律对“在证明案情时应如何运用证据”的规定有所不同罢了。

举证责任的三项内容是有机联系的统一整体，它们构成了举证责任概念的全部内涵，为我们明确举证责任的确切定义及特征，以及确定我国刑事诉讼中举证责任的主体提供了依据。

二、举证责任的概念及特点

对于什么是举证责任，外国学者和我国台湾的学者说法不一。《不列颠百科全书》认为：“一般说，举证责任的意思是，当事人利用一些特定的事实来证明其主张时，就有责任提出证据来证明这些事实。这个责任根据实体法规定的权利要求而异。合理的推定和法律规则，在不同情况下可以使责任转变。”① 美国法学家F. 詹姆斯认为：“‘举证责任’这一术语，在我们的法律中，被用于涉及两种分开的并完全不同的概念……这两种不同的概念可以被认为是：（1）无说服力的冒险，或者叫说服的责任或简明的说服责任；（2）提出证据的义务，审判前进中继续提出证据的责任，或者说简明地提供证明的责任或证据的责任。”② 德国学者汉斯·普维庭认为举证责任包含“双重含义”：一是主观举证责任，亦称提供证据责任、形式举证责任、诉讼上的举证责任，即哪方当事人应当对具体的要件事实举证；二是客观的举证责任，亦称判定责任、实质举证责任、证明危险、证明风险、争议风险或判定之风险，即当诉讼中一项事实主张最终不能被证明时，也即法官自己对该项事实主张存在或者不存在始终不清楚的条件下，由何方负担不利后果的问题。③ 我国台湾学者陈朴生说：“一般所谓举证责任，指基本的举证责任，实质的举证责任或确证责任，重在危险负担，即当事人如未能立证使裁判者确信其事实之存在，而为其有利事实之认定时，应负担不利裁判之危险。且举证责任与审理义务本属两事，前者属于当事人，后者属于法院。”④

关于举证责任的概念，我国法学界也有几种不同的说法。有学者认为，举证责任指“谁负有提出证据证明案件有关事实的义务”⑤。也有学者认为，举证责任“是指公、检、法机关和当事人在司法证明和诉讼证明中，应当承担获取证据，提出证据，审查认定证据、案件事实和其他应行证明事实的分内事务和做不好分内事

---

① 黄道主编：《诉讼法》，知识出版社1981年版，第213页。

② F. 詹姆斯：《举证责任与推定》，载《国外法学》1983年第3期。

③ 参见［德］汉斯·普维庭：《现代证明责任问题》，吴越译，法律出版社2006年版，第10～11页。

④ 陈朴生：《刑事证据法》，台湾海天印刷厂有限公司1979年版，第308页。

⑤ 张子培主编：《刑事诉讼法教程》，群众出版社1986年版，第210页。

务所引发的后果。”① 也有学者认为，举证责任，“是指提出证据证明案件事实的证明负担，其实质是不利后果的承受，即承担证明责任的主体未能有效履行其证明责任则承担其诉讼主张不能成立的不利诉讼后果。”② 还有学者认为，“刑事诉讼中的举证责任就是诉讼当事人在审判中向法庭提供证据证明其主张之案件事实的责任。”③

可见，关于举证责任的概念，说法各异。正如《不列颠百科全书》陈述：“举证责任在证据法中是一个具有多种含义而有点模糊不清的概念。”④ 笔者认为，关于举证责任之所以会出现如此多的说法，并给人一种模糊的感觉，首先是因为人们对举证责任的内容理解各异，因而就出现了概念上的不同；其次，刑事诉讼性质和形式的不同，也会使学者对举证责任主体的理解不同。由于“证明责任是与诉讼本身组织的性质和原则，与诉讼形式的历史形式和特点直接联系的”⑤，因此，在加强社会主义法治的今天，我们在研究举证责任时，在给我国刑事诉讼中的举证责任下定义时，应当至少要考虑两个因素：（1）我国的刑事诉讼证据制度和司法实践经验；（2）我们所理解的举证责任所包含的内容。

我国证据制度的基本内容是：公安司法人员办理刑事案件，必须一切从实际出发，调查研究，实事求是；坚持具体问题具体分析，防止主观片面；坚持依法办事，防止非法武断；以充分、确实的证据作根据，准确全面地查明案情事实真相。“实事求是，依法办事”是我国证据制度的基本点和归宿，并贯穿于我国证据制度各组成部分的始终。因此，关于证据制度内容之一的举证责任的认

---

① 裴苍龄：《构建全面的证明责任体系》，载《法商研究》2007年第5期。

② 龙宗智：《刑事证明责任制度若干问题新探》，载《现代法学》2008年第4期。

③ 何家弘：《从应然到实然——证据法学探究》，中国法制出版社2008年版，第184页。

④ 黄道主编：《诉讼法》，知识出版社1981年版，第213页。

⑤ ［苏］安·扬·维辛斯基：《苏维埃法律上的诉讼证据理论》，王之相译，法律出版社1954年版，第269页。

识就不能囿于以往证据制度中举证责任的含义、内容及主体。也正是本着这一本质精神，笔者在第一节中首先解决了我国刑事诉讼中举证责任的内容这一问题。所以，笔者认为：我国刑事诉讼中的举证责任是指谁负有依法收集证据、提出证据并运用证据证明案件事实的责任。这个概念与前述举证责任的三个内容结合起来说明了我国刑事诉讼中的举证责任有以下特点：

1. 举证责任任务的必须完成性

所谓责任，从字义上理解，就是分内应该做的事情；从法律角度来讲，责任就是应尽的义务。举证责任作为一项法律义务是必须履行的。由举证责任的三项内容来看，举证责任是牵动整个诉讼活动的重大问题，可以说，诉讼任务能否完成，就在举证责任一举，因此，要保证准确、及时地查明犯罪事实，惩罚犯罪分子，保障无罪的人不受刑事追究，举证责任的主体，必须是有条件完成和切实能够完成举证责任的人。

2. 举证责任内容的不可分割性

举证责任的三项内容是有机联系的统一整体，具有不可分割性，只有同时承担了这三项内容，才能称得上是承担了举证责任。理由很简单：我们总不能说："只要看见了一个人的鼻子就看见了他的整个形象。"从这一点上来说，承担举证责任的主体，必须能承担起全部内容。如果只承担或只能承担部分内容，那么，就不能称之为"举证责任"，抑或可以称之为"举证行为"。

3. 确定举证责任主体的不可任意性

由举证责任任务的必须完成性和举证责任内容的不可分割性所决定，对举证责任主体的选择，不能具有任意性。因为在我国的刑事诉讼中，举证责任的任务不是任何人都可以完成的，举证责任的内容也不是任何人都可以承担的。对举证责任的主体既有量的要求，又有质的规定性；既要在司法实践中发挥作用，又要符合法律的规定。因此，不能任意选择。

4. 举证责任主体的不可转移性

由确定举证责任主体的不可任意性所决定，举证责任的承担者是不能将自己的举证责任转嫁给他人的。这就是举证责任主体的不可转移性。众所周知，英美法系国家的举证责任主体在一定条件下可以转移，“在审判过程中，证明责任因当事人一方履行完毕从而移向他方当事人。”① 但如上所说，我国证据制度中的举证责任不同于以往任何诉讼形式下的举证责任，它有着全新的本质和内容。对于这种新的举证责任，如果确认它的主体可以相互转移，必然会不利于整个诉讼任务的完成。

5. 承担举证责任后果的不可推卸性

举证责任，也即举证义务。义务是法律上规定某人必须作出一定行为或不得作出一定行为的约束；如果某人违背了这种约束，在法律上就要承担相应的后果。因此，如果确定了某人或某机关在刑事诉讼中有举证责任，那么，负有责任的该人员或该机关若没有举证或举证错误，就应该承担相应的法律后果。举证责任主体对其后果的承担是不可推卸的。

三、举证责任和证明责任：是否需要辨析

举证责任和证明责任是否同一概念？对此我国法学界一直都存有争议。有将二者视为同一概念的观点，如有学者认为，“证明责任和举证责任是一个概念，两者可以在同一的意义上使用。”② 也有认为应当将二者严格区分的观点，“举证责任和证明责任这两个词并不是一回事，它们是内涵和外延均不相同的概念，在诉讼理论中应当明确加以区分”。③ 另外，我国 2012 年 3 月通过的《刑事诉讼法》第 49 条规定：公诉案件中被告人有罪的举证责任由人民检

---

① 胡锡庆等主编：《诉讼证明学》，法制出版社 2001 年版，第 537 页。

② 樊崇义主编：《证据法学》，法律出版社 2003 年版，第 276 页。

③ 孙飞：《举证责任和证明责任辨析》，未定稿，1986 年第 5 期。

察院承担，自诉案件中被告人有罪的举证责任由自诉人承担。这里，我国法律首次提出了“举证责任”的概念，但只是针对“有罪”而言的。如果就整个刑事诉讼来说，笔者认为，对于举证责任和证明责任，确无辨析的必要。

首先，无论是证明责任还是举证责任，都是外来词，即是从外国文字里翻译过来的。我国古代诉讼法中没有“举证责任”或“证明责任”这一概念——尽管司法实践中存在着由谁提出证据证明案情的实际情况。西方法律和法律思想传入近代中国后，在我国法学界才出现了举证责任、证明责任、立证责任、证据责任、证责等名词。这就说明了，举证责任和证明责任是同一概念，它们所表达的含义和内容是相同的，之所以叫法不同，只是由于翻译的原因，是翻译上的不统一。“既然人们在长期的语言习惯中已经把它们当做同义词来使用，现在似乎没有强行改变的必要。”①

其次，尽管举证责任（Burdon of Introducing 或 Burdon of Producing Evidence）和证明责任（Burden of Proof）在英文中有两个非常贴切的词和其相对应，但即使在西方国家，这两个词也是相互交替运用并可互相代替的，否则，那里的法学家就不会发出证明责任是模糊不清概念的感慨了！我国有学者在论述英语“Burden of Proof”（证明责任）时分析说，“Burden of Proof”包含两层含义：“一是当事人向法官提供足以使案件交予陪审团评议的证据的行为责任，未履行提供证据责任的案件不得交予陪审团评议，由法官通过指示评议进行判决；二是指当事人对交予陪审团进行事实认定的案件，在审判程序的最后阶段，因事实真伪不明而承担的诉讼上的不利益。”② 进而论述举证责任和证明责任需要辨析。笔者认为，举证责任和证明责任从表面上即从词义上看，两者确有不同，但若从其

---

① 何家弘：《从应然到实然——证据法学探究》，法制出版社 2008 年版，第 183 页。

② 陈刚：《证明责任概念辨析》，载《现代法学》1997 年第 2 期。

历史渊源、内容、特点以及承担主体等实质方面进行全面分析，两者确无辨析的必要。

最后，也是最重要的一条，关键并不在于叫什么名称的问题，而是在我国社会主义证据制度下的举证（证明）责任应当具有哪些全新的含义、内容和特点以及怎样解决这一问题。因为不论叫什么，不论所翻译的名词和外国原文如何对应贴切，我们都不能照搬外国关于这一问题的全部内容及解决办法。

综上所述，当我们对我国刑事诉讼中举证责任的内容、概念和特点有一个明确的认识后，就不会认为证明责任是“一个具有多种含义而又模糊不清的概念”了，这些也为我们确定我国刑事诉讼中证明责任的主体提供了一定的依据。

第三章　证明责任的意义：一个不可回避的问题

诉讼证明的基本要素有三：证据；证明对象；证明责任。证据是解决一个手段问题，即用什么手段来证明的问题；证明对象是解决一个证明什么的问题；证明责任是解决由谁来进行证明的问题。三者都是诉讼证明中不可回避的问题。具体来说，在我国，研究证明责任有以下意义：

一、明确证明责任，有助于诉讼任务的顺利完成

我国刑事诉讼的任务是惩罚犯罪，保护无辜，公正地处理各类刑事案件，做到“不枉不纵”、“不错不漏”，要完成这一任务，必须查明案件的事实真相，在事实清楚的基础上正确适用法律，公正处理案件。但是，对案件情况的正确确定，又必须以确实充分的证据为基础。如果没有取得确实充分的证据，就无法正确认定案件事实。如果案件事实认定错了，也就不可能正确地适用法律，对案件作出正确的处理，从而全面完成刑事诉讼的任务。因此，正确确定案件情况是准确适用法律、正确处理案件从而全面完成刑事诉讼任务的基础，而证据又是正确认定案件情况的基础。“从某种意义上讲，整个诉讼过程，就是证据的发现、收集、审查、判断和运用的过程。”① 可见，证据在刑事诉讼中的地位是非常重要的，每一个

① 陈卫东主编：《刑事诉讼法教学参考书》，中国人民大学出版社 2004 年版，第 179 页。

刑事案件都离不开证据。离开证据，刑事诉讼就无法进行，刑事诉讼任务就不能完成。因此，谁来收集证据、提出证据并运用证据证明案件事实，就成了刑事诉讼中的一个重要问题。举证责任不明，势必影响证据的收集和提出，妨碍准确、及时地查明与认定案件事实，当然也就不利于惩罚犯罪和保护无辜。明确了举证责任，其主体就要根据自己的责任所在，积极地、主动地收集证据或提出证据，从而有助于准确、及时地查明案情，惩罚真正的犯罪分子，保护无罪的人不受刑事追究。可见，明确证明责任，有助于刑事诉讼任务的顺利完成。

民事诉讼的任务主要是定纷止争。法官定纷止争的依据是事实，在事实清楚的基础上通过调解和判决解决纠纷。但要查清事实，就需有证据，那么，谁有义务拿出证据证明案情呢？民事诉讼一般通过制定一些举证责任规则来解决这一问题。所以，明确证明责任有利于诉讼任务的顺利完成。

二、明确证明责任，有助于加强司法机关及其工作人员的工作责任心

我国刑事诉讼是国家专门机关在诉讼参与人的参加下，依照法定程序同犯罪行为作斗争的活动。“刑事诉讼中的专门机关，是指依法在刑事诉讼活动中承担一定诉讼职能的国家机关。在我国，它主要指公安机关、人民检察院和人民法院。”① 公安司法机关与刑事诉讼的发生、发展直至终结，都有着直接或间接的关系。如果确定公安机关、人民检察院和人民法院在诉讼过程中承担证明责任，使各机关在诉讼中明确自己应履行的证明义务，就有利于促使它们忠于职守、顽强奋战，加强自己的工作责任心。如果确定公安机关、人民检察院和人民法院没有证明责任或者有的机关有证明责

① 王圣扬主编：《刑事诉讼法学》，人民法院出版社、中国社会科学出版社 2003 年版，第 48 页。

任，有的机关没有证明责任，而当事人或有些诉讼参与人也有证明责任，那么，由公安司法机关在刑事诉讼中的地位所决定，其有权要求有证明责任的机关或诉讼参与人积极地承担证明责任，认真履行自己的证明义务，否则司法机关就有权作出不利于它们的诉讼结论。可见，对证明责任问题的研究，可以确定公安司法机关是否有证明责任，从而有利于发挥它们在刑事诉讼中的作用，加强它们的工作责任心，为它们及时决定乃至终结诉讼的进程提供帮助。

民事诉讼离不开人民法院的审判活动，“民事审判的基本制度是指人民法院审判民事案件必须遵循的基本操作规程。”① 作为司法机关的人民法院和代表人民法院进行审判的法官对于民事诉讼是不可缺少的，那么，民事法官是否有证明责任的问题的解决，即有助于加强民事法官的工作责任心。

三、明确证明责任，有助于进一步认清我国诉讼法的民主性和科学性

诉讼史上对证明责任的确定，虽然其中不乏合理因素，但总的来说，或武断专横，或野蛮残酷，或虚伪骗人。“在中国古代诉讼中，刑讯是法定的调查取证的方法。刑拷的对象通常为被告人，但对原告人、证人也允许拷问。刑讯是一种野蛮、落后的审判方式（实际上是把证明被告人有罪的责任强加给当事人、尤其是被告人），是大量冤错案件的来源，造成了无数人间惨剧。”② 当代中国社会主义诉讼法的本质决定了我国现行的证明责任不同于以往任何社会的证明责任，其必须充分体现我国现行诉讼法的民主性和科学性。本着这一精神，我们对证明责任主体的确定，既要继承诉讼史

---

① 蔡彦敏、黄秋盈：《论民事审判基本制度的修改与完善》，载陈光中、汪建成、张卫平主编：《诉讼法理论与实践（2006 年卷）——司法理念与三大诉讼法修改》，北京大学出版社 2006 年版，第 642 页。

② 陈光中主编：《刑事诉讼法》，北京大学出版社 2009 年版，第 50 页。

上的合理因素，也要注重我国的诉讼实际情况；既要发挥司法机关在诉讼中的地位和作用，也要考虑到诉讼活动的基本规律；既要符合立法规定，也要考虑到司法实践。总之，对证明责任问题的研究，应该有助于充分体现我国社会主义诉讼程序和证据制度的优越性，克服历史上各种诉讼形式下证明责任的种种弊端，使人们从证明责任问题上，更进一步认清我国诉讼法的进步性、民主性和科学性。

四、目前，对证明责任问题的研究，还有助于推动司法机关的机构改革和国家的法制建设

从1997年党的十五大开始，到“2007年召开的党的十七大提出‘深化司法体制改革，优化司法职权配置，规范司法行为，建设公正高效权威的社会主义司法制度，保证审判机关、检察机关依法独立公正地行使审判权、检察权’”，“10多年来，党中央十分重视刑事司法体制改革，出台了一系列改革举措，刑事司法体制改革取得了一定成效。”① 但司法体制改革的目标尚未达到和实现，改革的举措未见十分得力和有效，改革的成果也非丰硕且并不令人十分满意。改革尚需继续。证明责任问题与我国目前正在进行的司法体制改革和国家的法制建设有无关系？回答应该是肯定的。如果我们确定了公安司法机关在诉讼中有证明责任，有哪些证明责任，就有利于从立法上对那些在诉讼中手中掌握权力的侦查员、检察官和法官规定相应的义务，使他们既享有权力，也承担相应的责任（包括行政责任、民事责任和刑事责任），从而加强他们的工作责任心。无疑，这对于建立我们目前正在讨论的中国的司法人员责任制之问题具有一定的实际意义。另外，从目前国家已有的立法工作

① 戴玉忠：《深化刑事司法体制改革与刑事立法的协调》，载卞建林、文晓平主编：《中国刑事诉讼法学研究会文集2010年卷——建言献策：刑事诉讼法再修改》，中国人民公安大学出版社2011年版，第61页。

来看，我国《刑法》第395条中规定了“巨额财产来源不明罪”，这一罪名也促使我们必须对证明责任问题加以研究。不论是从有利于司法责任制的立法建设来看，还是从现有有关职务犯罪的法律规定来看，对证明责任问题加以研究都是很有必要的。

总之，证明责任问题不能回避，也不应回避。“证明责任问题在证据制度中占有显要地位，对于保证诉讼程序的顺利进行和案件的公正处理，意义重大。”①

① 陈光中主编：《刑事诉讼法》，北京大学出版社2009年版，第168页。

第四章 公诉案件的证明责任：公检法三机关及其工作人员不可推卸的义务

我国刑事诉讼中举证责任的内容、概念及特点决定了在公诉案件中，举证责任只能由公检法三机关及其工作人员承担。具体理由如下：

一、这是由我国刑事诉讼法所规定的

我国《刑事诉讼法》第50条规定：审判人员、检察人员、侦查人员必须依照法定程序，收集能够证实犯罪嫌疑人、被告人有罪或者无罪、犯罪情节轻重的各种证据。严禁刑讯逼供和以威胁、引诱、欺骗以及其他非法的方法收集证据。这表明公检法三机关办理刑事案件的人员承担着依法收集各种证据的证明责任。按照我国刑事诉讼法，不论案件是在侦查阶段，还是在起诉或审判阶段，承办案件的侦查人员、检察人员、审判人员在各自办案的过程中，都有责任收集或补充收集证据，审查判断证据，以及运用证据证明案情，并根据法律规定，认定犯罪嫌疑人、被告人有罪或者无罪，罪重或者罪轻。

根据法律规定，绝大多数的刑事案件由公安机关侦查。公安机关处于揭露、证实犯罪斗争的第一线，担负着收集、固定、保全、审查判断和提出证据的艰巨任务，负有证明责任。例如，公安机关对于控告、检举或犯罪人员自首的材料，应当迅速进行审查，如发现有犯罪事实需要追究刑事责任，并且又属于自己管辖时，应当迅速立案进行侦查，收集各种证据，证实犯罪人；公安机关要拘留犯罪嫌疑人时，必须拿出证据证明该犯罪嫌疑人符合拘留的条件；要求逮捕犯罪嫌疑人时，必须向人民检察院提出证据，证明该犯罪嫌疑人有犯罪事实已经查明，可能判处徒刑以上刑罚，采取监视居住等强制措施尚不足以防止其发生社会危险性而有逮捕必要；公安机关侦查终结后，认为犯罪嫌疑人犯罪事实、情节已经查清，将案件移送人民检察院，必须就所认定的案件事实提出确实、充分的证据，让人民检察院审查决定。同时，根据法律规定，公安机关在揭露犯罪、证实犯罪、收集犯罪嫌疑人有罪或罪重证据的同时，也应当收集犯罪嫌疑人无罪或罪轻的证据，如果有确实、充分的证据证明犯罪嫌疑人是无罪的，就应当将其无罪释放，并发放释放证明；如果收集到犯罪嫌疑人罪轻或应当减轻罪责的证据，也应当将这些证据提交给检察机关，让检察机关在决定对犯罪嫌疑人起诉或不起诉时参考。

人民检察院是国家的法律监督机关，代表国家行使检察权。对犯罪分子进行追究，是人民检察院的主要职权。我国《刑事诉讼法》第 167 条规定：凡需要提起公诉的案件，一律由人民检察院审查决定。对于公安机关移送的案件，人民检察院审查以后，认为事实不清、证据不足的，可以退回公安机关补充侦查，也可以自行侦查。刑事诉讼法还规定：贪污贿赂犯罪，国家工作人员的渎职犯罪，国家工作人员利用职权实施的非法拘禁、刑讯逼供、报复陷害、非法搜查的侵犯公民人身权利、民主权利的犯罪以及人民检察院认为需要自己直接受理的其他案件，由人民检察院立案侦查和决定是否起诉。但是，人民检察院对犯罪进行控诉，代表国家充当公诉人，要求人民法院追究犯罪嫌疑人的刑事责任时，必须提出犯罪的具体事实，指出犯罪嫌疑人应当负刑事责任的事实根据。《刑事诉讼法》第 172 条规定，人民检察院认为犯罪嫌疑人的犯罪事实已经查清，证据确实、充分，依法应当追究刑事责任的，应当作出起诉决定，按照审判管辖的规定，向人民法院提起公诉。可见，如果没有确实、充分的证据，没有已经查清的犯罪事实，证明不了自己的控诉是正确的，那么要追究犯罪嫌疑人的刑事责任就毫无理由，控诉便不能成立，抑或根本就不能起诉。即使起诉了，人民法院作为国家的审判机关，也不会同意这样毫无理由的控诉而对被告人处予刑罚。同时，人民检察院在起诉阶段，如果发现犯罪嫌疑人有罪轻或减轻罪责的证据事实，也应当在起诉时一并移送人民法院，由人民法院在对被告人量刑时参考。

人民法院是国家的审判机关，依法行使审判权，惩办一切犯罪分子，同时，保护无罪的人不受刑事处罚。指导现代刑事诉讼的基本原则是："只有当能够确定具备了全部主客观要件，且不存在阻却责任或阻却刑罚要素，或者不存在排除责任或排除刑罚要素时，国家的刑罚权——与民事诉讼中原告的请求权不同——始可行使。"① 为了实现国家的审判任务，人民法院有权积极主动地收集证据，查明案件的客观真相。人民法院对公诉案件进行审查后，对于主要事实不清、证据不足的，可以退回人民检察院补充侦查；必要的时候，人民法院也可以采取各种带有强制性的调查措施，以收集或审查判断证据。在法庭审理中，人民法院不受控诉一方或辩护一方所收集和提出证据的限制或影响。如果认定被告人无罪，它有权对被告人作出无罪判决；如果认为控方提出的指控被告人有罪的证据不足，不足以支撑有罪判决，它亦有权作出无罪判决；如果发现案件的证据存有疑点，它有义务查明核实，即使被告人供认了，也不能单凭口供作出裁判；如果要对被告人定罪判刑，则必须以确实、充分的证据作为认定案件事实的根据。

二、这是由刑事诉讼证明活动的性质所决定的

刑事诉讼的证明活动是围绕着被告人的刑事责任而展开的。据

---

① ［德］莱奥·罗森贝克：《证明责任论》，庄敬华译，法制出版社 2002 年版，第 36 页。

此，刑事诉讼证明对象主要在于是否发生了犯罪事实，谁是犯罪人，犯罪的时间、地点、动机、目的、手段、危害后果，有无正当防卫、紧急避险的情况等。完成这样的证明任务以及查明案件全部情况，是非常艰巨复杂的工作。因此，证明责任只能由专门的侦查机关、检察机关和审判机关及其专门人员才能够承担并圆满完成，其他任何机关、单位和个人都不能承担并加以完成。

三、这是由我国刑事诉讼的任务决定的

我国的刑事诉讼既要揭露、证实、惩罚犯罪，又要保护无辜之人不受刑事追究，而这两方面的任务，主要都是由国家司法机关承担的。正是为了保证这些任务的实现，国家才将有关取得证据的强制性权力和技术条件，如讯问被告人，询问证人、被害人，勘验检查，搜查、扣押物证、书证，鉴定，通缉等，赋予公安司法机关，而且，也只有各司法专门机关才具有这些职权。有了职权，也就要承担相应的责任。其中，承担证明责任就是它们一项重要而又必须履行的职责。因此，其他任何机关、单位和个人，包括那些正在受到刑事追究而又无权收集、调查证据的犯罪嫌疑人、被告人，不能够也不应该承担证明责任。否则，诉讼证明的任务乃至整个刑事诉讼任务就不能实现。

综上所述，无论是从我国刑事诉讼法的规定来看，还是从刑事诉讼证明活动的性质和任务来看，我国刑事诉讼中公诉案件的证明责任只能由公检法三机关及其办案人员来承担，他们在办案过程中既互相配合又互相制约，充分体现了我国刑事诉讼中举证责任的民主性和科学性。

四、需要说明的两个问题

1. 关于人民法院有无证明责任的问题

有人认为，人民法院的审判人员只负有审查核对证据、评判证

据的责任而不承担举证责任，这种观点是值得商榷的。因为：

第一，从前述证明责任的内容要素可以看出，人民法院对证据的审查判断，也是证明责任的一个内容。

第二，根据我国刑事诉讼法的规定，人民法院在必要的时候，可以收集和调查证据，在这一点上，我国和那些奉行“当事人主义”的国家的做法是不同的，审判人员并不是完全处于评判员、仲裁者的地位。

第三，人民法院及其审判人员承担证明责任是向国家和人民，以及向被告人及法官本人负责任的具体表现。之所以说我国的法官承担证明责任也是对法官本人负责任的表现，是因为我国实行较为严厉的错案追究制度。如果法官在办案过程中不负责任，未承担证明责任，出现错案，那么，法官就可能被追究责任。众所周知的赵作海冤案①出现后，承办该案的河南省商丘市中级人民法院法官、当年审理赵作海案的审判长张运随、审判员胡选民、代理审判员魏新生就被停职调查，② 他们都为当年对赵作海案件审理的不负责任，即未承担好证明责任付出了代价。可见，人民法院及其审判人员承担证明责任可以充分发挥审判人员的积极性和主动性，促使他们严格审慎地办案，客观、公正地处理案件。

第四，人民法院的审判人员负证明责任，就是说，审判人员不仅负有审查核对证据、评判证据的责任，而且还负有调查、核实证

---

① 赵作海案：2010 年 5 月 9 日，“杀害”同村人在监狱已服刑多年的河南商丘村民赵作海，因“被害人”赵振裳的突然回家，被宣告无罪释放，河南省有关方面同时启动责任追究机制。2010 年 5 月 9 日上午，河南高级人民法院召开新闻发布会，向社会通报赵作海案件的再审情况，认定赵作海故意杀人案系一起错案。河南省高级人民法院于 2010 年 5 月 8 日作出再审判决：撤销省高级人民法院复核裁定和商丘中级人民法院判决，宣告赵作海无罪。立即派人赶赴监狱，释放赵作海，并安排好其出狱后的生活。2010 年 5 月 17 日上午，赵作海领到国家赔偿金和困难补助费 65 万元。参见：http://baike.baidu.com/view/3592528.htm：赵作海冤案。最后访问日期：2012 年 1 月 31 日。

② http://baike.baidu.com/view/3592528.htm：赵作海冤案。最后访问日期：2012 年 1 月 31 日。

据的责任。如果审判人员对公安机关、检察机关移送来的证据材料不核实，有疑问的地方也不调查，对辩护方关于证据材料虚假的抗辩理由置若罔闻，茫然而又决然地作出判决，必然会导致错案；换句话说，审判人员一定要对自己的判决书负责，对判决书上所认定被告人的犯罪事实负责，亦即对判决书上所认定被告人的犯罪事实承担证明责任或曰举证责任。在判决书上，审判人员应当拿出（即“标明”）证明被告人犯罪事实的各种情节的证据，包括犯罪人是否就是被告人以及犯罪的时间、地点、动机、目的、方法、手段、过程、后果等，证据“锁链”当中的每一个证据“锁环”都不能缺少，而且这些证据“锁环”亦不能存在疑问；如果有疑问，就要去核实，如果缺少“锁环”，就要去调查。若疑问没有核实或者缺少的“锁环”没有调查出来，审判人员就不能贸然地给被告人作出有罪的判决。只有这样，审判人员的审查判断证据、核实乃至调查证据的责任才告完成，才属于圆满地完成了证明责任。

当然，人民法院的审判人员负有证明责任，决不意味着审判人员把控诉一方或辩护一方视为可有可无而置之不顾，单凭自己收集到的证据主观臆断地作出裁判，否则就是封建的纠问式诉讼，不仅会造成错判，而且也不符合我国刑事诉讼法的规定。

下面再以一司法实例分析一下审判人员的证明责任问题：

（1）某案一审《判决书》中认定的事实及判决结果。

2006 年农历 7 月的一天，被告人李四在 L 县城关镇“新塘”附近遇到一女子，将该女带到该园内一条小河边强奸。事后，李四扼住该女颈部，又用该女随身携带的编织袋上的绳子缠绕其颈部。待该女死亡后，将尸体拖到河内，用水草掩盖在该女尸体上后逃离现场。经刑事科学技术鉴定，该女系颈部受压致机械性窒息死亡。

认定上述事实的证据有：

第一，证人证言。

证人王五、赵六证言证明，二人于 2007 年 1 月 25 日在 L 县生态园内捕鱼时发现尸体，遂向公安机关报案的情况。

证人钱七（L县看守所干警）证言证明，2007年1月15日，其值班时，219监室的在押犯张三向其举报同监室李四杀害他人一案，同时交给其一封举报信，后其转交给L县公安局城关中队。

证人张三证言证明，其因涉嫌犯非法拘禁罪被羁押于L县看守所201室。2006年11月间，李四因涉嫌犯抢劫罪与其同室关押，其为李四看手相，李四对其很信服，李四告诉他，在2006年农历7月，李四在L县“新塘”附近遇到一女子，二十七八岁，穿红色花纹的半截袖上衣，黑色脚蹬裤，黑布鞋，鞋上有白色布条，李四强奸了这个女子，又将该女掐死，用水草将尸体缠住，把尸体沉入附近水塘，李四告诉了他沉尸的地点，还画了图，让其按图上的位置去找尸体，替他破灾气。后张三向管教干警检举了情况。

第二，书证。

检举信载明，侦查人员于2007年1月23日收到L县看守所管教人员钱七转交的张三书写的检举信一封，内容为检举一起杀人犯罪和一起抢劫犯罪。

“沉尸地理图”两张。侦查人员于2007年1月26日收到张三递交的称系李四绘制的沉尸地理图两张，其中一张绘制在黄裱纸上，一张绘制在笔记本纸上。

L县看守所在押人员体表检查表载明，在押人员李四于2007年1月26日21时40分出所，体表正常；2007年1月28日17时30分回所，体表正常。

第三，L县公安局公勘（2007）044号现场勘验笔录及现场方位图、现场照片载明，中心现场位于L县城关镇西城社区生态园内一人工挖掘的小河偏东沿的河水中，尸体周围漂浮大量水草。

第四，鉴定结论。

L县公安局公（刑）鉴（法）字（2007）0278号刑事科学技术检验报告及尸检照片载明，尸体颈部用衣服布条状绳索缠绕二圈，并打死结。另一侧与蛇皮袋相缠绕，上身着黑底带红花的短袖

T恤衬衫，内有一白色乳罩。下身着黑色长裤，裤腰松开，右下肢裤腿中段裤缝开裂，两裤腿脚上翻，无内裤。双脚穿帆布运动鞋，鞋面嵌有白色孝布，无袜。蛇皮袋内有淡黄色秋裤及印有图案的白色圆领衬衫。结论为该无名女性系颈部受压致机械性窒息死亡。

第五，被告人李四供述证实，2006 年农历 7 月的一天中午，李四在 L 县城西“新塘”附近吃瓜子，一个二十多岁的女子到其面前。她一手拿着尼龙袋子，一手拿根棍，向李四要瓜子。后来二人一同到“新塘”南边一片庄稼地，有一条南北流向的小沟。到了沟边，李四将该女按倒在地，对她实施强奸。这女子用脚蹬李四，李四怕她对别人讲起此事，趁她起来时，用双手掐住她的脖子将她按倒在地，她被掐得不能动了，李四才松手。怕她再起来了，就用她带的尼龙袋上的绳子缠住她的脖子，缠了两圈，系个结，等她不呼吸了，就拉住她的双脚往附近水塘里拖，把她蹬到水中，用脚往下踩，后用水草盖在尸体上，等看不到尸体时，才离开现场。当时，李四先把她的双脚弄下水，她在水中面朝上。她双脚没有穿袜子。这个女子二十多岁，头发不长不短，身高一米六左右，上身穿件花色的半截袖衫，下身穿件黑裤子，脚穿布鞋，鞋的前边用白布蒙着。拿的尼龙袋子是白色的，袋子里放件白上衣。捆尼龙袋子的绳子是白布的，这根绳后来被李四缠在这个女子的脖子上。女子的鞋前有块白布，李四问她什么意思，她讲替父母行孝。

李四还供述，有关杀人的案情告诉过同监室的张三，跟张三所讲的内容与李四的供述一致。张三给李四看手相，李四即对张三比较信服。给张三画地形图是为了让张三容易找到案发地，帮帮自己的忙。图是李四自己画的，图上标有方向，共画两次，一次用黄和（裱）纸画的，一次用笔记本画的，都给张三了。作案的现场是条南北沟，沟内有水，女尸被李四沉到沟东边的水里。沟边有柳树，沟东边挨着庄稼地，庄稼地东边有一个小坝子。李四当时没有把尼龙袋子上的绳子解掉，用另一头缠住这女子的脖子，后把这女子放进水中后，她当时所带尼龙袋子和她的尸体在一起。

李四供述的案发现场、被害女子的衣着、携带物品、作案手法、沉尸情况与现场勘查笔录、死因鉴定结论、证人张三的证言相一致。

第六，视听资料：载有张三检举被告人李四强奸、杀人和李四的供述及李四辨认作案现场的录音录像。

以上证据均经当庭举证、质证，查证属实，一审人民法院予以确认。对于被告人李四称其没有在“新塘”附近强奸、杀害一女子的辩解及其辩护人认为李四犯故意杀人罪、强奸罪事实不清、证据不足的辩护意见，经查，该起强奸、杀人案系因证人张三检举而破获，李四亦并不否认其曾将该事告知过张三并给张三绘制过两张图的事情，李四将强奸、杀人的事情告诉张三的时间在该女尸被发现之前，且其所述情况与现场勘查笔录、鉴定结论相一致，其在公安机关对强奸、杀害该无名女子的事实亦有供述在卷。其供述与法医鉴定和现场勘查情况的相关细节均能印证，故对李四的辩解及其辩护人的此节辩护意见不予采纳；对李四关于被刑讯逼供作有罪供述的辩解，有看守所关于其出所、入所体检表证明其体表正常，此节辩解不成立，不予采纳。

综上，一审人民法院认为，被告人李四使用暴力手段强奸一妇女后又将该妇女予以杀害，其行为已构成强奸罪、故意杀人罪。故以故意杀人罪判处其死刑，剥夺政治权利终身；以强奸罪判处其有期徒刑 7 年；决定执行死刑，剥夺政治权利终身。

（2）上述案件二审时律师的辩护意见。

第一，一审人民法院认定被告人李四犯故意杀人罪并判处其死刑，在事实和证据方面存在一些问题，有些证据特别是一些关键性证据还存在诸多疑点：

A. 关于被告人李四的供述：虽然 2007 年 1 月 26 日 18 时至 19 时 40 分侦查机关对被告人李四有一份较为详细的讯问笔录，其中有关无名女尸的陈尸情况和被害死的状况与该无名女尸的现场勘查情况和鉴定结论应该说是相当一致，其中包括许多细节都非常吻合，但正因为如此，该供述反而给人一种造假和“对号入座”的感觉。而案内的许多事实恰恰印证了这种感觉。

a. 被告人李四一审、二审开庭时，均当庭否认强奸、杀害该无名女子；并称侦查讯问笔录是刑警打他后非要他承认他才按照刑警讲的那样予以承认的。

b. 该份供述形成的时间按《讯问笔录》上记载的是2007年1月26日18时至19时40分，但这一时间属于造假。尽管刑侦办案人员后来对其作了说明（见补充侦查卷第10、11、12、14页），但办案人员为什么要在原始笔录上造假，把李四被带出看守所的时间“2007年1月26日晚21时许”写成18时，把李四被讯问结束的时间“2007年1月28日上午”（具体时间不详）写成1月26日19时40分，把长达近40小时的讯问总时间缩短为1小时40分钟，其目的十分明显：很难说不是为遮掩对李四的刑讯而故意造假！有一份后来的《说明》解释说改时间是为了应付检查（见补充侦查卷第14页），但这是欲盖弥彰！因为在该份供述的结尾，办案人员让李四签署的时间也是2007年1月26日（实际上讯问结束时已是1月28日上午）。说明当时的办案人员就是要把讯问时间压缩在1月26日这一天！

c. 对被告人李四的讯问地点是城关刑警队，至于为什么不在看守所讯问而非得要带出看守所到刑警队讯问，办案人员的依据为《刑警办案须知》第403条、第389条，目的为“请李四出所辨认及讯问”。但《刑警办案须知》第403条是关于怎样写《起诉意见书》的规定、第389条是关于怎样审查被害人陈述的规定；而讯问不需要带出看守所讯问（按照法律规定应当在看守所内进行），辨认完全可以在看守所讯问之后直接去现场辨认。这些均说明将李四带到刑警队的法律依据欠缺和实际理由不足，在此我们不得不认为，刑警们此举的目的只有一条，即李四讲的：他受到了刑讯！

d. 从李四供述的内容来看，李四的供述与现场勘查情况和鉴定结论很一致，能够相互印证；但本案的特殊情况在于，被告人李四是个文盲，不识字。办案人员在笔录上怎么写，他也不认识，看不懂。那么，这样的笔录对于李四和现在的我们这些人来说，还有什么意义呢？

e. 李四被讯问时是否受到刑讯问题？从其出入看守所的手续上也可看出，首先，李四出入看守所体检表上的手续欠缺；其次，李四回所时由警官孙八接收但却由警官周九出的李四身体正常的证明，这不能不让人产生疑惑。

从以上五点可以看出，本案卷宗里唯一一份关于李四杀人的被告人供述很难排除是由于刑讯而得到的一份供述，该份供述也很难排除故意造假和“对号入座”的嫌疑，因此，根据《最高人民法院关于执行〈中华人民共和国刑事诉讼法〉若干问题的解释》第61条之规定及证据“三性”，辩护人认为，该份供述不能作为定案的根据。

B. 关于证人张三证言，其也是一审认定被告人李四犯故意杀人罪的关键证据，但这一证据存在以下问题。

a. 张三证言仍是传来证据，张三不是李四强奸杀人案的目击证人，他的证言据他自己讲是由李四告诉他的，因此他证言的内容实际上仍是李四的被告人供述。

b. 张三证言于2007年1月26日作出，这时无名女尸已于1月25日发现并经勘验；故而张三的证言内容与现场勘验结果的高度一致性，让人不能不怀疑其证言也有“对号入座”之嫌。值得一提的是，张三2006年12月初就对李四杀人有检举，对其有一份12月12日的讯问笔录，其检举信2007年1月23日也由城关派出所刑警收到，但遗憾的是，在2007年1月25日无名女尸被发现之前，公安机关并没有根据张三的检举而找到女尸，也没有让张三或者李四去指认现场而找到尸体。

c. 李四与张三本不认识，张三说李四之所以将自己杀人之事告诉自己，是为了让张三帮他，但客观上张三并不能帮助李四；张三说他了解李四家庭从而李四相信他，事实上张三根本不了解李四家庭；李四如此相信张三的谎言，如此出卖自己，令人难以置信！联系到原一审开庭时张三没有出庭作证，张三证言内容的真实性很值得怀疑！

d. 公安机关将张三带出看守所的呈请报告中写明是为了指认沉尸地，结果公安机关只是对张三进行了询问。对张三的询问完全没必要将其带出看守所进行。在无名女尸被发现之前，张三究竟知不知道案件详情和沉尸地点令人生疑！

e. 据李四讲，他在201号房吹牛曾杀过人时，同号房里许多人犯都听到过；但事实上到目前为止，除张三外，并没有其他人犯的证言证明这一点，因此，是李四在说谎，还是张三在说谎，需要进一步查实。

f. 作为关键性证人，张三没有出庭作证，其证言没有经过质证就作为认定李四杀人案的最主要证据，这是十分危险的，也不符合最高人民法院司法解释的有关规定。

总之，证人张三证言存在以上诸多问题，希望法官明察！

C. 关于书证“沉尸地理图”问题：

a. 从案内的三张图本身来看，并不能说明什么问题，所谓的“沉尸地理图”是张三和办案人员添付的。

b. 被告人李四是个文盲，根本不识字，更不会写字。而“沉尸地理图”上怎么会有那么多字？而且字还写得不错！分明是另有他人在图上写了字！

c. 有两张图上南、西、北三个方向标在同一条线上，而有一张图上将北、东、北、南标在同一条线上，那么这样的图能说明什么问题呢？完全如李四所说的是“瞎画”的产物。

d. 张三说三张图有两张是“沉尸地理图”，一张为“销赃图”，可惜他既没有拿这些图去找沉尸地，也没有用该图去寻获赃物。用警官吴十的话说：甚至连“李四给张三画‘销赃图’的原因”也“无法查清”（补充侦查卷第41页）。这些事实也恰好从正反两个方面说明了这些图是李四“瞎画”的。

e. 这几张图虽经过笔迹鉴定，但上面的字究竟是谁所写难以定论。

对于这几张并不能说明什么问题且存在许多疑点的图，一审却将其作为认定被告人李四犯故意杀人罪并判其死刑的关键证据，不能不让人觉得一审判决有过于草率之嫌。

第二，李四故意杀人案从宏观上看，尚存在以下问题。

A. 关于现有证据是否形成完整的证明体系：从证据上看，认定李四是杀人者并没有目击证人的证言和被害人陈述，张三的证言是听李四说的，而李四现在说他的话当时是“瞎编”的，当庭否认强奸杀人事实。很明显，本案认定李四犯故意杀人罪的证据没有形成完整的证明体系，证据没有达到充分、确实的程度。

B. 关于无名女尸被发现与李四供述、张三证言的关系：如果无名女尸是由李四供述或张三证言而发现的，则其供述或证言无疑是真实的；反之，则其供述或证言可能有“对号入座”之嫌。而本案恰恰存在这种情况。

C. 关于无名女尸被发现与李四现场指认的关系：如果无名女尸是由李四现场指认而发现的，则其指认无疑是真实的；反之，则其指认可能有“对号入座”之嫌。而本案恰恰属于这种情况，并且李四在后来的庭审中也说是办案人员直接将他带到现场叫他指认的。

D. 关于被害人（无名女尸）的身份：被害人身份至今没有查清，被害人究竟是谁？她的死是否还另有隐情？在被害人究竟是谁都没有搞清楚的情况下，怎么能直接就判被告人李四死刑呢！

E. 关于被害人（无名女尸）是否为L县北大桥的人：李四供述和张三证言均说过该被害人为L县北大桥的人，但这个地方乃至更大的地方至今也没有人来认领该无名女尸，甚至连线索都没有。这不仅说明本案尚未达到“事实清楚、证据确实充分”之程度，还说明了李四供述和张三证言均存有虚假之处。案情需要进一步查实。

F. 关于被告人李四有无作案时间：李四家人提供的李四在浙江省的暂住证，有效期限 2006 年 2 月至 2007 年 2 月，发证机关为市公安局北流派出所。那么，案发期间（即 2007 年农历 7 月），李四有没有在浙江打工？他那时在不在 L 县？在这方面，案内并无证据予以证明。

总之，在宏观上，本案存在上述六大问题没有解决，有的现在已无法解决。因此，辩护人认为，由于这些问题的存在，根本不能判处李四死刑。

第三，认定李四犯强奸罪的证据更有问题，属于“只有被告人供述”而予以认定的情况。如果说认定李四杀人还有尸体予以证明的话，那么，认定李四强奸则只有李四的供述了，因为，现场勘验检查及鉴定并没有查到或说出该无名女子被强奸的蛛丝马迹。所以，根据刑事诉讼法的规定，李四的强奸罪不能认定。

第四，根据李四的居住地——L 县工业园区社区居委会出具的《证明》和李四的小学老师——L 县蒋老师出具的《证明》，李四“大脑不正常，智力差”，他小学读了五年，“还是一年级”。因此，联系到张三说谎、诱骗李四“瞎编”（李四语）强奸杀人案并画所谓的“沉尸地理图”，使人不能不想到张三的做法是否另有隐情？张三是否在利用李四的“大脑不正常，智力差”而自己另有所图？这一切均须张三出庭作证接受质证方知。否则，很难理解李四与张三在看守所号房里的关系，也很难解释辩护人在上面提出的有关各种证据的诸多疑点。我国法律绝不能因为某个人智力差、脑子笨就让他承担不应有的罪行和处罚！

综上，辩护人的观点是，自 2007 年度死刑案件收归最高人民法院核准后，我国的死刑案件明显减少，除非情节特别恶劣、“罪行极其严重”，且事实非常清楚、证据确凿无疑的案件才可能判处死刑。而本案在证据上存在着这么多的问题，且连死者是谁都没有搞清，这样的案件怎么能判处死刑呢？故，一审判决是错误的，应当对本案予以改判。

（3）本案的最后处理。

本案经高级人民法院二审后发回重审，最后以判处被告人李四死缓结案。

（4）简要的评析。

本案中，由于一审法官对于判处被告人李四死刑的判决没有举出确实、充分的证据予以证明，甚至连被害人是谁的问题都没有证明清楚，而且证据与案件事实之间的矛盾没有予以合理排除，所以，该判决理所当然地被二审人民法院否定。

2. 关于司法机关依法行使职权是否证明责任问题

有的同志认为，公检法三机关在刑事诉讼中收集、调查证据是它们的职权，而不是证明责任。这也是值得商榷的。诚然，司法机关收集证据、审查判断证据以及运用证据证明案情确实是它们的职权，但是，如上所述，国家既然赋予它们这些职权，当然也就需要它们担当起相应的职责，也即它们应当承担起它们应有的责任。准确、及时地查明案情，履行证明责任，从而正确地处理刑事案件就是公检法三机关的主要职责。在收集证据、审查判断证据和运用证据证明案情这一问题上，公安司法机关行使职权和履行证明责任是一个问题的两个方面。否则，当大量刑事案件没有破获，犯罪分子得不到及时惩罚，社会治安状况不好的时候，党和国家以及广大人民群众就没有理由责怪那些与犯罪作斗争的各司法专门机关了。可见，公安司法机关在行使职权完成国家和人民交给它们的刑事诉讼任务的同时，也就在承担它们的证明责任。总之，时代不同了，在中国特色社会主义的刑事诉讼中，不能再拘泥于证明责任的罗马公式——谁主张谁负责，公安司法机关既享有职权也承担证明责任正是我国社会主义法治所要求的，是我国刑事诉讼民主性和科学性的体现。

五、证明责任与司法人员责任制

我国刑事诉讼中的证明责任由司法机关的办案人员承担，由于这种证明是一种责任，或说是一种义务，那么证明的主体就要负由于没有承担或者错误地承担了这种责任的法律后果，所以，证明责任涉及司法人员责任制问题。

公检法三机关代表国家分别行使的侦查权、检察权和审判权直接关系到公民的人身权利、民主权利和财产权利，关系到社会的稳定和国家的安危，稍有疏忽或者徇私枉法，要么会使无辜公民受到错押错判，给其带来人身上、财产上、精神上的极大损失，甚至造成人死不能复生的恶果；要么就会放纵犯罪，使国家和人民的生命财产遭受损失，危及社会的安定。因此，为了建立一支懂法律、守纪律、忠实于事实真相、忠实于法律制度、忠实于人民利益的刚正不阿、执法如山的司法干部队伍，真正使他们所办的案件质量优良、程序合法，使犯罪分子得到准确、及时、适当的惩罚，使无辜公民不受任何刑事追究，就必须明确司法人员各自的证明责任，制定他们的岗位责任制，这应当成为我国目前正在进行的司法制度改革的一个突破点。

在中国古代的刑事诉讼中，法官如果犯错误，要负刑事责任。这是我国古代法律的传统特点之一。那时，法官的责任是多方面的，如对案件应受理不受理，不依法刑讯，状外求罪，判决不引律令，判决错误，以及故意或过失出入人罪，应上报不上报，应上奏不上奏等。例如，早在周朝的法律中就规定："五过之疵，惟官、惟反、惟内、惟货、惟来，其罪惟均。"① 就是说，法官审判案件，如因依仗权势、私报恩怨、暗中牵制、敲诈勒索、贪赃枉法而影响案件的正确处理，要处以与所断罪相同的刑罚。秦律中对法官的错判，称为"不直"、"纵囚"和"失刑"，从唐至明、清，对法官的责任问题，更在刑律中作了具体明确的规定。②

---

① 《尚书·吕刑》

② 参见陈光中、沈国峰：《中国古代司法制度》，群众出版社 1984 年版，第113～116 页。

在资产阶级国家的刑事诉讼中，司法人员如果玩忽职守，不负责任，也要负一定的法律责任。《日本审判官弹劾法》第2条规定："有下列情形者，则依弹劾法罢免裁判官。一、违犯职务上的义务并严重怠职者；二、不论职务内外，有明显损害审判员威信的不正当行为者。"① 在西方国家，司法人员承担证明责任，由于自己的不正当行为、失职行为或违法犯罪行为而导致的错案、假案或冤案，或由于工作不力而导致案件长期得不到解决的，都会引起不利于司法官员的法律后果产生。例如，1986年2月28日，瑞士首相帕尔梅在斯德哥尔摩街头被人刺杀，负责侦查这起案件的特别侦缉队共300人，在近一年的时间里，由于工作不力或其他原因，案件久侦不破，进展甚微。警察们在1987年4月集体引咎辞职。这就是西方国家司法人员承担证明责任后果的明显例子。

我国是社会主义国家，广大司法人员的一切工作都是为人民服务的，他们更应该忠于职守，勇敢而又完满地担负起自己对刑事案件的证明责任，完成党和人民交给的司法工作任务。为了做到这一点，我国也必须制定司法人员责任制法，对那些犯罪或违法乱纪的司法人员给予刑事处罚或经济制裁；对那些工作不负责任、马马虎虎、玩忽职守以致造成严重后果的司法人员追究行政责任、经济责任乃至刑事责任；把那些政治水平、业务水平低，不称职的司法人员从司法干部队伍中清除出去；对于那些积极肯干、勇于负责、刚正不阿、执法如山的司法人员则予以重奖；把那些优秀的司法人员提拔到领导岗位上来。这样，从法律制度上保证司法人员忠实地履

① 北京政法学院编：《刑事诉讼法参考资料》第二辑中册，第99页。

行自己的职责。例如，曾经引起轰动的佘祥林杀妻冤案①真相大白后，当时承办佘祥林案的公安局、人民检察院、人民法院等部门的涉案人员都被停职，由荆门市政法委牵头，公、检、法部门抽调出的工作组对他们进行审查。② 有学者指出：在我国，“司法机关独立行使职权中的‘独立’有五层含义：第一，司法机关职权设置独立于行政权之外，即司法权既不从属于行政权，也不服务于行政权；第二，审级独立。即每一级法院都只向法律和产生它的人大负责，而不是向‘上级’负责。第三，法官权能独立。即法官与法官间的平等，要摒弃‘管理法官’这一行政权观念。第四，法官的判断独立，即每一个法官的判断不受干涉，一个法官不能服从另一个法官。第五，责任独立。即法官对审理案件的结果负责，不得因执行上级意图或因受到某种干预而对知错故判的错案不负责任。”③ 可见，法官必须对其所作的判决承担证明责任，若发生错判，要承担责任。当前，我国司法体制改革正如火如荼，建立司法人员责任制正是司法体制改革的内容之一，具体体现在：最高人民法院正在研究起草《人民法院执法过错责任追究暂行规定》，“力求通过科学确定执法过错的定义和责任追究的范围，进一步明确执法过错责任的划分标准及追究程序，并综合运用纪律处分和通报批评、诫勉谈话、暂停职务、调整岗位、责令辞职等组织处理措施，对具有执法过错的干警进行责任追究，以促进广大干警严格、公

---

① 佘祥林，又名杨玉欧，湖北省京山县雁门口镇人。1994 年 1 月 2 日，佘妻张在玉因患精神病走失失踪，张的家人怀疑张在玉被丈夫杀害。同年 4 月 28 日，佘祥林因涉嫌杀人被批捕，后被原荆州地区中级人民法院一审判处死刑，剥夺政治权利终身。后因行政区划变更，佘祥林一案移送京山县公安局，经京山县人民法院和荆门市中级人民法院审理，1998 年 9 月 22 日，佘祥林被判处 15 年有期徒刑。2005 年 3 月 28 日，佘妻张在玉突然从山东回到京山。4 月 13 日，京山县人民法院经重新开庭审理，宣判佘祥林无罪。2005 年 9 月 2 日佘祥林领取 70 余万元国家赔偿。参见：http://baike.baidu.com/view/3592528.htm:佘祥林冤案。最后访问日期：2012 年 2 月 3 日。

② 参见《燕赵都市报》2005 年 4 月 13 日。

③ 徐显明：《走向大国的中国法治》，载《法制日报》2012 年 3 月 7 日。

正、高效、廉洁执法。”①

六、自诉案件的证明责任：自诉人和人民法院共同承担的义务

自诉案件是由自诉人自行向人民法院提出控告，由人民法院直接受理的刑事案件。这类案件，一般都是轻微的刑事案件，因而不需要经过公安机关侦查，人民检察院起诉。根据我国《刑事诉讼法》第205条规定，人民法院对于自诉案件进行审查后，按照下列情形分别处理：（1）犯罪事实清楚，有足够证据的案件，应当开庭审理；（2）缺乏罪证的自诉案件，如果自诉人提不出补充证据，应当说服自诉人撤回自诉，或者裁定驳回。因此，在自诉案件中，自诉人向人民法院提出控诉时，必须提供证据予以证明。人民法院认为自诉人提出的罪证不足时，可以要求自诉人补充证据。如果自诉人仍然提不出足够的补充证据，人民法院有权驳回起诉。可见，在没有被告人反诉的自诉案件中，自诉人负有举证责任，而被告人则没有证明责任。

《刑事诉讼法》第207条规定：自诉案件的被告人在诉讼过程中，可以对自诉人提起反诉。反诉适用自诉的规定。也就是说，如果被告人在自诉案件中对自诉人提出反诉，被告人对其反诉的事实，有提出证据予以证明的责任，如果他反诉的事实罪证不足，人民法院当然也可以要求他补充证据或者裁定驳回反诉。在没有反诉的情况下，被告人对自诉人控告的事实是没有举证责任的；他对于自己反诉的事实负有证明责任，是因为被告人此时对于自己反诉的事实已处于控告人（也可以说是自诉人）的诉讼地位。反过来，原自诉人对于被告人反诉的事实则没有举证责任。因此，总的来说，在自诉案件中，证明责任是由自诉人来承担的。

---

① 袁定波：《最高法正起草执法过错责任追究规定》，载《法制日报》2012年2月28日。

当然，在自诉案件中，作为国家审判机关的人民法院，也不是像“当事人主义”国家那样完全处于消极的“仲裁者”的位置。1979年《刑事诉讼法》第109条规定人民法院对证据有勘验、检查、搜查、扣押和鉴定的权力。1997年《刑事诉讼法》第158条、2012年《刑事诉讼法》第191条均承袭了这种规定，并增加了查询、冻结的权力。2012年《刑事诉讼法》第52条规定：人民法院、人民检察院和公安机关有权向有关单位和个人收集、调取证据。有关单位和个人应当如实提供证据。第191条规定：法庭审理过程中，合议庭对证据有疑问的，可以宣布休庭，对证据进行调查核实。人民法院调查核实证据，可以进行勘验、检查、扣押、鉴定和查询、冻结。《最高人民法院关于执行〈中华人民共和国刑事诉讼法〉若干问题的解释》第154条也规定：“人民法院调查核实证据时，可以进行勘验、检查、扣押、鉴定和查询、冻结。必要时，可以通知检察人员、辩护人到场。”可见，对于自诉案件，人民法院同样也负有证明的责任。

我国法律规定，自诉案件的证明责任主要由自诉人承担，这主要是因为自诉案件都是些轻微的刑事案件，如果不予证明或者证明有错，不会像公诉案件那样产生严重不良的社会后果和法律后果。这同民事诉讼中的证明责任基本相似。而人民法院在自诉案件中也有一定的证明责任，说明了我国的审判机关是向国家和当事人负责的。这正是我国刑事诉讼中的证明责任同资产阶级国家证明责任的根本区别所在。

第五章　犯罪嫌疑人、被告人有无证明责任：法学界争论的焦点

一、原则上讲，犯罪嫌疑人、被告人没有证明责任

总的说来，在刑事诉讼中，虽然“控诉方承担证明责任是刑事诉讼证明责任分配的黄金定律”①，但如前所述，在我国社会主义的刑事诉讼中，公诉案件的证明责任主要由公安机关、检察机关、审判机关及其工作人员承担，自诉案件的证明责任主要由自诉人承担。作为被追究刑事责任的犯罪嫌疑人、被告人，一般来说，不应当承担证明责任。这除了因为让犯罪嫌疑人、被告人承担证明责任不符合前述举证责任的概念和特征外，还有如下理由：

1. 从法律规定来看，犯罪嫌疑人、被告人不应当承担证明责任

根据我国刑事诉讼法的规定，在公诉案件中，公、检、法机关只有取得足以证明犯罪嫌疑人、被告人有罪的证据，才能对犯罪嫌疑人、被告人逮捕、起诉、定罪判刑；如果没有收集到足以证明犯罪嫌疑人、被告人有罪的证据，就不能对犯罪嫌疑人、被告人逮捕、起诉、定罪判刑。法律坚决摒弃犯罪嫌疑人、被告人不能证明自己无罪就是有罪的原则。因此，对于公、检、法机关的办案人员来说，收集证据、揭露犯罪、证实犯罪，是它们义不容辞的义务，

---

① 吴高庆主编：《证据法学》，清华大学出版社2010年版，第278页。

犯罪嫌疑人、被告人不承担证明责任。在自诉案件中，证明责任则由自诉人承担，被告人也不负举证责任。

2. 从逻辑上讲，让犯罪嫌疑人、被告人承担证明责任有悖逻辑规则

犯罪嫌疑人、被告人承担证明责任，无非有两种情况，即或让他们证明自己有罪，或者让他们证明自己无罪。但是，在我国，无论从法律上讲，还是从司法实践来看，证明犯罪嫌疑人、被告人有罪的责任都是由公安机关、司法机关承担的——这在上面已有论述。因此，让犯罪嫌疑人、被告人承担证明责任的情况只有一种，即："如果犯罪嫌疑人、被告人无罪，那么犯罪嫌疑人、被告人必须收集、提供证据予以证明。"但是，犯罪嫌疑人、被告人承担证明自己无罪的责任这一假设存在的前提是而且只能是公安机关、司法机关指控犯罪嫌疑人、被告人有罪，否则，犯罪嫌疑人、被告人无须证明自己无罪。既然证明犯罪嫌疑人、被告人有罪的责任是由公安机关、司法机关来承担的，为什么又要让犯罪嫌疑人、被告人证明自己无罪呢？这显然违背了形式逻辑中所谓"A 就是 A"的同一律，与笔者前述"举证责任主体的不可转移性"之特征也是不相适应的。

3. 从认识论上看，让犯罪嫌疑人、被告人承担证明责任不利于发挥办案人员的主观能动性

刑事诉讼的过程，也就是公、检、法机关的办案人员一步步收集证据、审查判断证据逐步加深对犯罪嫌疑人、被告人有罪认识的过程。在立案、侦查、逮捕、起诉、审判等各个诉讼阶段中，办案人员对犯罪嫌疑人、被告人作出的各种诉讼结果都是分别基于对犯罪嫌疑人、被告人有罪的认识之上的，而这种认识又是建立在对犯罪嫌疑人、被告人有罪证据的收集、审查判断基础之上的。为了使对犯罪嫌疑人、被告人所作的诉讼结果正确、及时，办案人员就必须准确、及时、全面、细致地收集和审查判断各种证据，积极承担举证责任，而不应当也不能够消极地让犯罪嫌疑人、被告人负举证责任。如果确定犯罪嫌疑人、被告人负举证责任，当办案人员没有

收集到犯罪嫌疑人、被告人必要或充足的有罪证据，而进一步收集证据又较为困难时，就会迫使犯罪嫌疑人、被告人举证，以让犯罪嫌疑人、被告人举证来代替自己艰苦细致的调查取证工作。这时，办案人员对案情的认定往往较看重犯罪嫌疑人、被告人的口供，而不是发挥自己的主观能动性，使其对案情的认定建立在靠自己的努力所收集的大量的证据之上。尽管犯罪嫌疑人、被告人口供是证据的一种，然而，其虚假的可能性较大，认定案情时看重犯罪嫌疑人、被告人口供往往会出现错误。可见犯罪嫌疑人、被告人应承担证明责任的观点不利于发挥办案人员的主观能动性，也不利于办案人员对案情的正确认定。

4. 从效果上看，犯罪嫌疑人、被告人承担证明责任容易导致刑讯逼供等不良后果

众所周知，在我国司法实践中，刑讯逼供现象并未绝迹，甚至还有一定的市场。2010 年 5 月，河南商丘赵作海案件的曝光将中国司法实践中严重的刑讯逼供问题推到了舆论的风口浪尖上，① 使我们不得不对如何遏制刑讯逼供的现象进行认真思考。不论是理论界还是实务界，在大家一致认为犯罪嫌疑人、被告人没有举证责任的情况下，尚且时常发生刑讯逼供现象；如果明确犯罪嫌疑人、被告人应负举证责任，那么可想而知，刑讯逼供这种恶劣现象就会更加泛滥，不知会发生什么样的更加严重的后果！因为从实践来看，我国的执法人员特别是公安人员的素质，有的确实是比较差的，如果肯定犯罪嫌疑人、被告人应负举证责任，他们就会强迫犯罪嫌疑人、被告人履行这一“当然责任”或“当然义务”，而大搞刑讯逼供，强迫犯罪嫌疑人、被告人承担证明自己无罪的责任。这不但会使公民的合法权益受到侵犯，而且也不利于办案人员查明案件事实。

---

① 参见陈永生：《冤案的成因与制度防范》，载《政法论坛》2011 年第 29 卷第 6 期。

犯罪嫌疑人、被告人承担证明责任的观点能否导致有罪推定？回答也是肯定的。如前所述，如果犯罪嫌疑人、被告人负有举证责任，一般都是负证明自己无罪的责任。但这个假设存在的前提是公安机关、司法机关指控犯罪嫌疑人、被告人有罪。这时候，如果公安机关、司法机关掌握了犯罪嫌疑人、被告人确实、充分的犯罪证据，便可依法对犯罪嫌疑人、被告人作出相应的诉讼结果，无须让犯罪嫌疑人、被告人证明自己无罪。这也符合《刑事诉讼法》第53条“没有被告人供述，证据确实、充分的，可以认定被告人有罪和处以刑罚”的规定。现在公安机关、司法机关要犯罪嫌疑人、被告人负证明责任，说明公安机关、司法机关的办案人员在客观上没有掌握确实、充分的有罪证据，在主观上处于认为犯罪嫌疑人、被告人好像有罪又好像无罪的模棱两可的状态，这时候，如果犯罪嫌疑人、被告人拿不出证据证明自己无罪，那么办案人员在主观上对犯罪嫌疑人、被告人的有罪印象就会加深，最终会对其定罪判刑。这显然与“被控有罪的犯罪嫌疑人、被告人，如果不提出自己无罪的证据，就是‘理所当然’的有罪”这种封建司法制度中的“有罪推定论”划不清界限，特别是在疑难案件中将会更为突出。司法实践中，有的审讯人员在犯罪嫌疑人、被告人作无罪辩解时，往往反问：“你没有罪，为什么偏抓你而不抓别人呢？”“你说你无罪，拿出证据来！”这种既有偏见又把举证责任强加到犯罪嫌疑人、被告人身上的审讯方法，显然是错误的，正是“有罪推定论”的表现。因此，由公诉人（即不允许被追诉人）承担证明被告人（自己）有罪的责任，是现代法治和尊重人权的基本要求，这一证明责任的分配与无罪推定、罪刑法定原则一样是强行性规范，不允许任意解释和随意更改。① 否则，必然会导致刑讯逼供、有罪推定等不正之风泛滥。

---

① 参见何家弘主编：《证据法学研究》，中国人民大学出版社2007年版，第158页。

5. 从司法实践来看，犯罪嫌疑人、被告人也无法承担证明责任

在司法实践中，犯罪嫌疑人、被告人所处的特殊诉讼地位决定了他自己不能承担举证责任。犯罪嫌疑人、被告人在刑事诉讼中是被追诉的对象，我国刑事诉讼中的绝大部分犯罪嫌疑人、被告人都可能被采取了强制措施，被限制了人身自由，因而犯罪嫌疑人、被告人既没有收集证据证明案情的权利，也没有收集证据证明案情的条件，根本不可能提出证据来证明自己无罪。更何况犯罪现象纷繁复杂，即使犯罪嫌疑人、被告人没有被限制人身自由，在有的情况下，他也无法提出证据来证明自己无罪。因为生活常识告诉我们，一个人要说明自己没有什么问题比说明自己有什么问题要困难得多；司法实践中的经验教训也告诉我们，证明自己没有什么问题是一件极其困难的事情，有时是根本无法说明白的。① 因此，让犯罪嫌疑人、被告人承担证明责任显然是不切实际的，即使有的犯罪嫌疑人、被告人想承担证明责任，他也无法履行这一义务。

6. 需要说明的几个问题

（1）应当如何理解《刑事诉讼法》第 118 条的规定。

我国《刑事诉讼法》第 118 条规定：犯罪嫌疑人对侦查人员的提问，应当如实回答。有人认为，这是犯罪嫌疑人、被告人负举证责任的法律依据。笔者认为，刑事诉讼法这条规定并不意味着犯罪嫌疑人、被告人负有举证责任，只是意味着在我国刑事诉讼中，犯罪嫌疑人、被告人没有沉默权和撒谎权。公安机关、司法机关并不能以犯罪嫌疑人、被告人沉默或撒谎作为有罪的证据，从而作出犯罪嫌疑人、被告人有罪的处理。如果犯罪嫌疑人、被告人事实上确实是无罪的，那么即使犯罪嫌疑人、被告人在诉讼中一直沉默或撒谎，那么也不能对犯罪嫌疑人、被告人定罪量刑。当然，如果犯

---

① 再以赵作海案为例：案发当初，赵作海要说明死者不是赵振裳且自己没有杀死赵振裳，是非常困难的。

罪嫌疑人、被告人有罪，在诉讼过程中又一直保持沉默或坚持胡说一气，那么，根据坦白从宽、抗拒从严的政策，在量刑时，犯罪嫌疑人、被告人就会受到从严处理。

我国刑事诉讼法规定犯罪嫌疑人、被告人没有举证责任，但又不赋予犯罪嫌疑人、被告人沉默权和撒谎权。对此，笔者认为，法律确有修改的必要。这不仅因为现在世界上许多国家，不论是英美法系国家，还是大陆法系国家，都把犯罪嫌疑人、被告人拒绝提供陈述和故意作虚假陈述，作为“是对被告人行使辩护权的一种保障”①，而且《刑事诉讼法》第 118 条的规定也有不切实际之虞。因为，假如犯罪嫌疑人、被告人果真有罪，他们大多数为了逃避法律制裁或为减免罪责，都或多或少要作虚伪陈述，不在万不得已的情况下，绝不会如实交代罪行。凡是罪犯一般都想减轻自己罪责，能隐瞒一点是一点。即使坦白，也还是为了使自己少被追究点责任。所以，假如公安机关、司法机关没有掌握犯罪事实，铁的证据不摆在他们面前，他们都是要狡赖几分的，不是我们不赋予他们虚伪陈述权，而是他们要作虚伪陈述，这无所谓权利，乃是人的自然天性，不需要什么赋予。你不赋予他就不会沉默了？特别是无罪的犯罪嫌疑人、被告人，当他确实无罪，但又无法提出证据证明自己无罪时，又该怎么办？无罪的人被当做犯罪嫌疑人、被告人而受到审讯，并且莫名其妙地被置于犯罪嫌疑人、被告人的地位，这并不是件愉快的事，难道还不准别人沉默吗？这显然是对人的自然天性的否定。当然，笔者的意思并不是要鼓励犯罪嫌疑人、被告人沉默和作虚伪陈述，而是针对《刑事诉讼法》第 118 条规定的实际意义而言的。也就是说，犯罪嫌疑人、被告人不管是否被赋予这两种权利，他们总要不可避免地沉默或作虚伪陈述。这是无法禁止的，法律规定了也不过是一纸空文。这就要求公安机关、司法机关积极

---

① ［苏］帝里切夫编著：《苏维埃刑事诉讼》，张仲麟等译，法律出版社 1984 年版，第 164 页。

主动、深入细致地查明案情，掌握证据，让犯罪分子不得不低头认罪，不能寄希望于犯罪嫌疑人、被告人如实交代罪行。否则，不免自欺欺人。当前，大多数国家和国际条约都认同了犯罪嫌疑人、被告人享有沉默权，并且将其作为现代法治国家刑事司法制度的一项重要内容，体现出一个国家在特定时期对实体正义与程序正当、控制犯罪与保障人权等相冲突的诉讼价值的选择态度。① 所以，笔者认为，与其不切实际，不如对法律作一些适当的修改，让犯罪嫌疑人、被告人可以沉默或作虚伪陈述，作为犯罪嫌疑人、被告人行使辩护权的一种法律保障。

（2）举证责任与辩护权的关系。

有的学者认为，从权利和义务的关系上说，犯罪嫌疑人、被告人所享有的辩护权是和他的举证责任相对应的，既然犯罪嫌疑人、被告人有辩护权，那他就必须承担举证义务。这种观点是值得商榷的。众所周知，在我国刑事诉讼中，犯罪嫌疑人、被告人可以提出证明自己无罪或罪轻的材料和意见，但这是法律赋予犯罪嫌疑人、被告人的辩护权，而不是他的义务。既然是权利，他就可以行使，也可以不行使；他不行使这项权利，不能导致判他有罪的法律后果。如果把证明自己无罪和罪轻的行为确定为犯罪嫌疑人、被告人的责任，责任就是法律义务，不履行这个义务，就应当追究他的法律责任。如果真是这样，公民随时都要准备承担这种说明自己无罪的义务，否则，将会受到追究。这样做，必然会造成对公民合法权益的侵犯。另外，犯罪嫌疑人、被告人在诉讼过程中提出的辩护材料和意见是否真实必须经过查对核实，这查对核实的责任仍然由公安机关人员、司法人员承担。当犯罪嫌疑人、被告人所提出的事实和公安机关人员、司法人员事先收集的证据存在矛盾，公安机关人员、司法人员必须予以排除，否则就不能对案件事实作出结论，而

① 参见唐福齐：《论被告人和犯罪嫌疑人的沉默权》，载《山东社会科学》2008年第8期。

这种排除矛盾的责任也是由公安机关人员、司法人员承担的。可见，并不能因为犯罪嫌疑人、被告人反驳控诉，行使辩护权，就把举证责任转移到犯罪嫌疑人、被告人身上。

那么，与犯罪嫌疑人、被告人的辩护权相对应的义务是什么呢？笔者认为，“遵守法律”就是犯罪嫌疑人、被告人行使辩护权时必须履行的义务。我国宪法规定：“任何公民享有宪法和法律规定的权利，同时必须履行宪法和法律规定的义务。”法律赋予犯罪嫌疑人、被告人辩护权，犯罪嫌疑人、被告人行使辩护权必须依法进行。这就是权利和义务的一致性。例如，根据现行法律规定，犯罪嫌疑人在侦查阶段委托辩护人只能委托律师，而不能委托其他人；被告人不能同时委托三个以上的辩护人；一审判决后，必须在10 日内提出上诉；必须遵守法庭秩序；等等。这些都是犯罪嫌疑人、被告人行使辩护权时必须履行的义务。否则，他的辩护权就无法行使。犯罪嫌疑人、被告人享有辩护权与公民享有其他权利一样，其对立面即义务都是“依法进行”。例如，宪法规定，公民有游行示威的权利。但公民在行使这项权利的时候必须遵守法律规定——不得违反交通规则，不得损害国家、社会、集体的利益和其他公民的合法权利等——否则，公民的游行示威权便不能实现。

（3）举证责任与坦白从宽、抗拒从严的关系。

有的学者认为，犯罪嫌疑人、被告人不负举证责任与坦白从宽、抗拒从严的刑事政策相矛盾。他们认为，犯罪嫌疑人、被告人如实交代罪行，政策上叫坦白，法律上叫履行举证责任，将会受到从宽处理；不如实交代罪行，政策上叫抗拒，法律上叫不履行举证责任，应当从严惩处。如果认为犯罪嫌疑人、被告人根本没有举证责任，坦白从宽、抗拒从严也就无从谈起，因此，两者是矛盾的。

这种观点早已受到法学界的批评。我们认为，不能把举证责任和“坦白”、“抗拒”混为一谈。举证责任和“坦白从宽、抗拒从严”的政策是有区别的：举证责任适用于查明案情的诉讼过程中，解决的问题是谁来收集、提供并运用证据证明案情；“坦白从宽、抗拒从严”则适用于定罪之后，解决的是量刑问题。犯罪嫌疑人、被告人沉默和虚伪陈述可视为“抗拒”，但不能作为定罪的根据，如案件有确实、充分的证据证明犯罪嫌疑人、被告人有罪，他始终沉默或作虚伪陈述，则是抗拒的表现，是量刑时从重的因素。但如果犯罪嫌疑人、被告人依据事实和证据极力地为自己辩护，则不应当认为其是在抗拒。区分犯罪嫌疑人、被告人辩护和抗拒的标志是看他如何对待案件中的“客观事实”。换句话说，如果将抗拒理解为不负举证责任，那么，犯罪嫌疑人、被告人的抗拒就不是量刑的问题了，而是对其定罪即所谓承担“败诉”风险的问题了。

另外，在自首案件中，也不应把犯罪嫌疑人、被告人视为有举证责任。因为犯罪嫌疑人投案自首，是属于自愿性质的，当然应该提供犯罪的事实和各种情节，这是犯罪嫌疑人坦白的表现，是量刑时从宽的因素。如果把自首行为认为是负有举证责任，即带有某些强制的性质，也就不称为投案自首了。

总之，犯罪嫌疑人、被告人不负证明责任与坦白从宽、抗拒从严的刑事政策并不矛盾。

（4）证明责任与犯罪嫌疑人、被告人提供证据的关系。

有学者认为，《刑事诉讼法》第48条规定犯罪嫌疑人、被告人供述和辩解是法定的证据之一，每种证据都有其客观来源和特定的举证人，供述只能由犯罪嫌疑人、被告人提供，因此，不能否定犯罪嫌疑人、被告人的证明责任。笔者认为，这种观点也值得商榷。

理由如下：

其一，如果按上述方法推论的话，那么，鉴定人也负有证明责任，证人和被害人也有证明责任，等等。显而易见，这种推论必将导致举证责任主体的紊乱，从而对查明案件事实的诉讼活动产生消极影响。因为鉴定人是接受公安机关、司法机关指派或聘请，解决案件中某些专门问题的人。尽管鉴定后他要向公安机关、司法机关提供鉴定结论，但他的诉讼行为是受人支配的，他的鉴定结论还必须由办案人员审查判断后才能作为定案根据使用。证人和被害人是向办案人员陈述其所了解案件情况的人。根据我国刑事诉讼法的规定，“凡是知道案件情况的人，都有作证的义务。”但是“作证义务”与“举证责任”显然是两个不同的概念。如果把鉴定人提供鉴定结论、证人提供证言以及被告人提供口供等看做是负举证责任，那么举证责任的主体必然混乱，会导致谁也不负举证责任的后果。这样，刑事诉讼的任务也就不能完成。

其二，无论是证人证言、鉴定结论，还是犯罪嫌疑人、被告人的口供，都是法定的证据种类，是一种证据材料，或曰证据来源。它们都是办案人员收集证据的对象。当办案人员收集到犯罪嫌疑人、被告人口供这种证据，并经查证属实，那么在定案的根据里就有这种证据；如果没有收集到犯罪嫌疑人、被告人口供，但根据我国《刑事诉讼法》第53条的规定，其他证据确实、充分后，也可以对被告人定罪判刑。可见，犯罪嫌疑人、被告人提供口供是向公安机关、司法人员提供一种证据材料，而不是负举证责任。

其三，提供证据既可以是诉讼参与人的一种诉讼活动，也可能只是非诉讼参与人的一般行为。因为诉讼参与人或者其他有关机关、团体或公民个人，就其所控制的证据材料（如物证、书证）或知悉的证据来源（证人、被害人），都有义务向公安机关、司法机关提供。而证明责任中的证明则只能是诉讼主体的一种诉讼行为，它是较提供证据更为复杂、更为广泛的诉讼活动。显然，提供证据与举证责任是不能相提并论的。

二、例外情况下，犯罪嫌疑人、被告人承担证明责任

世界各国和地区尽管法文化和法传统有所不同，但在遵循无罪推定原则的前提下，出于各种考虑，在立法上和判例上都认为犯罪

嫌疑人、被告人在例外情况下应当承担证明责任。① 同理，在我国也存在这样的例外。在司法实践中，对于一些严重的非法持有型犯罪，公安司法机关只要证明了犯罪嫌疑人、被告人非法持有了法律禁止的物品或财产，就可以对犯罪嫌疑人进行控诉，这种情况下，犯罪嫌疑人、被告人就要对自己行为的合法性承担证明责任。比如我国《刑法》第282条确定的非法持有国家绝密、机密文件、资料、物品罪，犯罪嫌疑人、被告人应对持有物的来源和用途承担证明责任；我国《刑法》第395条确定的巨额财产来源不明罪，被确定为犯罪嫌疑人、被告人的国家工作人员应对其巨额财产来源的合法性承担证明责任。同时，有的学者指出，被告人提出自己精神失常、正当防卫、紧急避险、基于合法授权或合法根据、不在犯罪现场等抗辩事实，显然有利于被告人，对此类事实由被告人承担证明责任。② 这就说明犯罪嫌疑人、被告人在例外情况下承担一定的举证责任在我国已经有了立法的支持，在学术界也得到了广泛的认同。但是，对于这些例外情况下犯罪嫌疑人、被告人承担举证责任这一比较特殊的现象，我们必须有正确的理解和认识。下面就结合巨额财产来源不明罪的立法背景及意义，来探讨一下犯罪嫌疑人、被告人的举证责任问题。

1988年1月21日第六届全国人大常委会第24次会议通过的《关于惩治贪污罪贿赂罪的补充规定》第11条规定：国家工作人员的财产或者支出明显超过合法收入，差额巨大的，可以责令说明来源。本人不能说明其来源合法的，差额部分以非法所得论。我国现行《刑法》第395条对这一补充规定予以吸纳。这条规定不仅为司法机关惩治那些具有大量来源不明财产的国家工作人员提供了

---

① 参见卞建林、韩旭：《刑事被告人证明责任研究》，载《法学论坛》2002年第17卷第3期。

② 参见毕玉谦等：《中国证据法草案建议稿及论证》，法律出版社2003年版，第642～643页。

法律依据，也给我国诉讼法学界在证明责任问题上提出了一个亟待研究的课题，即在巨额财产来源不明这类经济犯罪案件中，犯罪嫌疑人、被告人有无举证责任？笔者认为，犯罪嫌疑人、被告人在此类案件中，应当承担证明责任。

1. 此项规定是我国政治经济形势发展在法律上的必然反映

马克思主义法学认为：立法必须从实际出发，反映政治经济形势的客观要求。这样，法律才有生命力，才能为统治阶级的利益服务。近年来，随着我国改革开放形势的发展，国家工作人员中出现了一些财产来源不明的暴发户，其财产或者支出明显超过合法收入，差距巨大，已经不是几万元、几十万元，而是几百万元、几千万元。例如，有一乡长，月工资 3000 元左右，爱人在乡办企业工作，月工资 1500 元左右。家有丧失劳动能力的一个老母亲和尚未成年的四个子女。就是这样一个月收入总额不超过 5000 元的七口之家，该乡长在他主管乡办企业的短短三年中，盖起了价值 50 万元的一栋小楼，添置了大量的高档消费品，并且日常生活奢侈，案发后还搜到存款近 100 万元。司法机关有证据证明是其贪污、受贿所得的仅仅 40 万元左右，尚有 60 万元查不到证据，本人也不能说明合法来源。还有某省查处的一贪污案件也是如此，贪污分子的财产和存款同其合法收入相差上千万元，但有证据证明其贪污、受贿所得的仅有 300 万元左右，尚有近 700 万元无证据可查，其本人也讲不清合法来源。这类案件在当前的司法实践中已非少见。特别是近年来各地检察机关的举报中心，从群众大量的检举、揭发来看，这类问题更多。

实践中出现财产来源不明的情况，其原因很多，但主要是与近年来所出现的经济犯罪特点有关。近年来，国家工作人员进行经济犯罪（特别是受贿）的最大特点是：方式越来越隐蔽，手段越来越狡猾。许多受贿者有所谓“三不收”的“规定”，即“行贿者不可靠不收；行贿者或得贿者有两个人以上在场不收；行贿者要凭证的不收”。犯罪分子这样干的目的只有一个，就是不让司法机关查到他们犯罪的证据，以图逃避法律的制裁。对于这类犯罪分子，由于过去法律没有明确的规定，无法查处，群众很有意见，而且也从客观上给一些利用职权进行贪污受贿的国家工作人员钻了漏洞。

根据经济犯罪案件出现的实际情况，为了不让犯罪分子钻改革的空子，全国人大常委会及时地从立法上对这方面给予补充和增加，规定了巨额财产来源不明罪，把这类案件的证明责任强加在犯罪嫌疑人、被告人身上，只要犯罪嫌疑人、被告人拿不出确实、充分的证据说明自己“差额巨大”的财产或支出是合法的，就要对他定罪判刑。这样，就不论犯罪分子犯罪方式如何隐蔽，犯罪手段如何狡猾，也不论司法机关是否收集到确实、充分的证据来证明犯罪嫌疑人、被告人的财产是犯罪所得，都可以对被告人予以惩罚。至于犯罪嫌疑人、被告人对其差额巨大的财产或支出是否愿意尽证明义务，或者是出于什么原因不能尽证明义务，也不影响对他的定罪判刑。一句话，只要犯罪嫌疑人、被告人不履行证明义务，或者证明不属实，都要受到惩罚。法律这条关于犯罪嫌疑人、被告人必须负证明责任的规定，既是司法实践的经验总结，又是法律为国家改革开放方针服务的必需。它必将在我国今后的治理经济环境、整顿经济秩序、打击经济犯罪分子，保护我国改革大业的顺利进行中发挥重大的作用。

2. 此项规定不是有罪推定

有的学者认为，关于巨额财产来源不明的规定是有罪推定。有罪推定是封建专制主义的反映，我国是人民民主专政的社会主义国家，法律上不应该有这样的规定。其实，这是混淆了有罪推定和举证责任的区别。有罪推定是指在未确定有罪之前，就被作为有罪对待；举证责任是指由谁提出证据证明案情。对犯罪嫌疑人、被告人实行有罪推定，是指将犯罪嫌疑人、被告人在诉讼过程中作为罪犯看待。犯罪嫌疑人、被告人承担证明责任，是指在有些案件中让犯罪嫌疑人、被告人拿出证据来证明案情。我们确定犯罪嫌疑人、被告人在巨额财产来源不明案件中有证明责任，不会导致有罪推定。

因为封建社会的有罪推定是以实行纠问主义诉讼制度和怀疑被告人有罪为前提条件。而纠问者的这种怀疑往往又都是毫无根据的。如果犯罪嫌疑人、被告人无法拿出无罪证据来推翻法官这种毫无根据的怀疑，则有罪推定成立。我国刑事诉讼制度的理论基础是辩证唯物主义和历史唯物主义，在巨额财产来源不明等经济案件中确定被告人的罪责不是以毫无根据的怀疑为前提，而是以充分确凿的证据为依据，即以犯罪嫌疑人、被告人必须具有“差额巨大”的财产或者支出为条件。如果司法机关没有查出犯罪嫌疑人、被告人具有“差额巨大”的财产或者支出，那就不能让犯罪嫌疑人、被告人承担证明责任，从而追究犯罪嫌疑人、被告人的刑事责任。反之，根据法律的规定，如果司法机关已经查出犯罪嫌疑人、被告人具有“差额巨大”的财产或者支出，在证明了犯罪嫌疑人、被告人具有巨额来源不明财产的条件下，犯罪嫌疑人、被告人举不出或者不愿意举出无罪的证据，那么当然是有罪的。犯罪嫌疑人、被告人之所以有罪，是用充分确凿的犯罪嫌疑人、被告人的“差额巨大”的财产或者支出证明出来的。可见，强迫犯罪嫌疑人、被告人在巨额财产来源不明等经济犯罪案件中承担证明责任与封建社会的有罪推定是有本质区别的。

公务员财产申报制度最早起源于英国 1883 年的《净化选举，防止腐败法》。该制度是指法定范围内的国家公职人员依照法定的期限和方式向有关机关申报法定范围内的财产，并接受有关机关监督检查的法律制度。① 目前，世界上大多数国家的法律都对于公民，特别是国家公务员的财产有了管理和监督的规定。英、美等国的法律规定，每个公民均有义务如实申报自己的财产，隐瞒或者虚报财产情况的，要处以罚金，并处以 7 年以下徒刑（英国）或 5 年以上监禁（美国）。美国法律还规定，任期超过 60 天的立法和

① 参见陈三勇、彭鹏、伍永亮：《国家公务员财产申报制度之探讨——从外国财产申报制度谈起》，载《社会科学论坛》2007 年第 7 期。

行政机关的官员和雇员，均要申报工资以外的法定数额以上的各项收入，包括配偶和非独立生活子女的收入，其报告接受公众检查，伪报或不报者，法院可判5000元以下罚款。香港《防止贿赂条例》规定，任何人在过去或现在任职期间，享有生活程度超过其过去或现在的官职收入，又不能作出圆满的解释，就可以提出起诉，由法庭判罪。根据这一规定，在证实涉嫌人的生活方式或财产出现问题后，被告人便须提出证据，证明其财产不是贪污或其他犯罪所得。否则，将被判有罪，可判处50万元罚金和10年有期徒刑，退回无法解释的财产。法国在近年颁布了两项新的法律，其中一项规定所有政府成员和一些地方官员在被任命或上任后的15天内，必须向为此专门设置的委员会提交一份财产状况的报单。议员在其任期届满前，政府成员及一些地方官员在其职务终止时，均应提交一份新的财产状况报单。在俄罗斯，公民建造房屋别墅，必须向财政部门申报钱的来源，对不按规定申报或者不如实申报者，可给予罚款处分，屡犯者，处2年以下强制劳动。罗马尼亚大国民会议1980年10月17日通过的《关于经济和社会工作领导干部及党和国家其他干部必须申报私有贵重物品法》规定，干部的个人财物应以书面形式向上级机关申报，申报单“还应包括属于其丈夫，或根据情况属于其妻子以及未成年子女所有的财物”，“还应把申报财物之后获得的诸如不动产、小汽车等贵重物品予以申报，申报期限从获得财物之日起不得超过60天”。否则，要受到相应的处罚。上述这些规定，已成为司法机关对付贪污官吏有效的武器。许多人因此而受到调查、检控、定罪及判刑。可见，国家建立财产申报制度只是把这类案件的证明责任强加在犯罪嫌疑人、被告人身上，从而加强对公民，特别是国家公务员的财产进行管理和监督，与那些贪污、受贿的国家工作人员进行有效的斗争。

可见，让国家工作人员申报财产以及强迫犯罪嫌疑人、被告人对差额巨大的财产或者支出承担证明责任，与有罪推定、无罪推定等诉讼原则毫无关系。我国现在还未建立财产或收入申报制度，全国人大常委会及刑法关于巨额财产来源不明罪的规定，既弥补了这方面的不足，为查处财产或者支出明显超过合法收入的一些国家工作人员的经济犯罪案件提供了法律根据，也为我国今后建立公务员财产申报制度作出了法律导向。

3. 此项规定也并不意味着犯罪嫌疑人、被告人在所有的刑事案件中都应负举证责任

犯罪嫌疑人、被告人在巨额财产来源不明这类经济案件中应负证明责任，并不意味着犯罪嫌疑人、被告人在一切刑事案件中都应承担证明责任。笔者认为，如同刑事案件可以分为公诉案件和自诉案件，公诉案件的证明犯罪嫌疑人、被告人有罪的义务由公安机关、司法机关承担，而自诉案件的证明责任应由自诉人承担一样，对犯罪嫌疑人、被告人在公诉案件中应负证明责任也应视案件的性质不同而有所区别。根据法律规定和刑事案件的实际情况，在杀人、强奸等普通刑事案件中，不应当把证明责任强加在犯罪嫌疑人、被告人身上，否则，既无法律根据，也容易导致刑讯逼供、有罪推定等现象的出现。

在诸如杀人、强奸等普通刑事案件中，办案人员在侦查初期往往不知道谁是犯罪分子，只知道发生了犯罪案件或大致推断出犯罪分子如何作案，大约是在什么时间、地点、条件下作案的。公安人员、司法人员通过初步侦查或调查，首先推断出哪些人有可能作案、有条件作案。这时候侦查人员推断出来的犯罪嫌疑人往往人数很多，是不特定的多数人。然后通过进一步调查核实证据，缩小侦查范围，在收集到大量确实的证据证明了作案人就是这些犯罪嫌疑人中的某一个或某几个时，才对这一个或这几个特定的人逮捕、起诉、定罪判刑。可见，在杀人、强奸等普通刑事案件中，公安机关、司法机关及其工作人员是通过自己的收集、审查判断和运用证据来缩小侦查范围，从不特定的多数人中把特定的作案人证明出来。如果在这类刑事案件中，把证明责任强加在犯罪嫌疑人或被告人身上，第一，会导致让人数众多的公民承担证明自己无罪的义

务，而这必然会侵犯这些公民的人身权利和民主权利。第二，会减弱公安司法人员收集证据、查明案情的积极性，以让犯罪嫌疑人、被告人举证来代替自己艰苦细致的调查取证工作。第三，会导致强迫犯罪嫌疑人、被告人负举证责任而犯刑讯逼供的错误，特别是一些重大的杀人、抢劫、强奸案件，当案件久侦不破，而来自上级领导和群众的压力又很大时，办案人员往往出现急躁情绪，如果确定犯罪嫌疑人、被告人负有举证责任，这时，办案人员就会把破案的希望寄托在突破犯罪嫌疑人、被告人的口供上，手段往往是采取刑讯逼供。而这时办案人员对犯罪嫌疑人、被告人却没有确实、充分的证据证明他有罪，只是凭自己的怀疑或猜测或一点线索从众多的嫌疑人中把被讯问人员待定而出。在这种情况下，让犯罪嫌疑人、被告人负举证责任，就和封建纠问主义制度让被告人负证明责任的前提条件基本相同了，实质上是有罪推定的表现。

在巨额财产来源不明案件中，让犯罪嫌疑人、被告人负证明责任，情况则不同于杀人等普通刑事案件。司法机关是在犯罪嫌疑人、被告人明确，且犯罪嫌疑人、被告人已经存在着差额巨大的财产或支出的情况下让犯罪嫌疑人、被告人承担证明责任。如果犯罪嫌疑人、被告人对其已经拥有的这些财产或支出不能拿出证据来证明，那么犯罪嫌疑人、被告人当然就应该对其差额巨大的财产部分承担法律责任。这里，司法机关不必从众多的犯罪嫌疑人中运用证据找出特定的犯罪人，也不必弄清楚犯罪嫌疑人、被告人的这些财产是通过什么手段，在什么时间、地点、条件下弄来的，更不必采用刑讯逼供等非法手段迫使犯罪嫌疑人、被告人承认犯罪，交代犯罪的具体情节和过程。

由上可知，我们强调犯罪嫌疑人、被告人在一切公诉案件中不能都承担证明责任，在巨额财产来源不明等经济犯罪案件中应当承担证明责任，在杀人等普通刑事案件中不应当承担证明责任，是因为前后两类案件存在着下列不同的特点：

（1）前者的犯罪嫌疑人和被告人是同一的，而且是特定的。

后者的犯罪嫌疑人往往是不特定的多数人，并且最后确定为被告人的可能不是起初的犯罪嫌疑人。

（2）前者首先确定了犯罪嫌疑人、被告人并确定了其有差额巨大的财物和支出，只是不知道犯罪嫌疑人、被告人是通过什么手段，在什么时间、地点、条件下得到这些财物的。后者一般起初并不知道犯罪人是谁，只是大致推断出犯罪分子是采取什么手段犯罪以及犯罪的时间、地点、条件、原因和后果，然后通过证据证明出犯罪嫌疑人和被告人的。在这一点上两类案件的特点正好相反。

（3）前者的犯罪嫌疑人、被告人具有差额巨大的财物和支出，这些财物和支出正是犯罪嫌疑人、被告人应当说明其合法来源的充分、确凿的证据，即犯罪嫌疑人、被告人负举证责任的客观基础。而在杀人等普通刑事案件的诉讼过程中，如让犯罪嫌疑人、被告人负证明责任，一般都缺少这样的客观基础。因为根据法律规定，公安机关、司法机关如果掌握了犯罪嫌疑人、被告人的确实、充分的证据，就可以对犯罪嫌疑人、被告人逮捕、起诉、定罪判刑，而不论犯罪嫌疑人、被告人是否承认和交代罪行，不必为犯罪举证。更何况只要掌握了犯罪嫌疑人、被告人进行犯罪的确凿证据，他一般都会被迫交代罪行，而不必强迫他承担证明责任。

（4）在巨额财产来源不明案件中，由于主客观条件的限制，司法机关往往对犯罪嫌疑人、被告人差额巨大的财产查不到证据，只好让犯罪嫌疑人、被告人对其自己的财产和支出承担证明责任。而在杀人等普通案件中，犯罪活动一般会在客观外界留下犯罪后果或给人们留下印象，只要深入细致地调查研究，就能找到确实、充分的证据揭露出犯罪人，无须把证明责任强加在犯罪嫌疑人或被告人身上，让他们证明自己有罪或无罪。

（5）在巨额财产来源不明案件中，法律只要求犯罪嫌疑人、被告人承担自己无罪的证明责任，不会导致刑讯逼供。而在杀人等普通刑事案件中，如果确定犯罪嫌疑人、被告人应承担证明责任，则会要求犯罪嫌疑人、被告人既承担自己无罪的证明责任，也承担自己有罪的证明责任；而后一种情况往往会导致刑讯逼供，即采用刑讯逼供等非法手段强迫犯罪嫌疑人、被告人提供自己有罪的证据。

此外，我们强调犯罪嫌疑人、被告人在巨额财产来源不明案件中承担证明责任，也并不意味着在查处这类经济案件中可以减轻公安机关、司法机关的证明责任。早在1988年，时任全国人大常委会副委员长的王汉斌同志在全国人大常委会上所作的关于两个《补充规定（草案）》的说明中就指出，公安机关、司法机关在查处这类案件时，“首先应当查清是贪污、受贿、走私、投机倒把或其他犯罪所得，依照刑法的有关规定处罚”。因为，公安机关、司法机关只有在进行了大量调查、确实难以查清具体犯罪事实时，才把“差额巨大”的那部分财产或支出的证明责任交给犯罪嫌疑人、被告人。公安机关、司法机关不能不做任何调查研究，不负任何责任就把案件中的一切证明责任强加给犯罪嫌疑人、被告人，这样容易出现错误。因为，如果犯罪嫌疑人、被告人的财产中有一部分是贪污所得，而且是司法机关可以查清的，由于司法机关没有查而以巨额财产来源不明论，这就轻纵了犯罪分子。另外，当犯罪嫌疑人、被告人对其差额巨大的财产或支出提出证据证明其是合法财产时，司法机关也应及时地予以调查核实，否则容易冤枉无辜。

4. 正确、大胆地运用这一法律武器，积极与贪贿等腐败行为作斗争

我国目前正处于改革开放和经济建设的关键时刻，由于新旧体制交替过程中调节机制不完善等诸多因素，经济领域里的犯罪现象相当严重。社会上确实存在“权钱交易，以权捞钱”或者“以钱换权，再捞更大的钱”的腐败现象，它严重影响了党和政府的形象，使党和政府与人民群众之间关系趋于紧张。对于这种腐败现象如果不坚决铲除，对各种贪贿犯罪如果不坚决打击，改革开放和四

化建设都将化为泡影。然而，如前所述，经济领域里犯罪的实际情况表明，查处这类案件困难很大。因此，正确、大胆地运用巨额财产来源不明罪这一法律武器，就成为同经济领域里的犯罪行为作斗争的有力手段。

但是，从多年来的全国司法实践情况来看，这一规定的执行遇到了很多的阻力。事实上，我国单独以巨额财产来源不明罪判决非常罕见（甚至未见判例见诸报道），一般都是在追究犯罪嫌疑人、被告人贪污、受贿罪的同时，一并追究巨额财产来源不明罪的刑事责任。对这一规定之所以会出现执法不力的情况，主要有来自于两方面的因素：其一是理论界方面的问题。有的学者认为该规定是我国刑事立法上的倒退，是典型的有罪推定，有悖于我国刑法、刑事诉讼法历来遵守的一些基本原则，理论上是荒谬的。其二是来自司法人员思想上的顾虑，总认为巨额财产来源不明罪不符合以证据定罪的原则，会导致“怀疑一切”和“宁错勿漏”的“左”的办案思想抬头，从而造成冤假错案。不论理论界，还是司法实践方面，对巨额财产来源不明罪的一些片面认识都是必须要澄清的，只有在思想上彻底清除加在巨额财产来源不明罪身上的各种片面看法，才能在司法实践中切实执行这一规定。

通过对巨额财产来源不明罪中犯罪嫌疑人、被告人负举证责任问题的分析，我们认为该罪符合以证据定罪的原则，对该罪的证明和认定是科学的、可靠的。它反映了广大人民群众痛恨官员腐败，要求清廉的强烈愿望，并且是从我国政治、经济形势发展的实际情况和借鉴了国外经验的基础上制定的。因此，也是必要的、可行的。司法人员可以大胆运用这一法律武器，积极地惩治那些暴富起来且自己又不能说明其财产有合法来源的国家工作人员。只要这一法律武器运用得当，必然会在今后的经济建设领域治理整顿和当前消除腐败、肃贪保廉的斗争中发挥应有的作用。

可以看出，让犯罪嫌疑人、被告人在一些特殊的情况下承担举证责任，具有很重要的现实意义，是国家惩治犯罪与保障人权相结合宗旨的体现，并不会导致有罪推定。不过，也有学者提出，在刑事诉讼中，犯罪嫌疑人、被告人不承担证明责任，在巨额财产来源不明等案件中要求犯罪嫌疑人、被告人说明其持有财物合法来源，只是犯罪嫌疑人、被告人行使辩护权的表现。[1] 笔者认为，这种观点没有考虑到此类案件的特殊性，没有认识到此类案件和普通刑事案件具有的差别，忽视了犯罪嫌疑人、被告人在此类案件中承担证明责任所蕴含的特殊意义，因此，对于这种观点笔者不敢苟同。

① 参见王敏远主编：《刑事诉讼法》，社会科学文献出版社 2005 年版，第 176 页。

第六章　证明责任的差异：三大诉讼的比较

“一般情况下，要确认一项待证事实成立，必须经过严格的诉讼证明。诉讼证明活动必须经历‘论据—论证—结论’的过程。”①这一过程在刑事诉讼、民事诉讼、行政诉讼等三大诉讼中均是必然存在的。而完成这一过程的第一个步骤“提出‘论据’”就是证明责任要解决的问题。因此，证明责任问题存在于三大诉讼中，是刑事诉讼、民事诉讼、行政诉讼实践中无法回避的问题，也是我国诉讼法学界讨论的热点问题之一。

一、三大诉讼证明责任的相同处

无论刑事诉讼、民事诉讼还是行政诉讼，其证明责任都有共同之处，这不仅因为它们有着共同的历史渊源（证明责任问题渊源于古罗马法②），而且也为我国社会主义法律和诉讼的本质以及“查明案件事实，正确处理案件”这一诉讼证明的根本任务所决定。因此，笔者认为，我国社会主义制度下的三大诉讼，其证明责任的概念和特点可以作一笼统的界定和概括，以便于进一步分析和

---

① 汪建成、何诗扬：《刑事推定若干基本理论之研讨》，载卞建林、张国轩主编：《刑事诉讼制度的科学构建——中国法学会刑事诉讼法学研究会年会文集 2008 年卷》，中国人民公安大学出版社 2009 年版。

② 古罗马法上的举证分配原则是：（1）原告应当负举证责任；（2）主张者负担举证的义务，否定者不负担举证的义务。

明确不同诉讼中的证明责任的主体范围和内容。

所谓证明责任，是指谁负有依法收集证据、提供证据并依法运用证据证明案件事实的责任。之所以给证明责任下这样一个定义，是因为它包含了下述三项内容：

其一，依法收集证据。证明责任所要解决的根本问题是：由谁拿出证据来证明案情，而要让负有证明案情责任的人拿出证据，就必须让其有收集证据的条件；另外，根据我国法律规定，收集证据必须依法进行。因此，证明责任的第一项内容应当是"依法收集证据"。

其二，提出证据。从"举证"词义来看，所谓"举证"，是"举出证据"的简称，强调的是拿出证据，或曰提出证据。"提出证据"是证明责任的中心环节，收集到了证据不拿出来，就不能起到证明案情的作用；负有证明案情责任的主体不拿出证据，就不能使自己对案情的证明言之确凿，令人信服。所以"提出证据"是证明责任的一个内容。

其三，"依法运用证据证明案件事实"是证明责任的第三个内容。这一内容包括依照法律规定审查判断证据、评定证据和利用证据证明案情。一方面，此是收集证据、提出证据的目的所在；另一方面，三大诉讼运用证据证明案情事实的活动是受法律调整的，只不过三大诉讼法对"在证明案情时应如何运用证据"的规定有所不同。

举证责任的三项内容是有机联系的统一整体，它们构成了举证责任概念的全部内涵。这三项内容以及证明责任在诉讼证明中的地位说明了证明责任有如下特征：

（1）证明责任任务的必须完成性。从本质上讲，证明责任归根结底是立法者代表统治阶级的意志和利益，对谁应负收集、提出、审查判断及运用证据证明案情等一系列义务的法律要求。因此，证明责任作为一项法律义务是必须履行的。由证明责任的三项内容来看，证明责任是牵动整个诉讼活动的关键问题，可以说，诉讼任务能否完成，就在证明责任一举。因此，要保证准确地查明案件事实，及时处理案件，证明责任的主体必须是有条件完成和切实能够完成证明责任的人。

（2）确定证明责任主体的不可任意性。证明责任的归属是由案件事实及有关法律规定的，对证明责任主体的确定，不能具有任意性，因为在三大诉讼活动中，证明责任的任务不是任何人都可以完成的，证明责任的内容也不是任何人都可以承担的。对证明责任主体的确定既有证明案情的需要，又有法律的规定性；既要在证明案情中发挥作用，又要符合法律的规定。因此，不能任意选择。

（3）对证明责任后果承担的不可推卸性。证明责任，也即举证义务，义务是法律上规定某一诉讼主体必须作出一定行为或不得作出一定行为的约束；如果违背了这种约束，就应承担相应的法律后果。因此，如果确定了某诉讼主体在诉讼中负有证明责任，那么，若其没有证明或证明错误，就要承担相应的法律后果，证明责任主体对其后果的承担是不可推卸的。

二、三大诉讼证明责任在承担主体上的差异

尽管我们可以对诉讼中证明责任的概念、内容和特点作一个大概的框定，但由于我国刑事诉讼法、民事诉讼法、行政诉讼法有关证明责任的规定不尽相同，以及三大诉讼法程序的具体任务、运行形式和操作过程有所区别，因而证明责任的表现形式也大相径庭，这首先反映在证明责任的主体范围上。

在刑事诉讼中，我国绝大部分公诉案件的证明责任由人民检察院承担，公安机关和人民法院有证明犯罪嫌疑人、被告人有罪或无罪的职责。《刑事诉讼法》第 50 条规定：审判人员、检察人员、侦查人员必须依照法定程序，收集能够证实犯罪嫌疑人、被告人有罪或者无罪、犯罪情节轻重的各种证据。这说明我国法律要求公、检、法三机关在刑事诉讼中相互配合，查清犯罪事实，惩治犯罪。由于我国实行的是职权主义的诉讼模式，因此，我国的人民法院在

刑事诉讼中也要承担一部分证明犯罪事实的义务，这和那些奉行当事人主义的国家的做法是不同的，审判人员并不是完全处于评判员、仲裁者的地位。在刑事自诉案件中，除人民法院负有一定的调查取证的义务外，主要由自诉人承担证明责任。在一些特殊公诉案件中，比如我国现行《刑法》第282条确定的非法持有国家绝密、机密文件、资料、物品罪，第395条确定的巨额财产来源不明罪，提出了犯罪嫌疑人、被告人在此类犯罪案件中的证明责任问题。

在民事诉讼中，根据“诉讼主张说”，即所谓“谁主张，谁举证”的原则，证明责任主要由当事人负担。我国《民事诉讼法》第64条规定：当事人对自己提出的主张，有责任提供证据。民事诉讼中的当事人包括原告、被告和第三人。在诉讼中，原告提出诉讼请求，就有责任对他所根据的事实和理由提出证据。被告提出答辩、反驳，也有责任提出证据，证明其反驳或反驳的事实和理由是真实的，有根据的。有独立请求权的第三人的诉讼地位相当于原告，他们有与原告相同的举证责任。无独立请求权的第三人，虽然对当事人争议的标的没有独立的请求权，但也有所主张，其对所主张的有关事实也应当拿出证据加以证明。据此，民事诉讼中的证明责任是由双方当事人分担的。此外，在我国，人民法院在民事诉讼中也负有一定的调查取证的职责。我国《民事诉讼法》第64条规定：当事人及其诉讼代理人因客观原因不能自行收集的证据，或者人民法院认为审理案件需要的证据，人民法院应当调查收集。因此，人民法院审理民事案件当然也不能只当“评判员”、“仲裁者”。

行政诉讼中的证明责任由被告人承担。我国《行政诉讼法》第32条规定：被告对作出的具体行政行为负有举证责任，应当提供作出该具体行为的证据和所依据的规范性文件。这说明行政诉讼实行被告负证明责任的原则，法律之所以确立这一原则，主要取决于行政法律关系的特点和行政诉讼的特殊性。在行政诉讼法律关系中，行政机关居于管理者的优越法律地位。公民、法人或其他组织处于被管理的服从地位，两者法律地位不平等。从可以起诉的具体行政行为来看，可以说都是行政机关根据职权作出的单方面行为，作为相对人的公民、法人等一般不了解，也很难了解行政机关作出的具体行政行为的事实和法律根据，而行政诉讼解决的正是行政机关的具体行政行为是否合法的问题，因此理应由行政机关负责提供作出该具体行政行为的证据，即证明责任必须由作为被告的行政机关承担。行政诉讼中的原告有无证明责任？法学界存有争论，笔者持否定态度。首先，我国行政诉讼法只对被告的证明责任作了比较具体的规定，而对原告的证明责任未作任何规定，这并非立法疏漏，而是法律上免除了原告的举证责任。其次，从实践中看，原告作为行政机关具体行政行为的相对人，不可能知道行政机关所作具体行政行为的事实和法律依据，因而无法负证明责任。当然，原告在诉讼中也可以向人民法院提供证据，以证明某种具体行政行为的无根据性和违法性，但这是他的诉讼权利，而不是其举证义务。如果原告提供不出或不愿提供证据，人民法院也不能据此使他蒙受不利的判决或败诉，而只能通过对被告所提供的事实和法律根据进行审查后作出裁决。关于人民法院在行政诉讼中有无证明责任问题，我国《行政诉讼法》第 34 条规定：人民法院有权要求当事人提供或补充证据。人民法院有权向有关行政机关以及其他组织、公民调取证据。这说明在行政诉讼中收集、调取证据只能是人民法院的权利，而不是义务。在这一点上行政诉讼法区别于刑事诉讼法和民事诉讼法。从法理上分析，人民法院审理行政诉讼案件，是司法机关监督行政机关的一种职能，是对行政机关所作出的具体行政行为在认定事实上、适用法律上是否正确进行司法审查。如果作为被告的行政机关提供不出“该具体行政行为的依据和所依据的规范性文件”，人民法院就可以依法作出撤销该行政行为的判决，这种带有明显监督性质的行政审判活动无须人民法院自己承担证明责任。

三、三大诉讼在证明责任问题上的其他差异

三大诉讼中证明责任除了在主体范围上的差异之外，还有如下区别：

（1）证明的时间不同。我国刑事诉讼法规定，公、检、法三机关收集证据“必须依照法定程序”进行。这说明刑事诉讼中的收集证据活动应在刑事案件立案以后的诉讼活动中进行，没有纳入诉讼轨道所收集并加以认定的证据是无效的。在民事诉讼中，当事人及第三人收集并向人民法院提供证据可以在判决之前的任何时候。虽然当事人收集、提供证据的时间是在诉讼过程中，但也不排除当事人在诉讼轨道之外收集的证据的效力。另外，在刑事诉讼和民事诉讼过程中，为了查明案情和根据诉讼需要，有时证明责任主体必须重新调查收集证据并向人民法院提供，即通常所说的“补充证据”。而在行政诉讼中，由于行政执法原则要求行政机关必须“先取证后裁决”，又由于行政诉讼的实质就是监督检查这种“裁决”（即具体行政行为）是否合法，因而法律必须对行政机关举证的时间加以限制。我国《行政诉讼法》第 33 条规定：在诉讼过程中，被告不得自行向原告和证人收集证据。这表明行政诉讼中证明责任主体收集证据的时间已由法律明确加以限制。即在诉讼过程中，证明责任主体无权收集证据，更不能重新收集“补充证据”。否则，就是违法取证，举证无效。

（2）举证的范围不同。在刑事诉讼中，公安机关和检察机关证明范围包括案件事实和适用法律两个方面，但重点在于犯罪的事实和证据方面。在民事诉讼中，当事人证明的范围一般仅限于案件事实方面的证据，对法律方面的依据，当事人没有证明的义务。而在行政诉讼中，作为证明责任主体的行政机关，不仅应就被诉的具体行政行为是否有事实根据进行证明而且还必须就法律依据负责证明，否则就会败诉。对此，我国《行政诉讼法》第 32 条明确规定，行政机关“应当提供作出该具体行政行为的依据和所依据的

规范性文件”。可见，三大诉讼证明责任主体举证的范围有所不同。

（3）取证的对象有所不同。在刑事诉讼中，公、检、法三机关为了查明案情，可以依据法律赋予的各种强制性权力，向任何机关、单位、团体和个人收集证据，而对方也有依法如实向公安司法机关提供证据的义务。在民事诉讼中，作为证明责任主体的当事人提供的证据一般是自己掌握的，虽然根据民事诉讼法的有关规定，当事人或其诉讼代理人也有权调查、收集证据，但由于他们不享有调查、收集证据的强制性权力，因而在现实生活中常因许多客观原因使其收集证据发生困难。当然，民事诉讼中的人民法院根据审理案件的需要，有权向任何组织或个人收集证据，而相对人必须如实提供证据。但在行政诉讼中，证明责任主体在诉讼过程中，“不得自行向原告和证人收集证据”（《行政诉讼法》第33条）。可见，行政诉讼法对证明责任主体的取证在对象上作出了不同于刑事诉讼和民事诉讼的限制性规定，即原告和证人在诉讼中不得作为取证的对象。这也是大三诉讼中证明责任的不同之处。

第七章　民事诉讼中的证明责任：主张者与法官共同承担的义务

民事诉讼涉及的是作为平等主体的当事人双方针对各自的民事权益进行的博弈。理想的诉讼模式应当兼顾公平与效率这两大基本要素，民事证明责任的分担应符合公平与效率的要求，而合理的证明责任分配制度有助于两者的和谐与统一。证明责任的内容包括收集证据、提出证据、使用证据对案件事实予以证明。举证责任所要面对的真正问题是：谁负责拿出证据来对案件事实进行证明，以达到案件事实清楚的标准。有学者认为证明责任具有双重含义：行为意义上的证明责任和结果意义上的证明责任，前者指当事人对所主张的事实负有提供证据证明的责任，后者指在事实处于真伪不明状态时，主张该事实的当事人所承担的不利诉讼后果。[①] 笔者认为我国三大诉讼中的证明责任是一致的，是指谁负有依法收集证据、提出证据并运用证据证明案件事实的责任。人民法院依法行使审判权，在诉讼中负有证明责任，这不仅是因为人民法院要审查判断证据和运用证据定案，而且根据法律规定，人民法院在必要的时候也可以调查和收集证据，在这一点上我国和奉行当事人主义的国家的做法是不同的，审判人员并不是处于评判员、仲裁者的地位。

---

① 参见李浩：《民事证明责任研究》，法律出版社2003年版，第15页。

一、民事诉讼证明责任分配的一般原则

民事诉讼证明责任的分配原则上实行“谁主张、谁举证”。原告对于其诉讼主张有提供证据加以证明的责任，并于未能证明时承担不利的后果；被告于反驳原告的诉讼主张或提出反请求有责任提供证据加以证明，并于未能有效证明时承担诉讼上的不利后果。民事诉讼证明责任设立的目的在于避免人民法院因证据未达到证明要求而不予裁判的情形的出现。虽然说我国审判坚持“以事实为根据，以法律为准绳”，但是在对立的双方当事人提出的相互冲突的证据面前，我们仍然能够发现法官认定证据的高度主观性色彩。

《最高人民法院关于民事诉讼证据的若干规定》第2条规定：当事人对自己提出的诉讼请求所依据的事实或反驳对方诉讼请求所依据的事实有责任提供证据加以证明。没有证据或证据不足以证明当事人的事实主张的，由负有举证责任的当事人承担不利后果。这是对民事证明责任的明确规定。《民事诉讼法》第64条规定：当事人对自己提出的主张，有责任提供证据。当事人及其诉讼代理人因客观原因不能自行收集的证据，或者人民法院认为审理案件需要的证据，人民法院应当调查收集。人民法院应当依照法定程序，全面地、客观地审查核实证据。该条规定是对我国民事诉讼中证明责任的明确规定，可以系统地概括为“谁主张，谁举证，法官居中裁判”。民事诉讼法规定的所谓证明责任的一般原则（即“谁主张，谁举证”）存在证明责任分担不清的问题。确立证明责任分担原则时应考虑的价值目标是：保障实体公正，实现程序公正，贯彻诚信原则以及符合诉讼效率与效益的原则。

按照“谁主张，谁举证”的证明责任分配原则，确定证明责任的分担实际上就是确定谁是主张者。一般情况下，案件中的主张者是比较容易确定的，如原告起诉被告偿还债务5万元，并有借条为证，则主张者就是原告，很容易确定；原告如果拿不出5万元借条的证据，那么，他的主张就不会得到法官的支持，他在本案中就

会败诉。但社会生活纷繁复杂，特别是我国经过改革开放三十多年，经济领域里的纠纷更显令人眼花缭乱之势，新情况、新问题、新案由不断涌现，每一起纠纷中的案件情况又有不同，而特定纠纷中的案件情况又很杂乱，甚至矛盾、冲突，这时，案件中“主张者”的确定就显得异常困难。举一个简单的例子，有一起案件，是一起建筑装潢纠纷，原告起诉被告要求支付150万元装潢款，并附有大量证据材料予以证明；被告反诉原告退还多拿走的装潢款100万元，并也附有大量证据材料予以证明。在本起案件中，双方都有主张，并都对其主张提供了证据予以证明；但双方的主张相反，双方的证据冲突。那么，谁是法官裁判结果中败诉一方的“主张者”的确定就既显得尤为重要，也显得十分困难；因为这个“主张者”的确定，既意味着败诉，又体现着法官对法律关系的分析和全案证据材料的把握以及法官断案的能力。

二、民事诉讼中法官的证明责任分析

在现代民事诉讼中即使案件事实真伪不明，法官为了解决纠纷，仍然不得不作出非此即彼的判决，面对此种困难情形，法官不得不借助证明责任的分担原则作出判决即当案件事实真伪不明时，就假定该事实存在或不存在而作出裁判，使一方当事人担负裁判所引起的不利后果，即哪一方当事人对案件事实负证明责任，就将真伪不明引起的败诉后果归他承担。法官作出判决时，须先确定作为裁判基础的事实依据，然后才能够适用法律对双方争执的权利义务作出判断。

有学者认为法官在任何情况下都不应该承担证明责任，理由是，虽然说法律规定法官可以依职权或依申请调查收集证据，但法官在任何情况下都是不会承担事实真伪不明所引起的不利裁判结果的。罗森贝克也曾指出：“如果对其主张承担证明责任的当事人，没有提出该主张是真实的任何证据，而对方当事人提出了该主张是不真实的证据，法官不得调查该证据，这是得到承认的公理。”① 但是，笔者认为，法官在民事诉讼中是应该承担证明责任的，原因可从以下几个方面进行分析：

首先，应该再一次明确民事诉讼中证明责任的含义，“证明责任是当事人在案件主要事实真伪不明时所承担的败诉风险，即只有在存在案件事实真伪不明的状态时，证明责任才起作用，只不过它是由法律预设的诉讼风险的分担形式。”② 在案件事实清楚，证据确实、充分的情况下，双方当事人明确了双方争议的焦点，对案件无争议，法官可依照“谁主张，谁举证”的原则，以事实为根据，以法律为准绳进行裁判，可保证诉讼结果的公正；然而在很多情况下案件事实处于真伪不明状态，当事人双方无法举证，此时诉讼程序可能会出现中止或终止的情形。司法具有“终局性”，这使得法官不能因为无法举证就结束审判，使案件不了了之。为了保障诉讼程序的正常进行，《民事诉讼法》第 67 条规定：人民法院有权向有关单位和个人调查取证。法律赋予了法官调查取证权，根据对事实真伪不明案件的调查取证，对案件作出自由裁量，此时法官就应对其裁判的事实基础承担证明责任。

其次，“谁主张，谁举证”一般证明责任原则存在证明责任分配不清的问题。“谁主张，谁举证”原则是从待证事实的角度对证明责任进行分配的，其着眼点在当事人一方负有证明责任，它只是从程序层面上解决了由哪一方当事人提供证据对案件事实进行证明的问题，而忽视了一旦案件处于事实真伪不明时，审判程序如何进行，没有对法官也应承担相应的证明责任予以承认，而《最高人民法院关于民事诉讼证据的若干规定》第 73 条第 2 款规定：因证

---

① ［德］莱奥·罗森贝克：《证明责任论》，庄敬华译，中国法制出版社 2002 年版，第 23 页。

② 吴清昊：《论民事诉讼中证明责任的分配——兼议我国民事诉讼证据的有关规定》，载《广西政法管理干部学院学报》2005 年第 4 期。

据的证明力无法判断导致争议事实难以认定的，人民法院应当依据举证责任分配的规则作出裁判。这实际上是对法官自由裁量的肯定，说明法官需要对裁判结果作出说明，法官需要对“裁判书”中的案件事实承担证明责任，以使诉讼双方对判决结果满意。

再次，我国当前的诉讼模式仍是职权主义，职权主义诉讼模式的质的规定性在于民事裁判所依据的诉讼资料可以不依赖于当事人，裁判者可以在当事人主张的事实之外，依其职权独立地收集和提出证据，并以该证据作为裁判的根据。① 这种诉讼模式的基本结构是法官在民事诉讼程序中占主导地位，强调一种裁判者的职权性，作为裁判者的法官高高在上，并且依职权主动调查、收集证据，这使得法官审理案件时自由裁量权过分膨胀，“而造成法官自由裁量权的极度膨胀与我们立法上证明责任制度的不健全是分不开的。因为从一定意义上来说，司法裁判的过程是司法官员对证据的认定和信息的采集过程，是将具体案件的证明责任具体落实到某个当事人，并于无法认定事实时确定由谁承担败诉的不利后果的过程。”② 为了更好地规制法官的自由裁量权，需要我们确立法官的证明责任。

最后，法官承担证明责任，就是说法官应当对其所作判决书或者裁定书上认定的事实负责，对其裁判结果所依据的事实负责，这对落实我国正在逐步实行的司法人员责任制及错案追究制度都是很有意义的。③

通过对以上几点的论述，可以看出，法官在民事诉讼中承担证明责任有其价值意义和实践意义。下面再以一司法实例分析这一问题。

1. 案件的基本事实

2002 年 5 月至 2003 年 10 月，B 公司承包装饰 A 单位综合楼

---

① 参见张卫平主编：《民事诉讼法教程》，法律出版社 1998 年版，第 23 页。

② 罗玉珍、高委主编：《民事证明制度与理论》，法律出版社 2003 年版，第 185 页。

③ 关于这一点，请参阅本书前述“证明责任与司法人员责任制”一节。

（合同价532万元）。工程竣工后的2003年10月，A单位已向B公司支付工程款420万元。此时，B公司向A单位申报工程价款800余万元，A单位要求B公司共同委托审计单位对工程审计结算，但B公司不愿意；并在2004年春节之前组织一些不明真相的人以所谓农民工工资问题为由到A单位闹事（堵路、堵车、冲击办公室等），给A单位和有关部门施加压力。在此种情况下，在市建管局和上级单位的协调下，A单位被逼无奈，只得在2004年春节前又支付了工程款89.6万元。2004年3、4月间，A单位、B公司在市建管局和上级单位及造价事务所的反复多次协调下，终于在2004年4月21日共同签署了《关于综合楼改造工程决算有关问题的协调的备忘录》（简称“五方备忘录”），以“按实结算”为基本原则，详细规定了双方对有争议问题的解决原则和办法。此后，造价事务所根据工程实际情况及“五方备忘录”精神，对本工程进行了审计，于2004年9月10日出具了《报告书》，核定本工程造价为5019790.94元。

但B公司对审计得出的501万余元工程造价不予接受，在2005年春节之前的一段日子里，又鼓动不明真相的所谓农民工到A单位取闹（堵路、拦车、堵人、吵闹办公室等），以所谓农民工工资问题为由对A单位及有关部门施加影响，并采用拳打、跟踪、发威胁短信等手段威胁工作人员和领导。A单位被逼无奈，只得在市建管局的协调下再次让步，于2005年1月28日在工程造价汇总表和《基建工程决算审核定案表》上签字，同意工程造价为5964565.89元（B公司签字时在表上提出了所谓“5点意见”），并于2005年2月3日与B公司正式签署了《办公楼改造工程收尾问题处理协议》（简称“收尾协议”）（B公司签字时又提出所谓“5点意见”但接着自行删去），确定本工程总造价为5964565.89元。A单位于2005年春节前又支付了B公司66万余元。

2. 案件的诉审情况

2005年6月，B公司率先起诉，以2005年1月28日工程造价汇总表和《基建工程决算审核定案表》及其单方面在表上提出的所谓“5点意见”为理由，要求废除“收尾协议”，在5964565.89元基础上增加工程款442095.10元。

2005年7月，A单位提出反诉，以造价事务所2004年9月10日出具的审计《报告书》（核定本工程造价为5019790.94元）为依据，同意废除支付5964565.89元工程款的“收尾协议”，要求B公司退回以不正当（欺骗、胁迫）手段从A单位获取的不正当利益744774.95元人民币。

2006年1月，一审人民法院作出一审判决，全面支持B公司的诉讼请求，判决A单位在5964565.89元基础上增加工程款414628.42元；而对A单位的反诉视而不见，不予审理，全面驳回A单位的诉讼请求。

2006年1月，A单位以一审不应以5964565.89元作为判决的基础和前提（因“收尾协议”被废除，这一数字亦被废除）、一审没有审计、判决胡乱认定事实、适用法律错误、判决故意偏袒B公司等理由向中级人民法院提出上诉。

2006年年中，中级人民法院将本案发回一审人民法院重审（案件在中级人民法院期间，A单位曾要求对本案进行全面审计，但承办法官不同意）。

2006年12月，一审人民法院再次作出一审判决。这次一审判决，除了去除了原一审判决中那些明显的无中生有的部分之外，仍然全面支持B公司的诉讼请求，判决A单位在5964565.89元基础上增加工程款339117.52元；而对A单位的反诉仍视而不见，不予审理，全面驳回A单位的诉讼请求。

更为令人不解的是，A单位反复要求对本案进行全面审计，但承办法官就是不同意；却对B公司行使所谓“法官释明权”，要求B公司对本案申请部分审计（即对596万元以上的那部分进行审计），并判决审计费全部由A单位承担。

2007年1月，A单位再次向中级人民法院提出上诉，理由是，一审以5964565.89元作为判决的基础和前提是错误的（因“收尾协议”被废除，这一解决纠纷的“一揽子”数字亦被废除）、一审没有全面审计、判决认定事实前后矛盾逻辑混乱、适用法律错误、判决故意偏袒B公司等。

但中级人民法院的承办法官却没有听取A单位的上诉意见，并且不同意A单位对本案进行全面审计的申请，于2007年6月作出终审判决，基本上维持了一审人民法院的判决。

3. 对案件的申诉及其处理

A单位认为终审判决是错误的，故将本案申诉到高级人民法院：坚决要求撤销原来的错误的终审判决，依法重审本案。高级人民法院经过对案件的审查，认为原判决在事实的认定方面，确实存在着缺乏证据支撑的问题，故决定对案件提起再审程序。在这一过程中，由于B公司同意将原判决确定的钱款大部分退还A单位，案件得以解决。

4. 对案件中法官证明责任的分析

首先，对一审人民法院的第一次判决，由于法官对其判决结果没有拿出令人信服的证据予以支持，故二审人民法院将其发回重审。对于第二次的一、二审判决，也是由于支撑判决结果的证据欠缺（如案内没有一个权威的审计结论等），所以，令人难以信服。从本案可以看出，法官对自己所作判决书承担证明责任既非常必要，也合乎实际。

三、法官自由心证中的事实认定

在民事诉讼过程中，证据立法上对证明责任进行分配，当事人双方在诉讼中承担自己的相关证明责任的同时，法官必须对自己的裁判过程中的事实认定、裁判依据承担证明责任。为了使法官能够充分保障当事人的举证权利，防止当事人受到来自法官在认定案件事实方面的阻挠，法官应该适时地公开其裁判所依据的自由心证，使当事人双方了解到法官对证据证明力的判断情况，法官通过公开心证促使当事人进一步举证。人民法院必须依据证据认定案件事实；人民法院在判决中认定的事实，如果未达到事实清楚，证据确实、充分，人民法院就不能认定其确实存在，自然也就不能依据该证据进行裁判。证明责任设立的目的主要是为了解决当案件事实真伪不明时法官如何作出裁判的问题，即解决这种真伪不明状态引起的不利诉讼结果的归属问题。尽管担负潜在证明责任一方当事人的举证活动对于打破事实真伪不明的状态起着极为重要的作用，但案件事实在诉讼中是否会处于真伪不明状态，并不取决于当事人的举证活动。人民法院在必要时也会依职权调查、收集证据，必须强调的是人民法院在运用证据对案件事实进行判断时，绝非是仅考虑负潜在证明责任的一方所提供的证据，而是在综合全案所有证据的基础上进行。证明责任的存在赋予了人民法院在事实真伪不明的情况下作出裁判的权力。

法官证明责任产生的基础是案件事实真伪不明时需要法官依据自由心证作出判断，自由心证的本质在于法官依据自己的良心和理性在法律规则范围内自由地判断证据，它在实质上同时承认了人的理性的优点及其有限性。自由心证裁判使事实真伪不明在法律面前得以呈现，事实真伪不明意味着证据的不确定性，而诉讼的最终目的在于消除争议或纠纷所产生的不确定情形。同时自由心证不能独立地承担起消除事实真伪不明的责任，如果法官在自由判断证据之后仍然无法形成自由心证，罗森贝克认为："如果人们想强制法官，让他将真实性没有得到确认的主张作为不真实来对待，这恰恰是对自由心证的扼杀。"① 此时需要另外的机制对事实真伪不明进行制度设计，法官证明责任应运而生，于是事实真伪不明成为法官证明责任作用的前提和基础，法官证明责任成为克服事实真伪不明的手段。证明责任的本质意义在于案件事实真伪不明状态下，为法

① ［德］莱奥·罗森贝克：《证明责任论》，庄敬华译，中国法制出版社2002年版，第2页。

官提供将不利益的法律后果归因于某一当事人承担的法律依据，从而表明在事实真伪不明状态下法官的判决不是任意作出的。“民事责任规则赋予了人民法院在事实真伪不明状态下作出裁判的权力，并使得这种裁判在法律上成为合法的和正确的。但另一方面，这种裁判毕竟是建立在事实并未查清基础之上的，这与民事诉讼的理想状态——人民法院在查明事实、分清是非的基础上，依法对案件作出裁判相距甚远。”①

美国法学家摩根教授指出，任何一个法官都必须在面对每一系列的命题时决定：（1）在证据的质与量方面，如未充分提供证据便足以发现该命题为真实时，哪一方当事人将告败诉；（2）若在举证程序终结时，陪审团仍无法决定该命题是否真实时，则哪一方当事人将告败诉。即：法官必须决定哪一方当事人应负担未提出充分证据足使陪审团为特定发现的危险，以及哪一方当事人应负担未说服陪审团作出认定的危险。② 为了保证裁判的合理公正，防止错案的发生，避免当事人对判决不服而引起的上诉，法官应当充分行使自己的证明责任。德国学者莱纳克认为：“法定的证明责任分配具有原则性质，不过这种原则在习惯法中早已存在；并且认为，如果有理智的依据可以改变证明责任判决的话，法官可以放弃这些原则。”③ 这也肯定了法官在诉讼中的证明责任。在司法终局性原则的指导下，法官不能因案件事实真伪不明而拒绝作出裁判，法官在此时必须依照一定的标准（法官自己承担的证明责任）确定某一方当事人承担不利的诉讼结果。

《最高人民法院关于民事诉讼证据的若干规定》第7条规定：在法律没有具体规定，依本规定及其他司法解释无法确定举证责任

---

① 李浩：《民事证明责任研究》，法律出版社2003年版，第68页。

② 参见［美］摩根：《证据法之基本问题》，李学灯译，世界书局1982年版，第45页。

③ ［德］汉斯·普维庭：《现代证明责任问题》，吴越译，法律出版社2000年版，第267页。

承担时，人民法院可以根据公平原则和诚实信用原则，综合当事人举证能力等因素确定举证责任的承担。该条即为法官在证明责任分配中的自由裁量规则，这事实上赋予法官在案件事实真伪难以判断，按照证明责任的一般原则来作出裁判将有违公平原则和诚实信用原则时，有权决定根据自己的判断作出裁决。

“大陆法系各国关于证据的审查判断原则，既强调法官的自由判断，也强调遵循法律的规定以及判断的理由和结果的公开性，即由法官在遵循法律规定的前提下，依据良知和理性对证据行使自由裁量权，从而形成法官的内心确信。”① 自由心证可以简单地概括为：法官在对事实进行裁判时，依据自己掌握的案件事实，在不受法律规则约束的情况下对证据的证明力进行自由评判，并对实体结果作出判断。如何规制法官的任意裁判权，保证法官正确承担举证责任，裁判者要承担起证明其裁判的正当性并进而赢得当事人及社会的信赖，要取得这样的结果需要裁判者具有无与伦比的法律修养。可以说在职权主义诉讼模式下法官主导一切同时意味着承担一切。在事实认定过程中，证明责任的分配、证据真伪的确定或其证明力的判断，都不可避免地带有法官自由裁量的成分。我国法律虽然赋予了法官自由裁判的权力，但由于当前我国法官队伍整体素质良莠不齐，有的法官素质不高，在案件事实认定过程中如何更好地赋予法官对于事实真伪不明的案件依据证明责任作出自由裁量，以及防止法官自由裁量权的滥用，则是我国司法界当前工作的重点。自由心证的公开，“由于在证明责任分配、证据能力确定上要求尽可能地遵循法定的规则、在证明力的判断中要遵循经验法则，因此一旦法官要以自由裁量改变分配的规则或确定证据能力以及法官为何认为某一证据的证明力大于另一证据时，法官在判决书中详细而充分的论证便是不可缺少的，它可以为法官的裁判提供正当性基础，也可以为当事人是否通过诉权（上诉权）制约法官自由裁量

① 李祖军：《自由心证与法官依法独立判断》，载《现代法学》2004 年第 5 期。

权提供合理的判断标准。”① 法官在对证据进行评判时有时不受法定规则的限制，但却不能随心所欲地加以判断，其判断必须具有客观基础和说服力。在司法实践中自由心证原则存在着法官滥用自由裁量权的内在危险，对自由心证从制度层面进行约束也就成为自由心证原则正当发挥作用的必不可少的前提。② 法官在审判过程中至关重要的也是最容易发生恣意和武断的部分是把事实的认定和法律的运用排除在应予公开的范围之外，这使得诉讼双方无法了解裁判的事实，败诉一方从而产生对法官甚至人民法院的仇视，上诉、申诉、上访等不断，这使得社会的不安定因素增多。为了避免上述情况的出现，法官必须公开自己对案件事实的判断依据及所依据的法律，即心证公开，以保证当事人进行利益衡量，获取当事人双方都满意的诉讼结果，彻底防范随意性裁判的出现。《最高人民法院关于民事诉讼证据的若干规定》第 64 条、第 79 条规定了审判人员应当依照法定程序，依据法律的规定，遵循法官的职业道德，对证据有无证明力及证明力大小独立进行裁判，心证必须在裁判文书中公开。

当前，可以从以下几个方面对法官的自由心证进行规范：

首先，法官在公开其裁判依据时不能采用命令的方式进行，而应该主动与双方当事人及其诉讼代理人进行沟通，详细说明其裁判心证形成的基础、形成的过程，对于持异议的当事人应当给予其必要的时间思考。

其次，由于法官心证的形成要受多方面因素影响，心证公开的目的是向当事人明确事实裁判的过程，当事人对心证提出异议时，法官要针对其提出的主张进行认真研究，如果自身有错误要及时改

---

① 张榕：《事实认定中的法官自由裁量权》，载《法律科学（西北政法大学学报）》2009 年第 4 期。

② 参见李祖军：《自由心证与法官依法独立判断》，载《现代法学》2004 年第 5 期。

正，以保证心证的正确性。

再次，在下列情形下必须公开心证：当事人提出疑问，要求法官公开其特定争点的心证时，为了便于当事人及时准备攻击与防御，消除其对审判方向或状况的怀疑，提高其对审判的信任度，法官必须公开其心证；第二，在公开心证不至于导致误解，且当事人已形成初步合意时，为促进和解结案，法官应公开其心证；[1] 第三，处于不利地位的当事人固执己见，而法官认为有必要改变其错误看法时。[2]

① 参见李祖军：《自由心证与法官依法独立判断》，载《现代法学》2004 年第 5 期。

② 参见叶子强：《民事证据研究》，法律出版社 1999 年版，第 471 页。

第八章　行政诉讼中的证明责任：行政机关的义务

一、作为被告的行政机关是行政诉讼中证明责任承担的主体

行政诉讼是人民法院通过行使审判权来监督行政机关合理、合法地行使职权、履行职责，保护公民、法人和其他组织的合法权益不受违法行政行为侵害的一种司法程序。行政诉讼是三大诉讼中的一种。行政诉讼的根本目的是通过诉讼程序监督行政机关依法行使职权，实质上是审判机关对行政机关活动的一种司法监督，是以国家司法权来督促国家行政机关行政权的合法、正确行使。① 《行政诉讼法》第 32 条规定：被告对作出的具体行政行为负有举证责任，应当提供作出该具体行政行为的证据和所依据的规范性文件。这从立法上明确了作为被告的行政机关应当提供证据证明具体行政行为的合法性。当被告不能证明其具体行政行为的合法性，则由被告承担败诉的后果。而原告并不因为举不出证据证明具体行政行为的违法性而败诉。② 可见，在我国行政诉讼中，行政机关负有举证责任和证明义务。在行政诉讼中，原告对掌握在被告手中的有关被诉具体行政行为合法性的证据，提出的主张是否定的，依据"谁

---

① 参见吴农安：《论行政诉讼的举证责任》，载《民营科技》2009 年第 1 期。

② 参见李秋月：《浅析行政诉讼举证责任制度》，载《辽宁师范大学学报》（社科版）1999 年第 1 期。

主张，谁举证”原则，此种情况下，当然应由持肯定意见的被告承担证明责任。[①] 根据行政诉讼法、《最高人民法院关于行政诉讼证据若干问题的规定》等法律规定，可以看出，我国行政诉讼关于举证责任的分配与民事诉讼中“谁主张、谁举证”的一般举证规则是有差别的，笔者认为，在行政诉讼中原告不应承担举证责任，主要的证明责任应由被告承担，行政机关在对原告提出的诉讼请求予以否定时，应提供证据证明作出的行政行为合法的依据。

我国的行政诉讼起步较晚，行政诉讼中关于证明责任的分配大部分来源于民事诉讼法，很多学者提出行政诉讼中证明责任的分配应按照“谁主张，谁举证”来进行，但在行政诉讼的司法实践中这是不合时宜的。行政机关作出行政处罚，原告不服提起行政诉讼，在诉讼中原告无法与强大的行政机关进行对抗，大多数情况下很难对行政行为的合法性提出证据予以否定性的证明，如果在这种情形下仍然一味地坚持“谁主张、谁举证”原则，这对原告是不公平的。在行政诉讼中，诉讼双方争议的焦点不外乎于原告对行政机关作出的具体行政行为的作为或不作为不服，或者对行政机关作出具体行政行为所依据的法律不服。行政诉讼中的证明责任应由被告承担，意味着被告应当对于自己所作出的具体行政行为的合法性承担证明责任，必须拿出事实根据和法律根据来证明被诉具体行政行为的合法性，如果不能证明其合法性，则无须原告提出证据来证明其违法性或者没有法律依据，被告就应承担败诉的法律后果。

二、行政诉讼中被告对证明责任的承担

行政诉讼立法明确规定作为被告的行政机关应当提供证据证明被诉具体行政行为的合法性，当被告不提供或者不能提供证据证明具体行政行为合法时，则由被告承担败诉的后果，原告方并不因为

---

① 参见邱之岫：《对行政诉讼举证责任的再认识》，载《学术交流》2001 年第 5 期。

拿不出证据证明具体行政行为的违法性而败诉。可见，行政诉讼的举证责任具有特定性，是一种单方责任，即由被告方承担举证责任。[①]

根据《行政诉讼法》第32条的规定，行政诉讼中被告负有证明责任。依法行政是行政执法过程中的基本原则，它要求行政机关在行使职权时必须依据法律的规定，符合法律的要求，依法公正作出行政裁决。行政行为符合法定程序的一个最基本规则就是“先取证，后裁决”，即行政机关应当充分收集证据，然后根据事实和法律作出裁决，而不能在毫无根据或证据不足的情况下对行政相对人作出裁决。[②] 正因如此，在行政诉讼中，行政机关应对其具体行政行为承担证明责任。

行政诉讼中的被告承担证明责任是建立在“先取证，后裁决”这一规则基础之上的。此规则要求行政机关在作出具体行政行为之前，应当先有确实、充分的证据，只有在此基础上才能作出具体的行政裁决，否则就构成行政违法；行政相对人作为具体行政行为后果的承担者，往往很难掌握行政机关作出具体行政行为的事实及法律依据，也不知道行政机关对自己实施具体行政行为时是否已经取得了确实、充分的证据及拥有合乎法律规定的法律依据。如果在诉讼中让原告承担举证责任，实际上是一种本末倒置、主体混淆，因为作为原告的行政相对人怎么会知道被告手中掌握的证据和法律依据呢？也会陷入举证困难的被动局面，原告无法举出证据，因为他手里只有一纸行政裁决书（行政处罚单）！而由被告承担举证责任将有利于诉讼结果公开公正地实现。在诉讼中，当行政机关承担证明责任后，人们就会看出行政机关作出该具体行政行为的事实、证

① 参见雷虹：《浅析行政诉讼的举证责任》，载《青海民族学院学报》（社会科学版）2003年第3期。

② 参见向忠诚、罗永琳：《行政机关在行政诉讼中的举证》，载《广西社会科学》2006年第9期。

据及法律依据，即行政机关的行政行为公开化了；而人民法院经过公开审判，法官根据行政机关提供的证据及法律依据对案件进行审理后作出的判决是司法对行政审查的结果，是司法对行政监督的结果，也是司法对纠纷最终裁决的具体体现，是现代国家法治化的具体体现。因而，一般认为，这样的诉讼结果是公正的。行政诉讼的一般证据规则是行政机关对作出的具体行政行为承担举证责任，而不是由提出诉讼主张的原告举证，但原告对是否存在具体行政行为及该行为与其有利害关系负责提供证据材料。这在很大程度上体现了行政诉讼制度“民告官”的特色。可以说，掌握了行政诉讼举证责任的精髓，也就掌握了打开行政诉讼制度的钥匙。①

根据《最高人民法院关于执行〈中华人民共和国行政诉讼法〉若干问题的解释》第26条，在行政诉讼中，被告对其作出的具体行政行为承担证明责任。被告应当在收到起诉状副本之日起10日内提交答辩状，并提供作出具体行政行为时的证据、依据；被告不提供或无正当理由逾期提供的，应当认定该具体行政行为没有证据、依据。同时《最高人民法院关于行政诉讼证据若干问题的规定》第1条有类似的规定。

笔者认为，我国法律之所以要求行政机关在行政诉讼中承担证明责任，其具体原因有：

（1）行政行为的合法性特点要求行政机关在作出具体行政行为时应符合法律规定和法定程序。行政机关在作出行政裁决前，应当充分收集证据，然后根据事实，对照相关法律作出处罚；而其收集证据及作出处罚时，都应当符合法定程序。行政机关既不能在毫无事实及法律依据的情况下，对公民、法人或者其他组织作出行政行为或行政不作为，也不能在具体行政行为过程中不按照既定的法定程序进行。否则，其行政行为被诉至人民法院后，其面临的结果

① 参见刘宇：《行政诉讼中行政机关举证责任》，载《辽宁税务高等专科学校学报》2005年第1期。

就是败诉。这正是我国督促行政机关依法行政、走依法治国之路的必然措施。因此，行政机关因其行政行为被诉至人民法院后，应理所当然地承担起证明其行政行为的合法性的义务，这是被告承担举证责任的基础。

（2）行政执法具有主动性的特性，在具体行政法律关系中，行政机关的行政行为对于行政相对人是积极主动的，无须征得公民、法人或者其他组织的同意；而公民、法人或者其他组织在该法律关系中只能处于被动地位。由于行政法律关系中双方当事人的这种不同地位，原告将无法或者很难收集到证据，即使收集到，也可能难以保全。在这种情况下，当原告不能举证证明自己主张时，由原告承担败诉效果，是有失公允的，因而，为了在诉讼中更好地实现公正，避免对行政相对人的不利裁判，就应当要求被告证明其行为的合法性，否则应当承担败诉的后果。

（3）由被告负举证责任，从形式上来看，原告似乎处于主张者的诉讼地位，它主张的是针对其作出的具体行政行为是违法的，但当诉讼双方在法庭上进行质证时，被告的优势地位就显而易见了，从公平原则和揭示案件事实真相的角度出发，法律不允许出现如此不对等的对抗，“违法性”与“合法性”作为同一具体行政行为的两个方面，应该由主张积极事实的当事人而不是由主张消极事实的当事人负担举证责任；提出积极主张、认为其具体行政行为具有合法性的应是作出该行为的被告——行政机关，而不是行政相对人，被告行政机关当然应该承担提出证据证明其主张成立的责任。

（4）行政诉讼法要求被告承担举证责任，充分体现了行政诉讼的目的。首先，有利于促进行政机关依法行政，严格遵守先取证、后裁决的规则，从而防止其实施违法行为和滥用职权；其次，有利于保护原告的合法权益，当被告不能证明其具体行政行为合法、人民法院又不能放弃审判时，作出有利于原告的判决，防止公民、法人或者其他组织的合法权益遭受不法行政行为的伤害。①

笔者认为，行政诉讼中被告承担证明责任的内容有以下几个方面：

（1）收集证据。行政诉讼法明确规定在诉讼过程中被告不得自行收集证据，“先取证，后裁决”是行政机关作出具体行政行为的一般规则，行政机关在作出裁决前必须掌握确实、充分的事实依据。在行政诉讼过程中，如果允许被告事后取证这本身就说明行政机关的行政行为在程序上已经是违法的；而且如果允许被告在诉讼中取证，那么将不利于督促行政机关更好地遵守“先取证，后裁决”的裁判规则。

（2）提出证据。在一般情况下，人民法院在行政诉讼中主要审查行政程序证据，通过这部分证据的审查来认定行政行为的合法性。行政诉讼中行政机关承担举证责任时，首先只能提交行政程序中的证据。② 然后再提供作出具体行政行为的事实根据和其所依据的法律规定，证明该行政行为或行政不作为的事实依据及合法性。如果被告在诉讼中不能提供这些证据，自然就说明其行政行为的违法性，其将承担败诉的危险。

（3）使用证据对案件事实予以证明。在行政诉讼程序中，行政机关应提供证据对以下事实进行证明：

首先，作出具体行政行为所认定的事实。该事实是行政机关作出具体行政行为的事实前提和基础，行政机关必须提供证据证明行政相对人行为的不合法性。

其次，提供证据证明该行政机关具有作出该具体行政行为的法定职权。行政机关作出行政行为必须依职权行使，不能越权更不能

---

① 参见祁向祥、王涛：《行政诉讼的举证责任》，载《法治与社会》2010 年 12 月（下）。

② 参见吕立秋：《行政诉讼举证责任》，中国政法大学出版社 2001 年版，第 74 页。

擅权，其本身要有充足的证据证明其作出的具体行政行为是依法办事、依权行使。

再次，行政机关作出该行为所依据的相关法律、法规，证明其行使职权是有理有据的，而不是凭空作出。行政机关作出的行政行为应当使行政相对人知道其处罚依据，这样便于相对人不服时，可以明确提起诉讼。

最后，具体行政行为程序合法。行政机关必须证明具体行政行为是按照法定的方式、步骤、时间和顺序作出的，否则，该具体行政行为就会构成程序违法而被撤销。①

行政诉讼中的证明责任制度是行政诉讼证据制度的重要内容，同时也是行政诉讼理论和实践中的一个复杂问题，在行政诉讼的立法和司法实践中所确立的被告承担证明责任的规则具有积极的意义：一方面，它有利于充分保护行政相对人的合法权益，使行政相对人不因行政机关的违法执法而受到不应有的惩罚；另一方面，有利于督促行政机关增强依法行政的责任心，同时可以使行政机关在执法过程中牢固树立"先取证，后裁决"的原则，从而在诉讼过程中更好地举证，更好地实现司法对行政执法的监督。

三、行政诉讼中的原告不应承担举证责任

目前，关于行政诉讼中的原告有无举证责任问题，法学界存有争论。笔者认为，行政诉讼中的原告不应承担举证责任。理由如下：

（1）我国行政诉讼法中没有原告负举证责任的法律规定。从我国行政诉讼法第五章关于证据的规定来看，法律只对被告的举证责任作了明确、具体的规定，而对原告的举证责任未作任何规定。这并不是立法的疏漏，而是法律上免除了原告的举证责任。《行政

① 参见刘刚、戢太雷：《论行政诉讼举证责任的分配》，载《湖北师范学院学报》（哲学社会科学版）2005 年第 1 期。

诉讼法》第 34 条第 1 款规定：人民法院有权要求当事人提供或补充证据。有同志认为这条规定是原告负举证责任的法律依据。我们认为，法律这样规定是完全必要的。但这一规定并不意味着原告负有举证责任。因为，人民法院作为行政诉讼的主持者、审判者，代表国家行使审判权。“要求当事人提供或补充证据”权正是其行使审判权的内容之一。尽管当事人根据人民法院的要求，有义务提供或补充证据，但这充其量只是提供或补充证据，与负举证责任不可相提并论。如果根据《行政诉讼法》第 34 条第 1 款的规定，就认为原告也有举证责任的话，那么，根据人民法院的要求而向其提供证据的任何机关、单位、公民个人也就都成了举证责任的主体。显然，这种观点容易使举证责任主体发生混乱，会导致谁都有举证责任，但谁也不负举证责任的后果，这对完成诉讼证明的任务则会产生消极影响。

（2）原告在行政法律关系中的地位，决定了原告无法承担举证责任。在行政法律关系中，行政机关居于管理者的优越法律地位，公民、法人或其他组织处于被管理的服从地位，两者法律地位不平等。从可以起诉的具体行政行为来看，可以说都是行政机关根据职权作出的单方面行为，行政诉讼解决的问题正是要审查这种行为是否合法。原告作为具体行政行为的对象，一般不可能知道行政机关作出这种行为的事实和法律依据，即原告在行政法律关系中所处的被管理者的法律地位，决定了他无法承担举证责任。

（3）原告在诉讼中可以向人民法院提供证据，但这也不是承担举证责任。根据行政诉讼法的有关规定，原告在诉讼过程中可以向人民法院提供证据，以证明某种具体行政行为的无根据性和违法性，但这只是他在行政诉讼中的权利，而不是其必须履行的举证义务。根据法律规定，人民法院对于某种具体行政行为是否有根据和是否违法，只能通过对被告所提供的事实和法律根据进行审查后作出决定，而不能因为原告提供不出或不愿提供具体行政行为的违法性证据，就据此使原告承受不利审判结果或使他败诉。所以，原告在诉讼中提供证据，只是他的诉讼权利，而不是承担举证责任。

（4）有一种观点认为，在因不作为行政行为和行政赔偿等原由而提起的行政诉讼中，“原告必须提供支持自己诉讼请求的事实根据”，负有举证责任。笔者认为，的确，原告在提起此类案件的行政诉讼时，须向人民法院提供被告不作为的事实根据或因行政行为所造成的财产损失的客观依据。但需要指出的是，举证责任是在诉讼过程中发生的，此时，人民法院对该项请求还没有立案受理，没有纳入诉讼轨道，何来举证责任？因此，原告此时为支持诉讼请求而提供的一些事实根据，只是根据法律规定的起诉条件而提供给人民法院作为立案受理的材料来源，而不是承担诉讼过程中举证责任。如果人民法院经过审查，认为符合起诉条件，决定立案受理，那么随之而来的诉讼过程中的举证责任仍应由被告承担。

四、行政诉讼中人民法院的证明责任

如同民事诉讼中证明责任的分担一样，在行政诉讼中，人民法院也应当承担一定的证明责任。我国《行政诉讼法》第 34 条第 2 款规定，人民法院有权向有关行政机关以及其他组织、公民调取证据。第 35 条规定，在诉讼过程中，人民法院认为对专门性问题需要鉴定的，应当交由法定鉴定部门鉴定；没有法定鉴定部门的，由人民法院指定的鉴定部门鉴定。第 36 条规定，在证据可能灭失或者以后难以取得的情况下，诉讼参加人可以向人民法院申请保全证据，人民法院也可以主动采取保全措施。第 61 条第（三）项规定，人民法院审理上诉案件，如果认为“原判决认定事实不清，证据不足，或者由于违反法定程序可能影响案件正确判决的，裁定撤销原判，发回原审人民法院重审，也可以查清事实后改判”。上述这一系列的法律规定，都说明人民法院有义务在行政案件的判决中对自己所认定的案件事实承担证明责任。即，在事实真伪不明的时候，人民法院认为需要收集、调取证据的，可以收集、调取证据；对需要鉴定才能搞清案情的，人民法院应当进行鉴定；对于需要进行证据保全的，人民法院可以进行证据保全。在采取了这些措施之后，若作出的判决仍然“事实不清，证据不足”，说明人民法院没有承担好证明责任，那么就要承担着案件被发回重审的风险。[①] 可见，我国要求人民法院承担证明责任的法律规定和后果体现还是十分明显的。

行政诉讼中法官承担证明责任与我国正在推行的法官责任制是契合的。证明责任与公安司法人员责任制有着紧密的联系，这在本书的前面已有论述。[②] 而对于行政诉讼，这一问题则显得尤为重要。因为，行政诉讼是由人民法院的法官对行政机关的行政官员所作出的行政执法决定进行审查和裁决，是“官”对“官”的行为的审查和裁决，而作为原告的一方则为“民”，是老百姓。如果认定的事实和案情有误，并且从而导致行政裁决有误，则难免有“官官相护”之嫌。而“官官相护”乃封建专制国家之产物，与我国社会主义民主法治国家性质格格不入。所以，对于行政诉讼的案件，人民法院及其法官更应该严格、审慎地等待，对自己所承担的证明责任一点也马虎不得。只有这样，行政案件判决“事实清楚，证据确实、充分”的结果才能实现，行政诉讼法“以司法监督行政”的立法宗旨和目的才能实现。

① 根据我国各地现有的对人民法院考评的规定，案件若被上级人民法院发回重审，则意味着该案办理有误，要被“扣分”。

② 关于这一点，请参阅本书第四章“证明责任与司法人员责任制”一节。

下编：诉讼证明标准论

第九章 对证明标准概念的界定

一、证明标准的定义

关于“证明标准”这一概念，存在着多种表述。这些表述角度不同，用语各异，易造成与证据法学中的相关概念间的混淆，直接导致理论上的混乱。因此，有必要对这些表述进行辨析，以澄清理论上的若干误区。

归纳起来，对“证明标准”这一概念大致有以下几种表述：

（1）以“程度”作为解释的落脚点，将“证明标准”与“证明要求”相等同。如有的辞典称：“证明标准又称证明要求。指法律要求的诉讼证明中运用证据证明案件事实所要达到的程度。”① 还有的辞典这样定义：“证明要求，又称证明标准。指诉讼证明需要达到的法定程度。”② 有的学者这样定义：“证明标准是指按照法律规定认定一定的事实或者形成一定的诉讼关系对诉讼证明所要求达到的程度和水平。”③ 有的辞典干脆认为“证明标准，又称证明要求”，而“证明要求，又称证明程度”④。即将上述三个概念完全等同起来，并相互循环定义。如有学者认为：“刑事证明标准，又

---

① 邹瑜、顾明总主编：《法学大辞典》，中国政法大学出版社 1991 年版，第 805 页。类似的解释又见周振想主编：《法学大辞典》，团结出版社 1994 年版，第 708 页。

② 江平主编：《中国司法大词典》，吉林人民出版社 1991 年版，第 249 页。

③ 吴高庆主编：《证据法学》，清华大学出版社 2010 年版，第 283 页。

④ 杨五湖主编：《案件学大辞典 · 审案大全》，法律出版社 1993 年版，第 475 页。

称证明程度、证明要求，是指刑事诉讼证明主体运用证据证明案件待证事实所需达到的程度要求。"① 一些教材中也有类似的表述，如有的教材认为："刑事诉讼中证明的要求，是指诉讼中对案件事实的证明所要达到的程度或标准"，甚至有"证明要求（或曰标准）"这样的提法。② 不少辞典或教材没有提及"证明标准"，仅提"证明要求"，但由于其对"证明要求"解释的落脚点仍是"程度"，因而不难看出编者亦是将"证明要求"作为"证明标准"的同义词使用的，只不过是为了避免重复未作说明和解释而已。③ 如有学者认为："证明要求，又称证明标准、法定的证明程度、证明度等，是指按照法律规定认定一定的事实或者形成一定的诉讼关系对诉讼证明所要求达到的程度或标准。"④

（2）将"证明标准"与"证明任务"相混同，并将二者在同一个层面上使用。如有学者认为："诉讼中的证明任务，或称证明要求，是指诉讼中对案件事实的证明所要达到的程度或标准。"⑤ 有的教材中这样定义："证明标准，又称证明要求、证明任务，是指要求承担证明责任的人提供证据对案件事实加以证明所要达到的程度。"⑥

（3）从特定的角度看，"证明标准"与"证据制度"之间可

---

① 熊秋红：《对刑事证明标准的思考——以刑事证明中的确定性和可能性为视角》，载《法商研究》2003 年第 1 期。

② 参见陶髦主编：《刑事诉讼法学》，高等教育出版社 1993 年版，第 228 ~ 229 页。

③ 参见曹海波、李伟民主编：《司法辞典》，中国工人出版社 1989 年版，第 453 页；杨炳芝、李春霖主编：《中国诉讼制度法律全书》，法律出版社 1993 年版，第 39 页；刘志正、胡云腾主编：《法学小百科》，南京大学出版社 1990 年版，第 488 页；李伟民主编：《法学辞海》第 2 卷，蓝天出版社 1998 年版，第 1548 页。

④ 刘金友主编：《证据法学》（新编），中国政法大学出版社 2003 年版，第 238 页。

⑤ 陈一云主编：《证据学》，中国人民大学出版社 2007 年版，第 87 页。

⑥ 樊崇义主编：《证据法学》（第 3 版），法律出版社 2003 年版，第 304 页。

以互换表述。有学者撰文认为，从某种意义上讲，“证明标准”与“证据制度”之间是一种“同义的反复”，“是一种重合的关系，是同一内容的不同说法。”①

由此可见，对“证明标准”这一基本概念的准确内涵，理论界并未达成共识，在理解上尚存较大的差异。“证明标准”与“证明要求”、“证明程度”、“证明任务”、“证据制度”等概念常被混用，欲对“证明标准”这一概念进行科学的界定，必须对它们加以区分。

应该说，“证明任务”、“证据制度”与“证明标准”之间的区别还是相当明显的。证明任务是在法律程序中特定机关、组织和人员依法运用证据进行证明所要达到的目的。“证明任务是否完成应拿证明标准去衡量，证明任务是主体的责任，而证明标准是一个客观尺度，二者显然有不同内涵，是不能混为一谈的。”② 可见，只有达到证明标准，才完成了证明任务；故而可以说，证明任务与证明标准之间是一种目的与手段的关系。至于说“证明标准”与“证据制度”在某种意义上具有重合关系，是有一定道理的。因为证据制度的历史发展，实际上就是从证明标准的角度，以证明标准为依据或标志来认识和划分的，着眼点都是集中在对证据证明力的判断上，是对不同证明标准的概括。但是绝不能因此就把“证明标准”与“证据制度”二者等同起来。持这种观点的学者也认为，证据制度是一个比证明标准的含义更为广泛的概念，它们既有区别，又有联系。它们“同义的反复”仅限于前述之角度，即如果不是从判断证据证明力的角度，而是从政治的角度，从国别或其他的什么角度划分，那么证明标准同证据制度之间则可能是从属关系

① 王国枢、袁红兵：《论证明标准与证据制度》，载《政法论坛》1988 年第 5 期。

② 徐静村：《我的“证明标准”观》，载《诉讼法论丛》第 7 卷，法律出版社 2002 年版，第 12 页

或并列的关系。①

“证明标准”与“证明程度”之间的区别相当微妙。在英美证据法上“证明标准”一般以“standard of proof”，“the degrees of proof”等词汇表述，通常译为“证明标准”、“证明程度”等，意指诉讼中对案件事实的证明所要达到的具体要求。但从汉语语义学上看，“标准”与“程度”并非全然等值的术语，两者的侧重点不同。前者侧重于标准，后者则倾向于具体的证明状态。我们可以说某一证明程度已达到某一证明标准，却不可反过来说。② 所以说虽然它们在英美法上的使用有很大的随机性，但在转译过程中，却不可不注意它们之间的微妙差别，应当进行严格的区分，不可混用。

理论界主要是对“证明标准”与“证明要求”区分甚少，甚至将它们等同起来，造成一种被严重扭曲了的“约定俗成”，即“证明标准”就是“证明要求”的代名词。从一定意义上说，“证明标准”一词已被“证明要求”所研磨，诸多教材、词典不提“证明标准”而仅提“证明要求”，许多人只知“证明要求”而不知“证明标准”抑或搞不清两者之区别究竟何在，即是明证。

事实上，仅从语义学角度看，两者意思的不同也是显而易见的。“标准”是指“衡量事物的依据或准则”③，而“要求”指“所提出的具体愿望或条件”④。如果从法学角度进行进一步分析，对这些概念的认识可能会更加深入。国内有些教材认为“证明标准”与“证明要求”并非同一概念，如有学者认为：“证明标准或审查判断证据的标准，是认定证据是否确实、充分时所依据的原则和尺度。刑事诉讼的证明要求是证据对刑事证明对象的证明应达到的程度。”⑤ 有些学者虽认为“证明标准”与“证明要求”并非同

① 参见陈一云主编：《证据学》，中国人民大学出版社 1991 年版，第 114 页。
② 参见陈立主编：《刑事证据法专论》，厦门大学出版社 2006 年版，第 115 页。
③ 罗竹风主编：《汉语大词典》第 4 卷，上海辞书出版社 1986 年版，第 1266 页。
④ 罗竹风主编：《汉语大词典》第 8 卷，上海辞书出版社 1986 年版，第 756 页。
⑤ 王国枢主编：《刑事诉讼法学》，北京大学出版社 1998 年版，第 170、172 页。

一概念，但同时却认为："证明要求是法律规定证明案件事实所要达到的程度，而证明标准则是衡量是否符合法律规定的证明要求的具体尺度。"① 或认为："证明标准，是指衡量是否符合法律规定的证明要求的具体尺度，或者达到法定证明要求的具体条件。简言之，就是证明要求的具体化。"② 对这些观点，笔者不敢苟同，并且这样区分本身就显得单薄、笼统、概括而不够全面、深入、细致。笔者认为，证明标准是指实现证明任务所要达到的程度的标尺、准则和依据，而证明要求是对证明活动的结论达到何种程度的具体要求。二者的区别主要体现在：

（1）证明标准的内涵比证明要求更为广泛。证明程度是证明已达到的度的指标，它将证明标准与证明要求相联系起来。但证明标准不但包含了证明要求所涵及的有关证明程度的内容，而且还有证明要求没有包含的目的性，即目标。证明标准是考量证明目标是否已经达到的分界线：线上为已达到证明目标，证明主体的证明任务已经完成；线下则被认为证明的任务没有完成，因而其证明责任不能免除。③ 因而，证明标准的内涵表明证明标准是一种证明目标，且是这一目标所要求达到的一种程度。

（2）与证明要求相比，证明标准具有抽象化、规范化的特点。证明标准是证明程度的量化尺度，也是诉讼证明要求的集中体现。这种量化尺度和证明要求相比并非具体、可以度量的，也不是对具体案件的要求，而是一种抽象的客观标准。证明标准究其实质是证明要求的概念化、规范化。如高度盖然性标准是常见的证明标准之一，它有特定的内涵，是具体证明要求的高度概念化和理论化，是对证明程度的一种高度抽象化的说明。正因如此，证明标准作为诉

① 陈光中主编：《刑事诉讼法学》，中国政法大学出版社1996年版，第165页。

② 刘金友主编：《证据理论与实务》，法律出版社1992年版，第159、160页。类似的论述又见王国枢主编：《刑事诉讼法学》，北京大学出版社1998年版，第170、172页。

③ 参见蔡虹：《略论行政诉讼中的证明标准》，载《法学评论》1999年第1期。

讼中对证明标尺的要求，比证明程度和证明要求更为科学和确切。[①]

二、证明标准与相关概念辨析

与证明标准相关的概念，如证明对象、证明责任等，与证明标准既有联系，又有区别。对其加以辨析，有助于更进一步地明确证明标准这一概念的内涵。

证明对象，又称为待证事实或要证事实，是指司法机关和当事人在诉讼证明活动中需要运用证据加以证明的事实。证明对象是诉讼证明首先要解决的问题。从形式逻辑的角度，就是证明首先要确定论题，解决证明什么的问题。证明对象决定着诉讼证明活动的出发点和归宿，决定着证明活动如何进行，需要什么证据，谁承担证明责任，等等。至于证明标准，更要受本案证明对象的制约，确定证明对象是适用证明标准的前提。没有证明对象，证明标准则失去了适用的目标而成为空泛、抽象的规定，不具针对性和实践性。同样，离开证明标准，缺乏证明所要达到的程度的标尺，证明对象是否得到充分证明则始终处于不确定的状态，待证事实也就不可能变成定案之事实。

与证明标准联系最密切的概念当属证明责任。有学者认为："证明标准是当事人对其主张的事实的证明应达到的尺度，是指引当事人进行诉讼证明的尺度，它包括当事人什么时候诉讼证明成功，其证明责任得以解除，其事实主张得以成立。"[②] 从最广泛的意义上说，证明责任是指运用证据证明案件事实的义务。证明责任问题，主要解决对于诉讼进行和案件的实体处理具有重要意义的两

---

① 参见宋世杰：《论刑事诉讼证明标准的性质及层次》，载《湘江法律评论》第1卷，湖南出版社1996年版，第227～228页。

② 汪建成：《理想与现实——刑事证据理论的新探索》，北京大学出版社2006年版，第100页。

个问题：一是承担证明义务的主体和条件：二是未能有效履行证明义务所应承担的法律后果。[①] 证明标准是证明责任得以解除的客观标志。证明责任是从诉讼主体角度观察的证明标准，实质上是证明标准的主体化；证明标准是从诉讼客体角度观察的证明责任，实质上是证明责任的客观化。证明责任和证明标准由此成为一对相匹配的概念，形影相随，密不可分。正如有的学者所言："没有真正意义上的证明责任制度，便没有真正意义上的证明标准制度。"[②]

一般而言，英美法上的证明责任含有两层意义的负担（burden）：一是举证负担，即提出证据证明诉讼主张或请求的义务；二是说服负担，即使事实的裁判者相信举证证明的争议或事实的存在与否达到法律规定的程度的义务。由于证明标准的实际指向只能是证据的证明力，而不能是证据能力（即证据的可采性），这恰恰与举证负担的目的相悖，因而在英美法上，证明标准成为说服负担的伴生物，而同举证负担毫无关联。[③] 本著作对证明责任的研究并不局限于这两层意义，笔者是从收集证据、提出证据、运用证据证明案情等三层含义上来研究证明责任的。从本书上编对证明责任的研究可以看出，证明标准确与证明责任有着十分密切的联系。承担证明责任的主体收集、提出、运用证据证明的案情若没有达到证明标准，则为证明责任没有尽到，就要承担相应的败诉风险或法律后果。

三、证明标准的性质

关于证明标准的性质，尽管不少学者在其论著中有所涉及，但研究不够全面、深入、系统，专门论述这方面内容的文章目前尚未见到。应当看到，研究证明标准的性质，有助于进一步加深对证明

---

① 参见徐静村主编：《刑事诉讼法学》（上），法律出版社 1997 年版，第 175 页。

② 江伟主编：《证据法学》，法律出版社 2004 年版，第 68 页。

③ 参见陈一云主编：《证据学》，中国人民大学出版社 1991 年版，第 114 页。

标准概念的理解，有助于构建科学、理性的证明标准理论体系，有助于对司法实践给予宏观上的指导，因而具有十分重要的理论意义和实践价值。笔者认为，证明标准的性质大致有以下几个方面内容：

1. 目的性

证明标准的性质具有综合性的特点，其核心是目的性。不同历史类型的证据制度的证明标准不同，内含于其中的证明目的当然也就不同。在神示证据制度中，以宣誓、神明裁判、决斗等落后、愚昧的方法作为评价案件是非曲直的标准，显然其证明目的只是迷信神示的真实。在法定证据制度中，法官只能以法律预先对证据所作的各种规定为标准来评断和运用证据，并据此认定案件事实，因而其证明目的是达到形式真实。在自由心证制度中，法官和陪审员按照自己的良心和理性形成内心确信，对案件事实进行自由评判，其证明的目的被概括为主观真实。在我国，案件事实清楚，证据确实、充分是诉讼中的证明标准，因而证明的目的即为客观真实，即再现案件事实真相，实现诉讼公平正义原则。当然，我国理论界长期坚持的这一证明标准模式，也引起了众多学者的异议。[①] 特别是近几年来，我国学界曾有多篇论述论及这一问题。[②]

证明标准及其目的性归根到底是特定的政权意志和传统文化意识在诉讼证明中的体现。这种特定的政权意志既是占统治地位利益集团整个要求的反映，也是一定历史阶段上社会生产力发展水平和物质经济条件的体现。同时，它往往还是政权所有者们的特定利益追求基础上的理性观念要求处于某种两难处境中的选择。另外，诉讼证明标准本身作为一种目标，它又是特定社会人们的诉讼价值取

---

① 参见李浩：《民事举证责任研究》，中国政法大学出版社 1993 年版，第 232 页以下；毕玉谦：《民事证据法及其程序功能》，法律出版社 1997 年版，第 65 页以下。

② 相关的问题本书后面还将论及。

向的反映，而这种价值取向的形成又同时是历史传统的积淀和缩影。①

2. 层次性

由于客观事物的性质在不同阶段上的展现各不相同，人们在不同的认识阶段上对该事物的认识也要经过一个由浅入深的过程。这决定了诉讼证明本身和人们的认识都具有客观的层次性。

证明标准也是分层次的。在诉讼依次向前发展的过程中，不同的诉讼阶段，对相关证明对象的证明标准也存在一定差异。在英美证据法上，英美法系国家对于不同阶段的证明标准作出了具体的规定，证明的程度一共分为九等（九个层次）：第一等是绝对确定，由于认识能力的限制，认为这一标准无法达到，因此无论出于任何法律目的均无这样的要求；第二等即排除合理怀疑，为刑事案件作出定罪裁决所要求，也是诉讼证明方面的最高标准；第三等是清楚和有说服力的证据，在某些司法区在死刑案件当中拒绝保释时，以及作出某些民事判决有这样的要求；第四等是优势证明，作出民事判决以及肯定刑事辩护时的要求；第五等是合理根据，适用于签发令状，无证逮捕、搜查和扣留，提起大陪审团起诉书和检察官的起诉书，撤销缓刑和假释，以及公民扭送等情况；第六等是有理由的相信，适用于“阻截和搜身”；第七等是有理由的怀疑，足以将被告人宣布无罪；第八等是怀疑，可以开始侦查；第九等是无线索，不足以采取任何法律行为。② 可见，这九等证明标准是逐步递减的，呈现出明显的层次性。

我国诉讼的不同阶段证明标准同样也体现出类似的层次性。以刑事诉讼为例，在立案阶段的证明标准是：认为有犯罪事实需要追究刑事责任；逮捕犯罪嫌疑人时的证明标准是：有证据证明其有犯

---

① 参见蔡虹：《略论行政诉讼中的证明标准》，载《法学评论》1999年第1期。

② 参见《美国联邦刑事诉讼规则和证据规则》，卞建林译，中国政法大学出版社1996年版，第22页。

罪事实；提起公诉的证明标准是：认为犯罪事实清楚，证据确实、充分；人民法院作出有罪判决的证明标准是：案件事实清楚，证据确实、充分。这是我国目前刑事诉讼中最严格、层次最高的证明标准，必须达到确定无疑的程度。这说明随着诉讼活动的进行，对案件事实的认识不断深化，法律对证明标准的要求也相应提高，循序渐进直至达到定案时的最高标准。

3. 多元性

刑事诉讼、民事诉讼与行政诉讼性质与目的截然不同，各自实行的诉讼原则和具体制度迥然有异。此外，“推定”在三大诉讼中的运用应设置不同的证明标准，这正是证明标准的多元性所在。

英美法系国家依据案件的不同性质，设立了二元乃至多元的证明标准，其中最主要的体现是对刑事案件与民事案件的证明标准采取差别对待的方针。在民事案件中，又依其性质不同区分为普通民事案件与特殊民事案件，分别规定不同的证明标准，从而在证明标准上呈现出多样化的格局。① 其中，对刑事案件证明标准的最低限度是控诉一方必须将所指控的犯罪事实证明到排除一切合理怀疑的程度（beyond reasonable doubt），对普通民事案件的最低限度的证明标准是“盖然性占优势的证明”（proof on a balance of probabilities）。显然，前者比后者更高，二者之间存在着质的区别。② 对某些特殊类型的民事案件，如口头遗嘱，以错误或欺诈为理由请求更正文件等，则确立了比普通民事案件高、比刑事案件低的证明标准，主张的一方当事人必须以明确的及令人信服的证据（clear and convincing evidences）证明。在特殊或例外的情形下，刑、民两重标准也存在相互交替的重叠现象。如在刑事诉讼中被告人负担证明责任的情形下，其证明标准同民事诉讼中的证明标准并无二致，只需达到盖然性占优势的程度即可。在英国，有个别的民事案件要求

---

① 参见李浩：《民事举证责任研究》，中国政法大学出版社1993年版，第219页。

② 参见王圣扬：《论诉讼证明标准的二元制》，载《中国法学》1999年第3期。

事实主张的证明标准应达到排除一切合理怀疑的程度，即适用刑事证明标准，如通奸的离婚诉讼，诉讼中发生的任何藐视法庭的行为等，因为通奸、藐视法庭属于准犯罪行为。①

有学者认为："大陆法系国家对证明标准实行'无差别待遇'，无论是民事案件还是刑事案件，均要求达到'高度的盖然性'，即依据日常经验可能达到的高度，须为近似确然性的可能。"② 但是，这并不能排除民事证明标准和刑事证明标准上的其他一些实质性差别。法国《拉鲁斯大百科全书》认为"刑事原告的责任远较民事原告为重"。另外，大陆法系的德国在诸如交通事故、产品责任、医疗纠纷、环境污染等诉讼中，对这些民事案件在证明标准的要求程度上显然要低于刑事诉讼。为此，德国最高法院采用"表见证明"的做法，用以减轻民事原告在举证上的难度。就民事程序上的有关事实，德、日两国采取差别对待的做法，即在证明标准上有证明与疏明之分。疏明适用于某些与实体权利义务无关的程序上急需解决的事实，提出足以使法官推测大体上确实程度的证据即可，其证明要求显然低于证明。

四、对我国证明标准概念及其性质的检讨

前述对证明标准进行概念的界定和性质的探究，意图使证明标准穿透迷雾，浮出水面，较为清晰地展现其真正的面目，并为检讨我国的诉讼证明标准提供必要的前提和根据。对照分析，将不难发现存在于我国诉讼证明标准中的诸多问题。

其一是概念表述多样性和解释多义性。如前所述，我国理论界对证明标准概念表述各异，认识不一，出现了各种不同的解释，这

---

① 参见毕玉谦：《证明标准研究》，载《诉讼法论丛》第3卷，法律出版社1999年版，第437～439页；汤维建、陈开欣：《试论英美证据法上的刑事证明标准》，载《政法论坛》1993年第4期。

② 毕玉谦：《民事证据法判例实务研究》，法律出版社1999年版，第415页。

容易将这一概念与其他相关的诸多概念相混淆。这种缺乏统一的概念表述和解释的现实直接导致了理论上的混乱，影响了学术研究的深入开展，也对相应的司法实践产生不利影响。

其二是认识论上的客观主义和乐观主义。我国有关的法条和论述都不是从司法人员的主观意识状态提出要求和设立标准，而是一味强调证据的客观性和案件事实的客观方面，强调从客观实际出发、实事求是。这固然有利于防止主观臆断和随意性，但另一方面，走向客观主义而忽视诉讼证明的主观因素，难免造成认识的偏颇。同时，我国的证明标准还以乐观主义的可知论为基础，认为每一案件的定案证据，都应达到确实、充分的标准，而由这种证据所证明的案件事实，应当是一种完全排除盖然性因素的绝对确定的客观事实。这种认识固然对司法人员努力追求客观真实起到积极的引导作用，但由于它忽视了诉讼的具体条件和个案的不同情况，因而具有浓重的理想化色彩，易导致证明标准与实践脱节，也使标准缺乏可适用性和可操作性。①

其三是证明标准设置的一元化和简单化。我国诉讼理论界一般认为，无论是刑事诉讼还是民事诉讼、行政诉讼，人民法院在认定案件事实时，均应达到“客观真实”的程度，即“案件事实清楚，证据确实、充分”，这是一种彻底的“一元制”标准。然而，这种不顾三大诉讼性质上存在的重大差异，无视法律对它们的某些不同规定，脱离诉讼实践中对三大诉讼证明标准区别对待的做法，拔高民事诉讼、行政诉讼的证明标准，使之与刑事诉讼完全等同，不仅在理论上值得质疑，同时亦不利于司法实践。②

有鉴于此，有必要对我国传统的证明标准理论加以改造和修正，以适应司法实践的需求和诉讼理论的发展。这就需要在比较研

---

① 参见龙宗智：《我国刑事诉讼的证明标准》，载《法学研究》第18卷第6期。

② 参见李浩：《差别证明要求与优势证据证明要求》，载《法学研究》1995年第5期。

究的基础上，借鉴大陆法系和英美法系国家较为成熟的证明理论和实践中一些有益的做法，结合我国具体国情，进行理性思索和实证分析，从而创立既顺应国际潮流又具有我国特色的诉讼证明标准理论体系。笔者认为，从证明标准之概念和性质的角度，可以从以下几个方面加以完善。

（1）概念应统一表述，明确释义。理论界要统一认识，对“证明标准”之概念严格释义，将其含义最终落在“标尺”、“准则”或“依据”上，这样，对其概念的表述则能做到准确、划一。同时，对与“证明标准”相关的其他诸多概念严格区分开来，尤其要区分“证明标准”与“证明要求”，规定其各自适用的范围、场合和语境，互不僭越，互不替代。当然，也要注意研究这些相近概念间的关系，使得每一概念都能在证明标准理论体系中找准自己的坐标。

（2）客观与主观相结合，理想与现实兼顾。证明过程作为主观思维过程，必须建立科学合理的心证，排除任何合理怀疑。在固守注重客观性认识立场的同时，确立一定的主观认识指标是十分必要的。就刑事诉讼来说，内心确信与排除合理怀疑两点——作为刑事证明主观标准的正面和反面界说——是十分需要且适用的要求，其作为西方国家的刑事证明标准，有着坚实的理论根基和良好的运行效应，其合理内核应当为我国所借鉴和吸收。此外，从确定性程度分析，既要承认证据确实、充分的绝对性，又要肯定其相对性。也就是说，要充分注意在诉讼证明中认识条件和认识能力的有限性，注意诉讼程序对发现真实的限制，肯定事实认定中盖然性因素，这应当更具有现实性。因而，对不同的案件和事实分别适用完全确定的绝对性标准、最大限度盖然性原则、优势证明原则是理想与现实兼顾的体现。

（3）证明标准应当多元化、体系化。为了保障诉讼的效率，实现司法的功能，应就不同的诉讼证明对象实行区别对待。首先，刑事、民事、行政三大诉讼应采用不同的证明标准，即应设置多元化的证明标准。对于民事诉讼而言，通常只需优势证明力即可，即可稍低于刑事诉讼，而行政诉讼的证明标准应当低于刑事诉讼，高于民事诉讼，可表述为“法律真实”。[①] 其次，在诉讼中的不同诉讼阶段，适应不同的证明要求可适用不同的标准；主要事实与其他非主要事实可适用不同标准。在刑事诉讼中，甚至于罪行的严重程度不同，掌握证明标准的宽严也可以有所区别。而在民事诉讼中，通常情况下应当实行高度盖然性的证明标准，少数例外情形如举证特别困难的案件，则可以实行较高程度的盖然性证明。如此，证明标准体系化，既适应了对证明结果作多重验证的需要，也增强了证明标准的可掌握性和可操作性，能够更有效地完成诉讼证明的任务。

① 参见刘金友主编：《证据理论与实务》，法律出版社 1992 年版，第 159、160 页。类似的论述又见王国枢主编：《刑事诉讼法学》，北京大学出版社 1998 年版，第 170、172 页。

第十章　我国现行诉讼证明标准的渊源

一、历史上各种证据制度下的证明标准

1. 神示证据制度下的证明标准

神示证据制度是证据发展史上最原始的一种证据制度，它是凭借神的各种启示来判断诉讼中的是非曲直的一种证据制度。这种证据制度约产生于原始社会末期，盛行于一些古代奴隶制国家和欧洲中世纪前封建制国家。

当时的奴隶制国家，诉讼模式上普遍实行弹劾式诉讼，诉讼由私人提起，司法机关对社会上的违法犯罪事件，需要有人检举、控告才予审理，国家不主动追究犯罪。由于被告和原告是利害的对立者，在案件审理过程中，双方往往各执一词，法官很难断明是非。当时，人们认为神无所不知，神意无所不在，把神看做最公正无私的，对于难以查明的案件事实和不易决断的争端，便通过多种方法诉之于神，由神以各种启示来证实某些争议事实的真伪或判断双方的是非。由于人们对神盲目崇拜，对神示的结果深信不疑，所以根本就不会考虑到可能有其他结果。可见当时的诉讼证明标准是“神示真实”，这也反映了神示证据制度的本质特征。

由于神本身是一个虚伪的抽象物，事实上根本不存在，所以神意只能通过人所确定的方式表现出来。对神宣誓、决斗、水审、火审、抽签和卜卦等是神示证据制度中具有代表性的显示神意的证明方法。“神示真实”作为神示证据制度中的证明标准，有其历史原

因和社会经济文化发展程度的因素。在奴隶社会时期，由于文化科学十分落后，人类的意识还不可能被科学之光照亮，人类的思维也不可能通过科学的方式升华到对事物本质的正确认识。在当时愚昧落后的文化背景下，神被认为是最无私的，神能够公平地评判人间的是非曲直。在这种历史背景下，当诉讼中出现难以判断曲直和辨别真伪的情况时，自然就要请求“万能”的神灵来指点。当时的统治者正是利用人们的这种心理，利用神来控制社会，建立神示证据制度，巩固和维护本阶级的专制统治。

当然，以“神示真实”作为证明标准是唯心的，难以对案件真实作出正确的结论。但在特定历史条件下，有其积极作用，一方面，可以借助“神”的名义显示其公正审判的权威；另一方面，它可以起到一定的心理强制作用，利用当事人或证人对神的尊敬的心理态度，不敢不如实陈述或者认罪服法。

2. 法定证据制度下的证明标准

法定证据制度存在于欧洲中世纪后期的封建专制国家，随着纠问式诉讼的出现而出现。中世纪时期的欧洲封建社会，经历了两个阶段：15 世纪以前大体上是封建社会形成和发展时期，处于封建割据时代；15 世纪以后大体上是封建社会衰落时期，即从等级君主制度发展到君主专制时期。国家制度的这种变化也直接表现在诉讼制度和证据制度方面。16 世纪以后君主专制制度形成，法律逐渐系统化和趋于统一。在诉讼制度上，以纠问式诉讼取代了弹劾式诉讼，为防止法官任意擅断，在纠问式诉讼模式下实行法定证据制度。

（1）法定证据制度的内容及证明标准。

法定证据制度，又称形式证据制度，是指由法律预先规定各种证据的证明力，以及对证据的取舍和运用，法官必须据此作出判决而不得自由进行评断和取舍的一种证据制度。① 根据这项证据制

① 参见倪业群、蒋人文：《刑事证据与证明研究》，广西师范大学出版社 2006 年版，第 21 页。

度，法官在办案中运用证据，查明案件情况时，只需符合法律规定的各项规则，并不要求符合案件的真实情况。法定证据制度把证据按其形式分为完全的证据和不完全的证据两大类。不完全证据又划分为半完全证据、多半完全的证据和少半完全的证据，若干不完全证据又可以构成一个完全证据。一经收集到完全的证据，法官必须认定被告人的罪行属实；收集到不完全的证据，不足以定罪，则可以认定被告人有犯罪嫌疑而对他刑讯。如果经过刑讯还收集不到完全证据，法官可以作出存疑判决。① 但是，在所有的证据中，被告人的自白被认为是最有价值、最完善的证据，是“证据之王”，而不考虑被告人口供是否符合案件的客观实际。因此，法定证据制度的证明标准是“法定真实”或“形式真实”。

（2）法定证据制度的基本特点：

第一，法律预先规定了各种证据的证明力和判断证据的规则。

第二，法律对证据证明力和判断证据规则的规定，主要是根据证据的形式，不是根据证据的内容。

第三，刑讯是取得被告人供认所普遍采用的合法方式。被告人的坦白供认被认为是所有证据中最有价值和完善的证据，对案件的判决和被告人的命运起决定性作用。

第四，法律对证据证明力和判断证据规则的规定是审查判断证据绝对性的根据。法律对证据证明力有绝对性规定，实际上完全剥夺了法官在审查判断证据过程中的主观能动性，束缚了法官的理性。

可见，封建社会的法定证据制度是对古代神示证据制度的否定，其“法定真实”的证明标准是对“神示真实”证明标准的否定。这是与当时经济、政治、科学文化的发展相适应的：

---

① 参见倪业群、蒋人文：《刑事证据与证明研究》，广西师范大学出版社 2006 年版，第 23 页。

第一，这是封建社会的经济制度的产物。封建社会中皇帝是全国最大的土地所有者，具有支配臣民的权力。一切臣民都从属于、依附于帝王，这种人身依附，决定刑事诉讼中的纠问式诉讼的必然性。司法官员实行纠问式诉讼，即按照皇帝制定的法律来诉讼，也就是按照君主的意志办事，这样，法定证据制度应运而生，相应地，“法定真实”就成为该时期的证明标准了。

第二，“法定真实”证明标准是封建专制主义政治制度在刑事诉讼中的表现。封建社会，君主在政治上实行专制统治。为了使自己的统治得以实现，君主制定了大量的法律，让自己的意志成为法律使治下臣民遵守。可见，“法定真实”的证明标准实质上是封建君主专制制度在刑事诉讼中的具体体现。

第三，“法定真实”证明标准的历史进步性。“法定真实”证明标准的出现和逐步推行，是由于人类科学、文化的发展，使人们逐渐摆脱“神灵意志真实”证明标准的产物，是人类诉讼从愚昧走向文明的表现，因而，它的产生和实行具有重大的历史进步意义。

尽管封建法定证据制度的证明标准有其历史进步性，但也有其局限性：首先，“法定真实”证明标准仍然建立在唯心主义和形而上学基础之上的，是同野蛮的口供主义和刑讯逼供相联系的。其次，“法定真实”证明标准把证据运用的局部经验作为办理一切案件的普遍规律，把某些证据形式上的特征，作为评价该类所有证据证明力的标准，这束缚了法官的理性，窒息了他们的良心，毁灭了他们的意识。贝卡里亚对这种证据制度曾作出过尖锐批评，“关于刑事案件，非法学者的人们依照感觉作出判决，比起法学者依照预定的规则作出判决，常是更正确。”①

---

① ［意］贝卡里亚：《论犯罪与刑罚》，黄风译，中国大百科全书出版社 1993 年版，第十四章。

3. 自由心证证据制度中的证明标准

自由心证证据制度，是指一切证据证明力的大小以及证据的取舍和运用，法律不预先作出规定，而是由法官根据自己的良心、理性自由判断，并根据其形成的内心确信认定案件事实的一种证据制度。① 法官通过对证据的审查形成的内心信念，称为“心证”，心证达到确信不疑程度，称为“确信”。自由心证制度是近代和现代国家诉讼法规定的证据制度，在案件审理中，法官对诉讼证据的证明力及应用，完全由法官凭自己的理性的启示和良心感悟来自由地判断，对案件认定，必须在自己的内心深处确实相信真实。因此，相对于法定证据制度下的“法定真实”或“形式真实”，自由心证证据制度下的证明标准可称为“主观真实”。

从历史角度看，自由心证证据制度下的“主观真实”证明标准的确定，是对封建社会黑暗司法制度的否定，它把法官从法定证据制度的“法定真实”束缚中解脱出来，使他们能够根据自己的信念和理智来判断证据，从而为查明案件真实情况创造条件，这在证据制度发展史上是一个历史性进步。

“主观真实”证明标准的确立，引起诉讼制度的重大变革。它否定了“法定真实”和刑讯逼供，摒弃了法定证据制度中的封建特权，确立了当事人诉讼权利平等、被告人享有辩护权、举证责任由控诉人承担等原则和规则。然而，它也有局限性，因为它强调法官的自由判断形成内心确信，不重视客观真实在诉讼证明中的可能性和必要性，将主观理性作为依据，就为法官的主观擅断打开了方便之门。同时，自由心证证据制度的“主观真实”必然是资产阶级法律制度的反映，是维护资产阶级利益的工具。即使资产阶级国家的法官全心全意地为全体国民服务，他们凭良心公正地进行审判，但从本质上看，他们的司法仍然是为了维护资产阶级的整体利益，是维护资产阶级统治的工具。

---

① 参见陈立主编：《刑事证据法专论》，厦门大学出版社2006年版，第119页。

二、当代两大法系主要国家的诉讼证明标准

1. 英美法系国家的诉讼证明标准

英美法系国家在传统上通常被认为采取“两项交替标准”即对民事案件和刑事案件的证明标准采取差别对待的原则。民事案件采用“或然性权衡”或称“盖然性占优势”的证明标准；刑事案件采用“排除一切合理怀疑”或“案情无可置疑”的证明标准。英国著名的法官丹宁勋爵曾指出：“在刑事案件中，法官经常告诉陪审团说，原告有责任提出‘无可置疑’证据。在民事案件中，它将是在‘可能性的天平上’。”① 可见，英美法系国家，刑事案件证明标准要比民事案件的证明标准要求更高。但这从属于条件，因为不管在何种案件中，条件都不是绝对的。例如，在刑事案件中控告必须被证明是无可置疑，而否定控告的则只要达到“合理怀疑”即可。

根据刑事案件证明标准的界定，居于控诉地位的当事人，必须根据事实情况达到排除一切合理怀疑的证明程度；根据民事案件证明标准，有关当事人必须就事实主张达到或然性权衡的证明程度。刑事证明标准要求一旦对被告有任何合理怀疑，那么被告就必须被释放。也就是说，当控诉证据和辩护证据对峙时，它必须消除任何合理怀疑。而民事案件证明标准仅要求负有证明责任的当事人使主张的事实存在的可能性大于不可能性即可，尽管这种事实主张此时仍存在某种质疑的情形。从逻辑角度看，符合这种标准并非因存在合理的怀疑，使与案件事实不相一致，只要这种怀疑不至于引起法庭得出这样结论就可以：这类事实不存在的可能性大于其存在的可能性。可见，在一般情形下刑事案件的证明标准比民事案件的证明标准有更高的要求。

---

① ［英］丹宁勋爵：《法律的界碑》（中译本），群众出版社 1999 年版，第 222 页。

2. 大陆法系国家的诉讼证明标准

大陆法系国家的民事案件的证明标准一般为“特定”高度盖然性，即依据日常经验可能达到的那样高度，疑问即告排除，也即“产生确然性的可能”。这与大陆法系各国通常实行在评判证据上的自由心证主义有密切关系。意大利学者莫罗、卡贝拉革等认为，“法官对证据可以自由地决定取舍和判断”。法律对法官就证明力评断上的限制仅属例外。相比较而言，其他大陆法系国家对法官判断证据上的限制几乎不存在。

大陆法系国家的刑事案件证明标准是“内心确信”。内心确信证明标准是指证据的取舍和证明力的大小，以及案件事实的认定，均由法官根据自己的良心、理性自由判断，形成确信的一种证明要求。[①] 在证据法理论中常将其概括为“高度盖然性”。但是，有些学者认为大陆法系国家的民事案件证明标准也为“高度盖然性”。就民事、刑事案件的证明标准是否相同，理论界存在不同观点。

第一种观点认为：民事、刑事案件证明标准是相同的。

第二种观点认为：民事、刑事案件证明标准虽然都是高度盖然性，但它们有本质区别。

第一种观点的理由是：大陆法系国家就法律规定证据标准来说两者都需要高度的盖然性，就是说，日常生活经验中，这种盖然性要达到排除一切怀疑，接近必然发生的程度。《不列颠百科全书》（第15版）实际上也持相同看法：“大陆法系国家中，则要求排除合理怀疑的盖然性。这种高度盖然性明显涵盖了民事和刑事案件。”

第二种观点的理由是：民事案件与刑事案件是两种不同性质案件，民事诉讼维护私权，当事人可以放弃、调解、和解，法院可以借助其他方式实现多重证明功能。而刑事案件涉及人的自由与生

① 参见刘金友主编：《证明标准研究》，中国政法大学出版社 2009 年版，第 89 页。

命。各国一般在诉讼中实行无罪推定的诉讼原则，在证据不足或虽有相当数量证据能证明被告有罪，但是存在合理怀疑时，作出有利于被告的判决，因而提高了证明标准的要求程度。正如法国《拉鲁斯大百科全书》（第16卷）所述："证明刑事案件被告人有罪的责任远较民事原告为重，当证据显然不足时，应该释放被告人，因为证据'有疑点是有利于被告人的'。"① 两者证明标准区别在于盖然性上的高低与差异。

笔者在此支持第二种观点，因为正如台湾地区学者李学灯先生所言，相对民事判决，对刑事被告作有罪之判决以剥夺其生命、自由或名誉，显然需要较为严谨之法则，甚至罪刑愈重者，要求证明之程度亦愈高。刑事审理中，控方所需证明之程度，有两大特征：一则高于民事审判中之当事人所需证明之程度，再则高于刑事审判中的被告。被告就一般防御事项，只需举证使审理事实之人发生合理之怀疑，即于被告有利。

三、我国现行诉讼证明标准的渊源

"法的渊源"一词，作为专门的法学术语，有其特定固有含义即指法的法律效力的来源，包括法的创制方式、法律规范的外部表现形式及历史渊源。本书所指诉讼证明标准的渊源仅指哪些法律规范表现了诉讼证明标准内容及其历史渊源。

1. 我国现行证明标准的形式渊源。

我国诉讼法规定我国证明标准采用无差别标准，即都是："案件事实清楚，证据确实、充分"，也就是通常所说的"一元制诉讼证明标准"。

在民事诉讼中，事实清楚是指对处理、解决民事（经济）纠纷具有法律意义的事实清楚。在刑事诉讼中，事实清楚是指据以对

① 转引自陈立主编：《刑事证据法专论》，厦门大学出版社2006年版，第125页。

被告人定罪量刑的事实清楚。所谓证据确定、充分是指对证据质的要求和对证据量的要求。理论界一般认为，证据确实、充分的具体标志是：（1）据以定案的证据均已查证属实；（2）案件事实均有必要的证据予以证明；（3）证据之间，证据与案件事实之间的矛盾得以合理排除；（4）得出的结论是唯一的，排除了其他可能性。这四点必须具备，才能认为证据已达到确实、充分程度。而我国2012年《刑事诉讼法》第53条规定："证据确实、充分，应当符合以下条件：（一）定罪量刑的事实都有证据证明；（二）据以定案的证据均经法定程序查证属实；（三）综合全案证据，对所认定事实已排除合理怀疑。"这是我国法律对证据确实、充分的第一次明确解释。

民事诉讼证明标准的内容由其诉讼法加以规定，即民事诉讼法规定证明标准的形式渊源是：我国2012年《民事诉讼法》第63条规定八种类型的法定证据"必须查证属实，才能作为认定事实的根据"，以及第64条规定"法院应当按照法定程序，全面地、客观地审查核实证据"等。我国《刑事诉讼法》第53条规定：对一切案件的判处都要重证据，重调查研究，不轻信口供。只有被告人供述，没有其他证据的，不能认定被告人有罪和处以刑罚；没有被告人供述，证据确实、充分的，可以认定被告人有罪和处以刑罚。《刑事诉讼法》第195条规定了对案件审判时，依据证明标准对案件所作出的几种判决。由此可见，我国立法对证明标准的要求，坚持的是"客观真实"的证明标准。

2. 我国现行证明标准的历史渊源

苏联时期内心确信证据制度的证明标准是"内心确信"，其表现为"主观真实的内心确信"和"客观真实的确信"两种对立具体的证明标准（这一问题将在后文作详细论述）。我国现行证明标准是"案件事实清楚，证据确实、充分"。可见，我国在立法中，倾向采用"客观真实的确信"。另外，我国民主革命时期的确实、充分，实事求是的证明标准是随着司法经验总结，而逐步发展、完善起来的（关于这一问题，也将在后文作详细论述）。所以，我国现行的诉讼证明标准是在借鉴苏联“客观真实确信”以及我国民主革命时期的证明标准的基础上确立起来的。

由此可见，我国现行证明标准的历史渊源是苏联时期的证明标准和我国民主革命时期的证明标准。

四、苏联证明标准确立的历史条件、基本理论及其历史作用

1. 苏联内心确信证明标准确立的历史条件

苏联的内心确信证明标准的确立是当时特定的社会历史条件的产物。十月革命胜利后，苏维埃政权摧毁了包括司法机关在内的沙皇俄国所有的国家机器，废除了旧的等级制度，宣布各民族人民的权利平等。新生的苏维埃政权迫切需要适合新的经济基础的法律制度，渴望建立一套自己的司法体制。苏维埃政权 1917 年 11 月 24 日颁布的《关于法院的第一号法令》和 1918 年 3 月 7 日颁布的《关于法院的第二号法令》中确立了“内心确信”的证明标准。

国内战争结束后，苏联进入恢复国民经济的和平建设时期。1922 年和 1923 年先后制定了《苏俄刑事诉讼法典》和《苏俄民事诉讼法典》，其中详细地规定了各种证据以及运用这些证据的基本原则。《苏俄刑事诉讼法典》第 57 条和第 319 条中规定，法院不受任何形式证据的约束，法院可以斟酌案件的情况采取某些证据。对于案件一切证据所作的判断，概由审判员根据自己在综合考虑案件一切情况的基础上形成的内心确信来进行。《苏俄民事诉讼法典》也规定，证据由法官根据自由的内心确信来进行判断。在苏联其他加盟共和国的刑事诉讼立法、民事诉讼立法中，也都作了相似的规定。

苏联的无产阶级革命政权建立之后，在如何对待资产阶级自由心证证据制度的问题上，在一些法学家之间发生了激烈的争论。有的法学家认为，包括“内心确信”证明标准在内的整个自由心证

制度都必须彻底否定。有的法学家则认为，苏联的证据制度可以利用自由心证制度的形式，并赋予它以新的阶级内容。最终，以安·扬·维辛斯基为代表的法学家的意见和主张在争论中占了上风并为苏联立法所采纳。苏联立法之规定“内心确信”原则，实质上是批判地利用资产阶级自由心证制度的结果。这一制度在执行中有成功的经验，但也出现了相应的偏差，尤其是20世纪30年代肃反扩大化，暴露了这一制度的弊端。为此，1961年1月1日公布施行的《苏俄刑事诉讼法典》对此作了修正，该法典第71条规定：“法院、检察长、侦查员和调查人员评定证据，应遵循法律和社会主义意识，依靠以全面、完整和客观审核案件全部情况为根据的内心确信。任何证据对于法院、检察长、侦查员和调查人员，都没有预定的效力。”① 这一立法强调了“内心确信”必须根据“全面、完整和客观审核案件全部情况”而形成，以防止主观擅断。

2. 苏联“内心确信”证明标准理论

苏联“内心确信”证明标准同自由心证制度中“内心确信”证明标准的根本区别在于，以社会主义的法律意识和“社会主义良心”取代了资产阶级法律意识和良心。

苏联法学家普遍认为，内心确信的形成，是主观因素和客观因素相互作用的结果。能够证明案情真相的一切客观事实，是审判员形成内心确信的客观因素；审判员的世界观与法律意识以及业务能力，则是他形成内心确信的主观因素。

从形成审判员内心确信的客观因素来看，审判员在办案过程中，通过各种诉讼程序收集证据，如通过询问当事人和证人，听取当事人和证人的陈述；通过搜查、扣押、勘验检查等收集物证、书证；通过鉴定获取鉴定结论等。审判员借助自己的听觉、视觉等感觉器官，直接感知到这些客观存在的证据所提供的事实。然后在这些初步认识的基础上，运用判断、推理等思维活动，来发现和认识

① 《苏俄刑事诉讼法典》，王之相译，法律出版社1962年版，第28页。

案件的客观真相。审判员的内心确信不是从主观想象出发所能形成的，而是各种客观存在的证据事实作用于他的感官的结果，是一个从客观到主观的过程。因此，各种证据是形成审判员内心确信的客观因素，而且是形成内心确信的根据和基础。

苏联的证据理论也十分强调形成审判员内心确信的主观方面的因素，认为审判员内心确信的建立，并不是简单地反映客观存在的各种证据，也不是机械地计算各种证据证明力的大小。审判员认定案件事实，需依靠对各种证据的分析和判断。他不仅要了解案件是怎样发生的和为什么发生，还要理解案件发生所造成的影响和危害，并依照法律作出评价。审判员进行这一系列的活动，是和他的思想、观察和法律意识分不开的，必然要从自己的世界观出发，并且按照自己所信奉的各种政治、法律以及道德原则来评判是非曲直。形成审判员内心确信的主观因素，包括三方面：（1）审判员的世界观是形成内心确信的重要的主观因素；（2）法律意识是形成审判员内心确信的又一个主观因素；（3）审判员本身的社会生活经验和司法业务能力，对于他的内心确信的形成也起着不小的作用。

苏联的证据学者们认为，作为形成内心确信的客观因素的各种证据，是不依赖于审判员的意识而客观存在的。但是，这些客观存在的证据，是借助于审判员的主观领会，才可能被认识。因此，不能把客观因素和主观因素对立起来。他们还认为，审判员的内心确信不是一下子就可以形成的，必须在经历一定过程之后才能形成。审判员在审理案件过程中，先是对初步收集到的各个证据进行判断，而后还须在深入调查研究过程中，继续收集各种证据。这样就推动审判员不断地进行分析和判断，逐步形成他的内心确信。

但从苏联证据运用的司法实践来看，内心确信证据制度强调“社会主义法律意识”，甚至将社会主义法律意识强调到起决定作用的程度，这就为法官擅断、滥用审判权大开方便之门。以安·扬·维辛斯基为代表的一些人认为，“社会主义法律意识在一定条件下成为对事件和法律的正确看法的唯一手段，也成为正确认识在某一具体条件下应当怎样裁判案件的唯一手段，……什么是公正和正义的裁判，这种理解本身归根到底是由审判员的法律意识来决定的。”从社会主义法律意识决定论的观点出发，安·扬·维辛斯基进一步提出，“要求法院把绝对真实从它的判决里体现出来，这显然是审判活动条件上不可能完成的任务。”① 所以，他认为法院只能从“最大盖然性”的观点来作出判决。他的这种观点，不以客观事实作为认定案情和裁判案件的根据，而把审判员主观上的法律意识作为认识事件的唯一手段和决定裁判是否公正的标准，这显然是违背辩证唯物主义认识论的原理的，在司法实践中也起了很大的破坏作用。苏联 20 世纪 30 年代肃反扩大化的错误，是以这种观点作为证据理论根据的。

3. 苏联内心确信证明标准的历史作用

列宁领导的十月革命，建立了世界上第一个无产阶级专政的国家。苏联的内心确信的证明标准及证据制度作为无产阶级的司法制度的组成部分，在建立和维护社会主义的经济基础以及巩固无产阶级专政的政权等方面，都曾发挥过重要的历史作用。

苏联的内心确信证明标准及证据制度，是在深刻地批判和揭露自由心证制度的阶级实质和不科学性的基础上建立的。同时，许多苏联法学家以辩证唯物主义为指导，论述了苏联审判员内心确信形成的主客观因素，阐明了世界观、法律意识以及业务知识在审判员正确形成内心确信过程中的作用等。这些都是证据制度发展史上的革新和进步，作为人类文化遗产，其中包含合理因素和宝贵经验可供借鉴。

但是，应该看到，苏联的内心确信证明标准理论也是在不同观点的争议中向前发展的，其中包含的浓厚的改良主义色彩和“二元论”的倾向更值得我们深思。这种制度始终在“主观确信真实”

---

① 李学灯：《证据法比较研究》，台湾五南图书出版社 1992 年版，第 394 页。

和“确立客观真实”这两个原则性的不同标准中犹豫徘徊，从而导致判断证据上的二重标准，实质上在证据制度上它始终没有解决客观标准和主、客观统一的根本问题。同时，这一特点也被有些人所利用，这些人在争议和执行过程中提出并坚持一些根本错误的观点（如法律意识是认识和判断案情的唯一根据的观点，法律判决只能以最大盖然性接近于真实的观点等），由此造成了严重后果。这些都是值得我们思考的。

五、我国民主革命时期证据制度的形成及证明标准的确立

1. 民主革命时期证据制度的形成

民主革命时期的证据制度是人民司法制度的重要组成部分，它是在人民群众的革命斗争中，在摧毁国民党政权旧法统的基础上产生的。

第一次国内革命战争失败后，中国人民在中国共产党的领导下，坚持武装斗争，在全国十几个省份相继建立了革命根据地和工农民主政权。工农民主政权在废除压迫人民的旧司法制度的同时，建立了依靠人民和为人民服务的司法制度。1931 年在江西瑞金成立了中华苏维埃共和国中央工农民主政府，为了坚决镇压反革命，以巩固根据地，发展革命战争，各级、各地政府都根据具体情况，颁布一系列法规。有关诉讼方面的规范性文件有：1931 年 12 月发布的《中华苏维埃共和国中央执行委员会训令（第六号）——处理反革命案件和建立司法机关的暂行程序》等。另外，1933 年 5 月，中华苏维埃共和国司法人民委员部对裁判机关工作的指示也具有重要意义。在这些法规及指示中，尽管有关证据的法律规范不系统、不完整，但是它所确立的证据制度的基本原则，为我国证据制度的形成和发展奠定了基础。

在人民政权创建时期，反革命的破坏活动十分猖獗，人民司法机关当时的主要任务是坚决打击反革命势力。由于当时处于紧张的

战争环境中，又缺乏经验，出现轻信口供，未经侦查，没有取得充分的证据，就轻易捕人，并在审问时采用肉刑逼供的错误。为此，1931年12月13日中央执行委员会非常会议通过的《中华苏维埃共和国中央执行委员会训令》中规定：“在审讯方法上，为彻底肃清反革命组织及正确地判决反革命事件，必须坚决废除肉刑而采用收集确实证据及各种有效方法。”这是人民政权关于证据制度的最早的成文规定。该训令在严禁肉刑的同时，还规定不得仅凭口供办案，要求“收集确实证据”，“充分的证据”等。[①] 这些规定对于在司法工作中开展调查研究，坚持实事求是的科学态度，防止滥捕错判，具有重要的指导作用。但是，由于封建司法流毒的顽固影响，以及受王明“左”倾教条主义路线的破坏，在肃反工作中，又出现了推行逼供的方针与方法。在错误方针和方法的影响下，有关单位办理案件时，审讯人犯仍采用肉刑、变相肉刑及其他威逼方法，迫使被审人招供；被审人在刑讯之下随意乱供，诬陷好人；然后审讯人及负责人又不假思索地相信这种绝对不可靠的供词，乱捉、乱打、乱杀，结果使得很多优秀干部和革命群众受到错误处理。

到抗日战争时期，我国的证据制度建设有了进一步发展。在总结司法工作特别是肃反斗争经验教训的基础上，在一系列法令和决定中，明确规定在办案中必须坚持调查研究，依靠证据，不得刑讯逼供，不轻信口供的原则。1940年8月13日公布的《晋察冀边区目前施政纲领》第17条规定：“对汉奸审判须依确实证据。”1941年5月1日的《陕甘宁边区施政纲领》第7项规定：“改进司法制度，坚决废止肉刑，重证据不轻信口供。”1942年2月公布的《陕甘宁边区保障人权财权条例》第8条规定：“司法机关或公安机关逮捕人犯应有充分证据。”该条例第10条规定：“审判采证据主义，不重口供。”这些规定都要求司法机关要坚持“重证据不轻信

① 参见严军主编：《证据法学》，兰州大学出版社2006年版，第24页。

口供”的原则。此外，中共中央 1943 年作出的《关于审查干部的决定》，把“调查研究”，“分清是非轻重”作为审判方针的重要内容。典型的调查研究审判方式为“马锡五审判方式”。不仅如此，这个时期颁布的《苏中区处理诉讼案件暂行办法》中虽没有“证据”专章，但规定“审判人员及陪审人员对于案情及证据，应直接、间接、公开或秘密地进行周密之调查研究”。由于“重证据而不轻信口供”高度概括了办理刑事案件运用证据正反两方面的经验，又更准确地表达了对待各种证据，特别是对待被告人口供所持的科学态度，对于保证正确处理案件具有重大的意义，因此，以后不仅一直沿用，而且实际成为运用证据的一项重要原则。

1944 年陕甘宁边区曾大力提倡“马锡五审判方式”。陕甘宁边区陇东专署专员兼高等法院陇东分庭庭长马锡五（1989—1962）把群众路线的工作方法运用到审判中去，创造了贯彻司法民主的审判方式。“马锡五审判方式”的核心即是深入群众，调查研究，从实际出发，实事求是，在查明事实、分清是非的基础上处理案件。

解放战争时期，证据制度又有新的发展。首先突出强调调查研究，实事求是，《晋察冀边区行政委员会关于人民法庭工作的指示》规定：“人民法庭的起诉、审讯和判决，必须实事求是，明辨是非，任何草率鲁莽及感情用事和主观主义都是错误的。”华北人民政府 1948 年 11 月 30 日作出的《关于县市公安机关与司法机关处理刑事案件权责的规定》中，不仅指出了刑事案件“侦查的责任，应属于公安机关”，而且还明确了“侦查的主要任务是：收集罪犯的犯罪事实及证据，拟以起诉”。案件“经公安机关向司法机关起诉后，司法机关即有权责审判该案，对于被告的犯罪事实和证据，加以审查研究”。“若被告仅有嫌疑，没有积极的证据可以证明被告确系犯罪时，即不可能论罪判刑。”关于如何解决民事纠纷，在《东北行政委员会关于建设司法工作的几项具体指示》中强调，解决“民事纠纷应本着实事求是之精神”。这些规定再次强调了办案依靠证据，实事求是，调查研究的审判工作之风。① 此外，在1949年1月13日华北人民政府发出的《为清理已决未决案犯的训令》中，规定了因证据失实等原因而应予改判的各种情况，这就是："有确实反证，证明原判根本错误者，应予平反，宣告无罪释放"；"判决时所采之证据，迄今未能证明其确属真实者，应改为无罪之判决"；"一部罪行能确定，一部罪行不能确定者，其不能确定部分，应宣告无罪"；"如发现新罪行，或因原审判确系失误过大者，可撤销原判，另行适当判刑。"此外，收集证据的程序也较前完善。有的解放区立法规定，审判笔录应当庭制作，证人应个别审问，搜查、扣押物证应有见证人在场并需有扣押物品收据等。

2. 我国民主革命时期确立的诉讼证明标准：确实、充分证据，实事求是

在人民政权创建时期，反革命活动十分猖獗，司法机关为了坚决打击反革命势力，同时在紧张的战争环境中，没有司法经验，出现轻信口供，没有充分证据，就轻易捕人，并且有随意用刑现象，为了纠正这种错误做法，1931年12月通过训令明确规定"在审调方法上，……采用收集确实证据及各种有效方法"。这是证据制度中关于诉讼证明标准确立的萌芽——确实证据，也是最早成文法规定。1931年的训令中又规定："听到某个或某几个反革命分子的口供，没有充分证据，未经过侦查……"这种做法是错误的，要求司法中要有充分的证据。

1944年陕甘宁边区曾大力提倡的"马锡五审判方式"的核心内容是：深入群众，调查研究，从实际出发，实事求是查明案件真相。解放战争时期，证据制度进一步发展完善。这一时期，进一步强调审判工作要实事求是。《晋察冀边区行政委员会关于人民法庭工作的指示》规定："人民法庭的起诉、审讯和判决，必须实事求

① 参见卞建林主编：《证据法学》，中国政法大学出版社2005年版，第33页。

是，明辨是非，任何草率鲁莽及感情用事和主观主义都是错误的。”

由上可知，民主革命时期，随着司法经验总结，证据制度逐步健全和完善，证明标准也随之完善。其证明标准确立的脉络和过程：确实的证据→确实、充分证据→确实、充分证据，实事求是。

六、苏联和我国民主革命时期所确立的证明标准对我国立法和司法的影响

1. 对我国现行立法的影响

苏联是世界上第一个无产阶级专政的国家，苏联内心确信的证明标准是证据制度的重要内容。苏联内心确信的证明标准有“主观真实的内心确信”和“客观真实的内心确信”二重标准争议。其中“确立客观真实”的证明标准对我国现行诉讼证明标准的确立产生较大影响。我国现行立法采纳的“案件事实清楚，证据确实、充分”的一元制证明标准借鉴了苏联“客观真实，内心确实”的证明标准中的合理部分。

我国民主革命时期确立的证明标准，也是我国现行证明标准重要的历史渊源。我国现代证据制度是建立在民主革命时期的证据制度基础之上的。民主革命时期确立了“确实、充分，实事求是”的证明标准，并在司法实践经验总结中逐步完善。正是在总结民主革命时期立法和司法经验的基础上，确立了我国现行的证明标准。

2. 对我国司法的影响

苏联和我国民主革命时期确立的证明标准，对我国社会主义的诉讼证明活动不仅在立法上有着重大影响，同时在司法实践中也有重大影响。我国司法人员在诉讼过程中，审判案件时，根据现行证明标准充分查清案件事实后依法作出裁判，维护当事人利益，惩罚犯罪和保护人民。但是由于深受苏联和民主革命时期的证明标准的影响，也产生了一些消极方面的后果。

我国从立法上确立证明标准时，参照、借鉴了苏联和民主革命

时期的证明标准，采取一元制标准。司法人员依照这种一元制证明标准对案件进行审判时，往往出现难以查清案件事实的情况，即所谓“疑案”的情况，遇到这一情况时，法官往往对案件不能及时作出判决，致使案件悬而不决，影响司法公正。同时坚持这种一元制的证明标准，限制了法官的自由裁量权。这些问题在司法实践中经常出现，不仅是因为立法的不完善造成，同时也是深受苏联和民主革命时期证明标准影响的结果。

第十一章　证明标准与法律文化

证明标准在古今中外各国诉讼实践中都是客观存在的，因为诉讼的目的是解决一定的争端，而争端的解决需要通过一定程度的证据予以证明。至于何种材料可以作为证据，证据达到何种程度才能证明一方的主张或推翻对方的诉讼主张，不同时期、不同国家就有所不同了，而且证明标准随着法律文化的发展、法律观念的更新而发展和变化着，呈现出一种明显的变化历程。

法律文化是指在一定社会物质生活条件的作用下，社会主体系统（民族、国家、阶级、集团等）所创制的法律规范、法律制度或者人们关于法的现象的态度、价值信念、心理、感情、习惯以及学说理论的复合有机体。① 法律文化作为先期社会文明的积淀，必然对后世产生深刻影响，而且人具有重复在过去被认为是令人满意的经验或安排的先见取向，所以探讨诉讼证明标准，必须追根求源，从法律文化的源头，依据其发展的脉络进行考察。

一、证明标准与奴隶社会的法律文化

证明标准是法律文化的一分子，尤其是证据制度的核心内容之一。它是和法同时产生，共同存在的，只不过在奴隶社会，由于法律文化不发达，法学理论水平贫乏，证明标准没有被抽象出来加以概念化，而只作为一种心理认同或习惯方式而得以应用，但它是客

---

① 参见公丕祥：《法哲学与法制现代化》，南京师范大学出版社 1998 年版，第 197 页。

观存在的。

原始社会“没有大兵、宪兵和警察，没有贵族、国王、总督、地方官和法官，没有监狱，没有诉讼，而一切都是有条有理的。一切争端和纠纷，都由当事人的全体即氏族或部落来解决，或者由各个氏族相互解决……一切问题，都由当事人自己解决，在大多数情况下，历来的习俗就把一切调整好了。”① 这种“一切问题，都由当事人自己解决”的传统习俗很自然地随着历史的演进被带进了奴隶社会，使奴隶社会的诉讼模式千篇一律地实行控告式（弹劾式）诉讼。这种诉讼模式下“没有告诉人，也就没有法官”，对被告的控告由被害人提出，而非由专门的国家机关提出，实行严格的不告不理，传唤被告、执行判决往往都由原告代劳。这种控告式模式带有原始社会中一切纠纷由当事人私力救济的明显痕迹。

奴隶社会生产力和文化水平低，作为文化重要组成部分的法律文化也是极其简陋、贫乏的，甚至是愚昧、野蛮的，反映在证据制度上，把宣誓和神明裁判（神判）当做强有力的证据。所谓宣誓，就是当事人或证人对神宣誓，保证他对案件情况的陈述是真实的。根据古巴比伦《汉穆拉比法典》的规定，在某些刑事案件中，宣誓可以确定或解脱被告人的刑事责任。如该法典第 20 条规定：“倘奴隶从拘捕者之手逃脱，则此自由民应对奴隶主指神为誓，不负责任。”第 226、227 条则规定：若理发师不告知奴隶的主人而为奴隶剃落奴隶印记，则此理发师应断指。但是如果理发师因被自由民欺骗而剃落奴隶印记，则此理发师应宣誓：“我非有意剃之”，从而免除刑事责任。《汉穆拉比法典》还规定，宣誓所证明的罪行，有时也可用宣誓来推翻。例如，第 131 条规定：“倘自由民之妻被其夫发誓诬陷，而她并未被破获有与其他男人同寝之事，则她应对神宣誓，并得回其家。”

在古代两河流域的《苏美尔法典》和《中亚述法典》中，同

① 《马克思恩格斯选集》第 4 卷，人民出版社 1995 年版，第 95 页。

样有用神誓作为决定性证据的条文。《苏美尔法典》第7条规定：引诱自由民之女离家外出，而女之父母知之者，则引诱此女之人应对神发誓："彼实知情，过应在彼。"

神判就是借助于"神"的力量来判断诉讼双方当事人所争议的事实，决定被告人是否有罪。《汉穆拉比法典》中有两种刑事案件采取神判的方法来解决：一是行妖术案件，如第2条规定："倘自由民犯巫蛊之罪而不能证实，则被控犯巫蛊之罪者应行至于河而投入之。倘彼为河所占有，则控告者可以占领其房屋；倘河为之洗白而彼仍无恙，则控彼巫蛊者应处死；投河者取得控告者之房屋。"

我国奴隶社会"宣誓""神判"方式也是存在的，如《周礼·秋官·司盟》载："有狱讼者，则使盟诅。""凡盟诅，各以其他地域之众庶，共有牲而致焉，既盟则为司盟共祈酒脯。"王充在《论衡》中说："儒者说云：觟𧣾者，一角之羊也，性知有罪。皋陶治狱，其罪疑者，令羊触之，有罪则触，无罪则不触。"

国内学者一般认为奴隶制国家采用"神明裁判"，即以占卜、水审、火审等愚昧、野蛮的方式作为证明案件事实的手段，神的启示成为诉讼证明的要求。① 按此推理奴隶制国家的诉讼证明标准则是宣誓、神示了。

笔者同意奴隶制国家神明裁判方式的存在，然而，在奴隶制国家，舍其还有其他的裁判方式。其一，奴隶制国家法官判断案件事实的方式不限于宣誓或神判，宣誓或神判不是主要方式。如上文引述提及的《汉穆拉比法典》第131条之规定：自由民之妻被其夫发誓诬陷，只有在她并未被破获有与其他男人同寝之事时，她才能对神宣誓。反之，如破获与其他男人同寝之事，即有证据证明其夫告发之事，则无须宣誓。同样，《汉穆拉比法典》中也并不是所有刑事案件都适用神判方式来解决，而只限于行妖术案件，妇女与别

---

① 参见陈光中主编：《刑事诉讼法》，北京大学出版社2005年版，第184页。

的男子通奸案件。其二，一些奴隶制国家除宣誓、神判外，判决通常以书证和证人证言为依据。古埃及采用对抗式的诉讼程序，按照通例，判决以文件资料为依据；如果法官得不到使人信服的文件资料，那么他就根据先前的证言作出裁判。[①]（希腊法律的）最后一个特点是对书面文件的重视。书面文件是他们证明某一项权利存在或某一些债务消灭的最有力方法。[②] 其三，在一些奴隶制国家的法典中，证人作伪证要受严厉的惩罚。罗马《十二铜表法》第八表第23条规定："伪证被揭穿者，应从塔尔斯山崖上抛下。"[③]《汉穆拉比法典》第3条规定：自由民在诉讼案件中提供罪证，而所述无从证实，倘案关生命问题，则应处死。其四，有的国家对被告人自白及证人资格都有所规定。例如，在罗马法中被告人自白而不是宣誓或神明裁判被看成是最好的证据，是"证据之王"。在雅典，妇女及未成年人不得作证。[④] 此外值得注意的是我国周代《吕刑》中提出，折狱中必须"惟察惟法"，即法官断案要查明案情和适用现行法律，并以"两造具备，师听五辞"的办法判断案情，法官必须秉公执法而不得营私枉法。否则，犯了"五过之疵"（五种枉法罪过）致人入罪，"其罪惟钧"即要被处以与犯罪者同罪的刑罚。对于查不清的疑案采取"罪疑惟轻"的处理原则。

从上可以看出奴隶制国家诉讼中，虽然没有明确提出证明标准的概念，但各国在具体的诉讼中还是依据一定证明标准的。概言之，即粗陋、愚昧的"证据真实"。它包含以下含义：（1）奴隶制

---

① 参见上海社科院法学研究所编译：《各国法律概况》，知识出版社1981年版，第5、6页。

② 参见上海社科院法学研究所编译：《各国法律概况》，知识出版社1981年版，第35页。

③ 周一良、吴于廑主编：《世界通史资料选辑》上古部分，商务印书馆1962年版，第343页。

④ 参见张子培、陈光中等：《刑事证据理论》，群众出版社1982年版，第4、5页。

国家诉讼中的证明标准是客观存在，不因没有具体的文字表述而受怀疑。(2) 证明标准是双重的，既有客观“真实”的书证、证言，又有纯主观的“神示”。(3) 客观的“真实”与主观的“神示”不是等量齐观的，“客观真实”是主要的，“神示”是次要的，受限制的。

原始社会、奴隶社会生产力的低下，文化的贫乏，人们的生产、生活严重受制于自然力量。因而人们在自然力量面前，感到软弱无能，产生了恐惧心理，于是人们产生了对自然力量的崇拜，相信神灵，宗教、迷信得以盛行，“神示”也就当然成为诉讼中的证明标准之一。

二、证明标准与封建社会的法律文化

封建社会虽然承袭了奴隶社会的文明，且社会经济生活各方面都得到了较大的发展，但它毕竟是一个较低级的社会形态，特别是欧洲封建割据时期的刑事证据制大体与奴隶制时代的相同，同样有宣誓和神明裁判，① 这是对不文明的法律文化继承的必然结果和表现。但随着封建社会政治、经济、文化的发展，封建统治阶级逐步认识到犯罪不再是私人之间的事，而是有关封建国家安危的大事，同时为了打击地方领主的割据势力以加强中央集权，统治阶级在诉讼上以纠问式代替了弹劾式（英国仍是弹劾式。英国现在实行的控辩模式对弹劾式有较多的继承），在证据问题上，国家（君主）对证据的审查判断以及如何运用证据在法律上作出了统一的规定，从而代替了奴隶制社会的神明裁判证据文化。这种代替就文化的发展而言是一种扬弃，即抛弃了奴隶制国家诉讼中那种愚昧、客观唯心主义的神示，把其中客观“真实”的部分即证人证言、书证等的证明力固定化，以消除因人而异、因案而异以致使法官有较大擅

---

① 参见张子培、陈光中等：《刑事证据理论》，群众出版社 1982 年版，第 13 页。

断权力的不确定性。欧洲封建制法律把证据分为完全的、不完全的、不太完全的、多一半完全的四种类型。完全的证据可以认定被告人有罪和判处刑罚，不完全的、不太完全的、多一半完全的证据可以作为犯罪嫌疑人受刑讯的根据。数个不完全的、不太完全的和多一半完全的证据可以构成完全的证据。

在对封建国家证据制度进行评价时，多数学者主要抨击其机械性形式主义，但却忽视了其相对于奴隶社会证据制度的先进性和进步性。完全的证据和不完全的证据（包括不太完全的证据和多一半完全的证据）之间的划分体现了对不同证据证明作用的认识，甚至和近现代的某些证据理论都是极相近的。关于证据的分类，国内外学者都接受直接证据与间接证据这一划分。所谓直接证据，即能够直接或单独地对案件主要事实作出肯定或否定结论的证据。这和完全的证据在实质上几乎是一致的，即都可以此单独证据证明案件事实，二者的区分也许只在于封建制法官直接可用完全的证据定案，而现代文明国家法官运用直接证据时还须查证核实或取得内心确信。所谓间接证据，是指必须与其他证据联系起来，才能对案件主要事实作出肯定或否定结论的证据。可见间接证据和不完全的、不太完全的和多一半完全的证据又是何其相似，它们都不能单独证明案件事实，都需要与其他类似证据结合起来达到直接证据或完全的证据的效果或标准，所不同的是数个间接证据并不需要还原为一个直接证据，只要能形成证据链条并排除其他可能性即可；而不完全的、不太完全的和多一半完全的证据只要简单地累加即等于完全的证据。

在欧洲封建国家，法官依靠完全的证据定案，而完全与不完全的证据的区分又是通过长期的司法经验积累摸索出来的，包含了一定的科学性。但证据的作用被预先固定化，法官运用证据认定案件事实必须得到完全的或通过累加得到完全的证据，这使封建国家的证明标准成为“机械的真实”。即封建国家的法官运用证据认定案件事实也需达到一定的程度，但这一程度或标准是被法律预先规定的，法官不能自由判断和取舍，只能机械地服从。当然，这种“机械真实”以符合法律规则和形式标准为证明的最高要求，因而这种“真实”并不等于案件真实。

三、证明标准与西方资本主义国家的法律文化

18世纪末至19世纪初，随着欧洲资产阶级的胜利和资产阶级政权的建立，作为上层建筑组成部分的法律制度发生了巨大变化。其中，辩论式代替纠问式的诉讼形式变化引发了证据制度的改革。在建立理性、民主司法体制的改革目标引领下，大陆法系各国相继确立了自由心证制度。① 早在17世纪，资产阶级启蒙思想家孟德斯鸠、卢梭、贝卡里亚等就对封建法官的专横、法定证据的机械进行了猛烈的抨击。18世纪法国一个名叫杜波尔的议员更是明确指出法官判明案件真实的手段有两种：一是法律在事先就规定各种证据的证明力，什么样的证据是完全可靠的，什么样的证据是不完全可靠的，不管法官的内心是否确信之，只要求法官按照法律的规定去判断案情，即法定证据。二是把那些用来证明案件真实情况的一切证据材料，都详细地收集起来，让法官自由地判断，毫无限制地取舍，即道德证据。杜波尔议员于1790年12月26日向宪法会议提出了革新证据制度的建议草案。他建议废除法定证据制度，确立法官内心确信的证据制度，该建议于1791年1月18日被通过。

内心确信的证据制度是建立在对封建制国家证据制度分析、批判的基础上的，它同样体现了对法律文化的继承，可以说，没有对法定证据制度（即法官对某项具体证据，明知不是真实的，因有法律的预先规定而无权否定它）缺点的认识，就没有对自由心证（让法官自由地凭司法经验，凭良心和良知对证据判断取舍）的呼吁和肯定。也就是说自由心证是对封建制国家法定证据制度的

① 参见金钟：《证明力判定论》，中国人民公安大学出版社，2010年7月第1版，第7页。

扬弃。

自由心证制度下的证明标准是法官的内心确定。1918 年《法兰西刑事诉讼法》第 342 条规定：“法律对陪审官用何种方式认定事实并不计较，法律并不为陪审官规定据以判断证据是否齐全和充分的任何规则。法律仅要求陪审官深思细察，并本诸良心，诚实推求已经提出的对被告人有利或不利的证据。在他们的理智上产生了何种印象，法律不对陪审官说：经若干名证人证明的事实即为真实的事实。法律亦未说：未经某种记录、某种证据、若干证人、若干凭证证明的事实，即不得视为已有充分的证明，法律仅对陪审官指出：你们已形成内心确信了吗？此即陪审官职责之所在。”

这段话清楚地表明在自由心证制度中，是以法官的内心“确信”达到“主观的确实性”、“高度的盖然性”为证明要求的，它的实质是要求法官运用证据认定案情时只需达到“主观真实”的程度即可，所以其证明标准可以称作“主观真实”。

马克斯·韦伯把法律视为西方资本主义形成与发展的重要推动力量，认为东方的印度、中国没有走上西方资本主义的发展道路的缘由是东方同西方文化中理性主义不同，并对“影响东方社会发展的关键性变量是什么”进行了分析。他认为这是“一个关于西方文化特有的理性主义的问题”。在他看来，有两种类型的合理性：一种是形式合理性，另一种是实质合理性。资本主义的合理性乃是一种工具的合理性或形式合理性。形式主义原则是一切资本主义法律的重要特征。而前资本主义的东方社会秩序和法律文明的基本特征乃是价值合理性或实质合理性，其法律形态的最大特点就是关注实质原则。[①] 韦伯在这里提出的“合理性”实质上是东方的法律观念问题。西方资本主义国家注重形式的法律观念有其深远的历史背景，作为西方文明源头的古希腊是一个商业、海运都较发达的

① 参见公丕祥：《法哲学与法制现代化》，南京师范大学出版社 1998 年版，第 376、377 页。

地处半岛的城邦，其后的古罗马更是一个简单商品经济发达的社会。在商品社会里人与人、人与社会之间的关系多表现为平等、意思自治的契约关系，这种关系促进了社会主体自由、平等、权利等法权观念的发达和个人权利意识的增长，使主体之间的关系多以契约的形式表现出来。“在古罗马，法官审理案件必须接受执政官的指示，判决则必须遵守形式的法律。”① 受此影响法律逐渐系统化和趋于统一，到了封建社会，普遍制定了统一的法典，在刑事诉讼上建立了纠问式的诉讼形式和形式证据制度，而其证明标准也是与其形式主义法律观念相一致的“机械真实”，有的学者直接称之为“形式真实”。

受资产阶级启蒙思想家的启发，资产阶级在反封建的斗争中倡导自由、理性、民主、平等思想，强调“法律面前人人平等”，资产阶级取得革命胜利后，把以上思想上升为法律从而确立了与封建等级制度格格不入的法律观念、法律原则和法律制度。在证明标准上以法官的内心确信取代了封建证据制度的机械规则，但它同样是形式主义的，即以法官内心确信的“主观形式”代替了法律机械规定的“客观形式”。

四、证明标准与我国的法律文化传统

传统东方社会，特别是中国，是以农业文明而不是商业、海运为依托，以家庭亲属关系为根基的自给自足社会，这种社会滋生和宣扬家长制的宗法制度，缺乏商品经济发展所要求的社会主体的平等和自由，也必然妨碍社会主体自由、平等、权利等法律观念的形成与发展。但作为传统法律文明核心的儒教理性主义得天时地利而发达，儒教把孝道视为信念伦理之根本。法律制度的宗法化，成为中国古代法律制度的一大特点。儒教理性主义体现了一种与近代理

---

① Max Weker, *Economy And Society—an Outline of Interpretive Sociology*, Bedminster Press, New York, 1968, P27.

性法律精神截然相反的价值取向，亦即强调现世而淡化对现世的理性改造，注重宗法秩序而忽视个体自由，关注实质公道而排拒形式法原则。与此相适应，与规定社会个体实体权利义务关系的实质法相对应的程序性和工具性的诉讼法律制度非常匮乏。韦伯说："十分重要的是立法的内在性质：依伦理为取向的家长制，无论在中国还是在其他各地，所寻求的总是实际的公道，而不是形式的法律。"① 值得注意的是，我国周代《吕刑》就已提出折狱中必须"惟察惟法"，即法官审判案件要查明案情和适用现行法律，对于查不清的疑案采取"罪疑惟轻"的处理原则。从上可以看出我国奴隶制时期，注重案件实质真实的法律观念就已形成。

中国的封建社会也未形成如同西欧大陆封建时代的证据制度，而是循着奴隶制时代形成的法律传统向前艰难地跋涉着。这表现在法律并未机械地规定各种证据的证明力大小，法官拥有较大的权力，能积极主动地运用各种方式查明案情，不像西方封建法官不能按照自己的分析和判断证据。在证明责任上，要求原被告双方都负证明责任，被告不能提出证据证明自己无罪，就要受到刑讯，拷打被告达到法定数而被告仍不招供就反过来拷打原告。在遇有法律规定不能拷打被告人的情形下（即被告人属于："议、请、减"范围内的贵族官僚；年七十以上十五以下者及残疾者；孕妇产后不满百日），要据众证定罪，并且孤证不能定罪。有五个证人，"若三人证实，二人证虚"也不能定罪。除被告人口供、证人证言外，我国封建时代勘验水平已相当可观，勘验的要求和手续趋于完备。南宋宋慈所著的《洗冤集录》具体叙述了勘验的规则。他认为："狱情之失，多起于发端之差、定验之误。"② 从上可见，我国封建时代法官审判案件并非只凭刑讯被告人，而是从多方面着手仍不能证

---

① ［德］马克斯·韦伯：《儒教与道教》，洪天富译，江苏人民出版社 2008 年版，第 122 页。

② 《洗冤集录·序》

明被告人有被控之罪的，即“疑罪”，则依“罪疑惟轻”的原则处理。所以，我国封建时代的证明标准不是“符合法律预先规定的规则和形式标准”的“机械真实”，而是一种“朴素的真实”，因为虽然没有法定证据规则约束法官判断证据、认定案情，但由于行政、司法不分，法官素质不高，加之实行广泛的刑讯逼供制度和把被告人当做诉讼客体，因而法官审判案件虽有查清事实的主观愿望，然而由于诉讼制度上的种种缺陷，只能是徒具朴素的唯物主义思想，不可能准确判断证据，认清案情。

我国传统法律文化还有一个显著的特点，即缺乏法律信仰。这也可能影响法律明文规定的证明标准在司法实践中得到切实执行。所谓法律信仰，“是对法律现象的主观感受、认识和升华，是主体对法律所体现的正义的神圣体验，是个人生活终极目的的认同与情感归宿，是对法律心悦诚服的崇拜与遵从。”① 法律信仰是法律职业道德的根本和基础，正如伯尔曼所说，“法律必须被信仰，否则它将形同虚设。”②

法律是需要信仰的，而中国古代的法律只是治理国家的工具，法律仅被视为一种抑制私欲、消灭争讼的工具，而从不被认为是维护个人权利、解决纠纷的手段，其最终目的是使所有的人都不敢触犯法律。法律地位、作用的设定决定了其呈现给普通百姓的是威慑、恐吓的一面。在司法实践中，原被告双方都要承受同样的皮肉之苦，以及同样的精神上的威吓。由此，司法程序、体制在解决纠纷的过程中，带给与案件相关联的人的是畏惧、惧怕的心理与结果。作为几千年传承下来的一种观念性的东西，对法律的这种认识具有很强的稳定性、连续性及社会认同性。加之中国社会历来是人情社会，讲究“和为贵”，在古人看来，宇宙是一个存在矛盾而又和谐的统一整体，这种和谐表现在天地万物的井然有序。自然是以

① 范进学：《法的观念与现代化》，山东大学出版社 2002 年版，第 15 页。
② ［美］伯尔曼：《法律与宗教》，梁治平译，三联书店 1991 年版，第 28 页。

和谐为其正道，人类社会也应以和谐为其常态。所以，法律首要的目的不是辨明是非曲直，明察双方的权利义务关系，而是要求当事人相互礼让以达到矛盾与纠纷的平息。因此，“全部司法制度都重视调停。”① 费孝通先生在《乡土中国》一书中，描述20世纪30年代后期中国的农村社会，认为当时仍是“礼治社会”，人们仍习惯于一种“无讼”的社会生活，因而把去打官司的人视为“败类”，而把司法机构视为纵容破坏既定和谐的不祥之物，是“一个包庇作恶的机构”。② 传统诉讼文化中“无讼”的思想在普通民众中仍根深蒂固，改革开放以来，虽然我国公民的法律意识、权利意识有了很大程度的增强，但鉴于我国特殊的国情，在许多地区，法律并不是对公民权利维护的最佳手段。由此导致大多数公民在其合法权益受到侵害时，宁愿寻找行政机关或上级部门解决，也不愿通过“打官司”的方式解决纠纷；宁愿上访、信访，也不愿通过正当的司法程序解决问题；宁愿找关系、走“后门”、求领导，也不愿寻求法律、走正当程序解决问题。中国法律文化缺乏法律信仰的特点，在一定程度上一直影响着我国公安人员、检察人员、审判人员对法律的遵循，对诉讼证明标准的坚持。“当前，部分群众对司法的不信任感正在逐渐泛化成普遍社会心理，这是一种极其可怕的现象。”③ 在这种法律文化背景下，公安人员、司法人员如何能够坚守法律所规定的诉讼证明标准呢？

为了纠正不健康的法律文化，促使我国社会逐步形成有利于社会主义法治国家建设的优良法律文化，切实实现法律规定的诉讼证明标准，我国社会应当树立法律信仰。

首先，警官、检察官、法官、律师应该忠实于法律，信仰和追

---

① 张中秋编：《中国法律形象的一面——外国人眼中的中国法》，法律出版社2002年版，第92页。

② 参见费孝通：《乡土中国》，上海人民出版社2007年版，第52页。

③ 沈德咏：《部分群众对司法不信任渐成普遍社会心理》，参见《人民日报》2009年8月19日。

求法律精神，除了公平、善良地运用法律进行处理、裁决案件外，没有任何别的选择。警官、检察官、法官只服从法律，有权依法、公正地就案件本身进行处理、裁判。律师和当事人只需依程序依法、独立、充分地表达自己的观点，不用怀疑办案警官、检察官、审案法官的公正性；不应不相信办案警官、检察官的公正而“走后门”或上访去找领导或上级机关，不应不尊重法官的独立性而去设法寻求庭长、院长、审判委员会、党政机关领导或新闻媒体对案件的干预。

其次，应当坚持以法律为准绳。经合法程序制定的法律，应当成为社会公众（包括司法者）的行为准则。在案件审理过程中，对于法律有明文规定的，无论是警官、检察官、法官还是律师，都应当严格遵守法律的规定，将法律规定作为最高的行为指导。没有规定或规定不明确时，应该以法律精神和原则来正确解释法律，使个案的证明标准言之有理，令人信服，决不可滥用自由裁量权。

再次，各职业主体都应该遵守自己的职业伦理。“任何职业活动都必须有自己的伦理”①，这就是职业伦理，体现在法律职业中就是司法伦理。警官、检察官、法官与律师同为法律人，都是法律共同体的一员，应该共同遵守司法伦理。律师与警官、检察官、法官都应具有高尚的职业情操，应怀着对公平、正义精神的追求，怀着对职业责任和社会责任的认同感和自觉的追求，在从事法律工作中必须廉洁自律、为人正直，不因为自己的主观偏见或性格影响自己的职业行为和活动。在这种共同的职业伦理下，他们对诉讼证明标准的认识和判断应该是相同的。尤其是在刑事司法活动中，警官、检察官、法官不能因为对犯罪行为的厌恶就先入为主，丧失客观、公正的立场，必须充分维护犯罪分子的合法权益。刑事诉讼中，警官、检察官、法官、律师还应该树立现代刑事司法理念，它

---

① ［法］爱弥尔·涂尔干：《职业伦理与公民道德》，渠东、付德根译，上海人民出版社2001年版，第17页。

集中体现为程序正义与实体正义的有机结合，具体包括法律至上、程序优先、惩罚犯罪、保障人权、刑罚社会化等。刑事司法伦理要求统一法官、检察官、警官、律师的行为和观念，形成共同的职业荣誉感，以发现真实和实现正义为己任，并通过个案正义实现社会普遍正义，通过司法活动维护社会秩序。刑事诉讼中，法官、检察官、警官、律师恪守司法伦理，自然可以达到树立法律信仰的效果。

最后，在法律职业共同体法律信仰的带动下，全社会逐渐树立起法律信仰，尊重法律的优良的法律文化氛围逐步建立起来，法律规定的诉讼证明标准才能真正在司法实践中得到贯彻执行。

第十二章　证明标准与司法状况（执法环境）、法官素质

一、证明标准与司法状况（执法环境）

1. 证明标准与司法状况

证明标准是证据立法的核心组成部分，属于上层建筑，虽然体现的是立法者的意志，但归根到底还是由整个社会的物质生活条件所决定。这就是说不同时代、不同社会的证明标准必然要与该时期、该社会特定的物质生活条件相适应，这也是不依人的意志为转移的客观规律。证据制度发展的历史也表明，证明标准是一个从无到有、逐步完善的过程。因此，虽然总的来说，处在同一历史时期的国家所设定的证明标准都是大体相同的，比如奴隶制国家大体实行的是愚昧的“神意真实”或曰神示真实，而封建国家一般实行的是法定真实或曰形式真实，资本主义国家实行的是法官、陪审官的内心确信，但是不能否认的是一个国家特定历史时期的司法状况或形势对证明标准也有很大的影响。一般说来，司法状况好，证明标准的要求就要高一些；反之，司法状况严峻，证明标准就可能为了打击犯罪，维护统治阶级利益和社会秩序而有所降低。

比如西欧封建割据时期，基本上沿用了奴隶制时期的证明标准，即掺杂“神示”的“愚昧真实”，其后封建君主为了加强王权，打击地方势力，改变法官左右司法的状况，彻底地改变了证据制度和证明标准，把证明标准加以固定化，不给法官自由判断的余地，即“机械真实”。再如我国国民党统治时期，由于其黑暗统治

遭到革命人民的反抗，社会秩序和司法形势异常“严峻”起来，为了镇压共产党人和革命人民，国民党政府实行了纠问主义的特种刑事诉讼，大搞法西斯的恐怖镇压，在“宁可错杀三千，也不放走一个”的反动政策之下，证明标准大大降低，甚至到了无须形成内心确信的随心所欲。新中国成立至“文化大革命”前，在废除国民党旧法统、总结战争年代人民司法工作优良传统和新中国成立以来的实践经验的基础上，有中国特色的证据制度已见端倪。1950年10月，最高人民法院关于《各级人民法院刑、民事案件审判程序总结》系统地归纳、提炼了调查证据的原则、方法和程序，初步勾画了新中国证据制度的轮廓。20世纪50年代后期和和“文化大革命”期间，受极左思潮的干扰和“四人帮”的破坏，法制建设陷于瘫痪，已具雏形的证据制度遭到践踏，刑讯逼供、伪造证据、“文字狱”、“腹诽狱”、“言论狱”等封建证据制度沉渣泛起，致使出现大批冤假错案。[①]“文化大革命”时期，人们连最基本的人身自由、民主权利都得不到保障，在这种民主与法制都被破坏殆尽的情况下，证明标准设定与否、是否科学以及是否得到司法工作人员的遵守，都不会是党和国家所关心的问题。因此虽然当时我们处于社会主义初级阶段，但是当时的证明标准却远远落后于其他资本主义国家。

提到某一国家的司法状况，就不得不提与其紧密联系的另一概念——刑事政策。刑事政策是刑事法律的灵魂，是党在某一特定时期根据政治的需要而作出的决定，并通过司法实践实现其政治目的。刑事政策具有阶段性、不稳定性的特点。刑事政策总是与一定时期的政治、经济和社会形势相联系，不同时期的刑事政策必然反映出不同时期的政治、经济和社会形势。例如，美国20世纪30年代中期，由于经济萧条，社会矛盾尖锐复杂，这一时期美国对死刑

① 参见金钟：《证明力判定论》，中国人民公安大学出版社2010年版，第6页。

的适用达到了历史的最高峰。① 可以说，当时，美国刑事诉讼中关于死刑案件的证明标准是非常低的。不同时期的刑事政策，标志着不同时期的工作重点，如 1983 年 8 月，鉴于当时刑事犯罪十分猖獗，治安形势的严峻，人民的生命财产、国家的安全都受到严重威胁，党和国家作出了《关于严厉打击刑事犯罪的决定》，要求对严重刑事犯罪分子依法从重处罚，在审理程序上从快处理，简称“从严从快”或“严打”。实践也表明，经过“严打”和社会治安综合治理，社会治安状况确实有所好转。但是，不能否认的是国家为了严厉打击犯罪分子，尤其是对严重危害国家安全和社会治安的犯罪分子，所适用的刑罚都是从重的，也就意味着定罪量刑的证据标准和证明标准必须降低，从而惩治更多的犯罪分子，以此来达到震慑和威吓犯罪分子的效果。换句话说，就是要降低刑事诉讼的证明标准来符合当时的刑事政策。

当然，反过来说，证明标准从产生到发展，总的趋势是证明标准的要求逐渐增高的过程。而生产力决定生产关系、经济基础决定上层建筑是人类社会发展的一般规律，违背这一客观规律会遭受惩罚。比如，在奴隶社会，如果统治者出于保护无辜，提出客观真实的证明标准，其统治必然难以长久维持。我国现在处于并将长期处于社会主义初级阶段的国情下，同样不应提出不切实际的证明标准，否则会造成司法实践的混乱。我国刑事诉讼法规定的证明标准“犯罪事实清楚，证据确实、充分”由于是不分案件类型的“一刀切”证明标准，因而定得过高，导致在司法实践中难以得到切实执行，在很多案件中缺乏可操作性。所以，证明标准并非越高越好。

目前，中国的经济高速发展，人民生活水平有很大提高，但同时也面临着许多矛盾，进入了所谓的“发展机遇期”和“矛盾凸显期”，各种矛盾、冲突对立。在这种形势下，新的犯罪类型也逐

---

① 参见汪明亮：《刑事政策研究新视角》，法律出版社 2008 年版，第 56 页。

渐出现，这时候，单一的证明标准已不能适应新形势下的刑事司法状况。从刑事司法的层面来看，中国司法实践中存在相当严重的“重打击，轻保护”的现象，无论是犯罪嫌疑人、被告人还是被害人，其诉讼权利和人格尊严在国家和社会利益面前，往往显得无足轻重。[①] 因此，最高人民法院于 2010 年 2 月 8 日发布《关于贯彻宽严相济刑事政策的若干意见》，表明当前我国采取的是宽严相济刑事政策。宽严相济刑事政策，是党中央在构建社会主义和谐社会新形势下提出的一项基本刑事政策，也是党的意志在刑事司法领域的集中体现。宽严相济刑事政策的内涵是：在刑罚总体趋于宽松背景下，对一少部分严重犯罪行为和危险犯罪行为人采取严厉的刑事政策，对大部分轻微犯罪行为和犯罪行为人采取宽松的刑事政策。详言之：该宽则宽，该严则严，宽严并用，宽严因罪因人而定。[②] 这就要求我们在审判工作中把握工作方向，明确工作重点，坚持宽严相济的政策要求，制定科学的、合理的、多层次的证明标准，在准确有力地打击犯罪、预防犯罪的同时，能更好地保护人民利益、保障人权。

2. 证明标准与执法环境

司法状况与执法环境两者提法不同，但从广泛意义上探究，二者又有一定的趋同性。很显然，证明标准与执法环境也存在一定的联系。某一国家、某一时期的执法环境优良，那么，其侦查人员、起诉人员、审判人员在办案中就会严格按照国家法律明确规定的证明标准予以适用；但如果某一国家或某一时期的执法环境恶劣，则很难想象其侦查人员、检察人员、审判人员会严格地按照法律规定的证明标准断案。执法环境的优劣，与整个国家或这个国家某一时期的政治、经济、文化等大环境有关，与国家司法的公信力、司

① 参见陈瑞华：《刑事诉讼的前沿问题》，中国人民大学出版社 2005 年版，第 70 页。

② 参见陈兴良：《宽严相济刑事政策研究》，载《法学杂志》2006 年第 1 期。

法的权威性有关。若国家的政治清明、经济发达、文化繁荣，司法具有绝对的公信力和权威性，则执法环境一定优良；反之，执法环境可能恶劣。当前，我国社会正处于转型时期，“随着社会经济的高速发展，社会结构正在发生深刻变化，社会矛盾和问题也在凸显。民众在社会生活各方面的积怨在很大程度上聚焦到了司法，尤其是刑事司法。刑事司法可能面对的不仅仅是各自独立的个案，还有个案背后所折射的不同的利益群体，个案触发了公众广泛的利益认同，形成了利益表达和维护的需要，从而使事件超越了孤立的个体范畴，具备了一定的公共性。”① 这种公共性一旦被放大、被裂变，就会影响甚至左右我们的执法环境，进而导致我们的公安人员、司法人员对证明标准的适用产生变化。“一旦个案的审判结果与民众的内心感受不一致时，就会形成强烈的民意来批判、干扰司法。”② 在这种情况下，相同的案件就可能产生不同的司法结果，即所谓“同案异判”。在这里，相同的案件，证明标准发生了变化，即民意影响了证明标准，或者说，执法环境影响了证明标准。

我国的执法环境不尽理想与我国到目前为止仍然没有形成很好的法律职业共同体这一因素有一定的关系。在我国法治进程当中，法律职业共同体的建立是必然的趋势，是一个社会法治文明的重要标志，“当专门的法律人员、专门的法律机构、法律人员的专业化向社会表示着的是同一种东西——法律，宣示着的是同一种力量——正义时，法律职业群体便转化成了与法律职业者个人相区别的法律职业共同体。”③ 法律职业共同体是指“一群人从事一种有

---

① 郭晓红：《刑事审判中的“同案异判”与民意》，载《法制日报》2012 年 1 月 4 日。

② 郭晓红：《刑事审判中的“同案异判”与民意》，载《法制日报》2012 年 1 月 4 日。

③ 张文显、卢建英：《法律职业共同体引论》，载《法制与社会发展》2002 年第 6 期。

学问修养的艺术，共同发挥替公众服务的精神，虽然附带地以它谋生，但仍不失其替公众服务的宗旨”[①]。“理想的法官是公正的化身。”[②] 法律职业共同体中的司法官员必须具有正气凛然、无可挑剔的个人品格，他们是社会公众信赖的楷模。虽然各国法律职业的分类不同，但都认为法官、检察官、律师、法学学者是法律职业共同体的核心主体，他们同受法律教育，同操法律语言，同受职业训练，同具法律思维，有共同的对法律本身的信仰、对法治目标的认同，对社会公平正义的追求。在此共同体中，法官、检察官、律师、法学学者“分享共同的知识、信念和意义”[③]。造成我国诉讼证明标准在司法实践中被异化执行的深层次的原因之一就在于我国目前尚没有形成法律职业共同体。2002 年国家统一司法考试之前，法官、检察官队伍来源复杂，不同身份背景的人成为法官、检察官；现在的司法考试对报考者的专业背景也不加限制，所以许多缺乏法律系统学习的人成了法官、检察官、律师。没有共同的教育背景，没有形成共同的法律思维模式和法律语言，没有培养共同的法律的理念和精神，缺乏对法律的共同信仰和价值追求，不能通过共同体的意义和规范在职业伦理准则上达成共识，因此，难以在司法实践中对诉讼证明标准以及个案证明标准做到统一的理解、把握和遵行。

“法律职业化集团是由这样一群人组成的：他们有着高度的敬业精神，高超的专业技巧，清廉的操行品格和超凡的人格魅力；他们有着共同的知识结构、共同的学问修养、共同的理想信念、共同的逻辑思维方式，甚至共同的语言技巧；他们对法律的理解和解释以及对案情的思辨和分析，充分表现出理性化、职业化和专业化的

---

① ［美］哈罗德·伯曼：《美国律师讲话》，三联书店 1980 年版，第 208 页

② ［美］约翰·小努南：《法官的教育、才智和品质》，载《法学译丛》1989 年第 2 期。

③ 强世功：《法律共同体宣言》，载《中外法学》2001 年第 3 期，第 332 页。

精英倾向；他们的司法行为对于容易情绪化和理想化的普通大众来说，应当具有特别高的公信力和非常强的说服力。他们是一群为了法律的至上权威、为了实现社会正义而不惜牺牲一切的人。”① 一旦法律职业共同体的成员形成了对法律的信仰、对法治的深刻理解和理性把握，就会带动整个社会对法律的信仰，进而改变整个社会的执法环境。那时，我国诉讼证明标准的立法制定、实践把握，乃至个案执行都会得到很大改观。

二、证明标准与法官素质

1. 证明标准与法官素质的关系

当法官受理一个案件的时候，法官必须给出裁决或判决，而其所得出的司法结论必须具有合理性，进而能够获得司法认同。② 因此，法官必须通过已有证据来分析案情并在此基础上适用法律对案件作出公正且合理的审判，这样才能得到公众对司法的信任。毋庸置疑，法官对上述的审判拥有自由裁量的权力。而证明标准的设定在一定程度上是为了限制或排除法官自由裁量权的发挥。因此，也可以说证明标准设定的合理与否也关系到法官的素质及其专业技能能否得到更大程度的发挥。而且，高素质的法官和合理的证明标准相结合会使更多的案件得到公正审理，当然，这也是一种最理想的状态。因此，法官在合理的证明标准的基础上审理案件才能更接近实体正义；如果证明标准设定得不合理，即便是高素质的法官很可能也不理解其正确含义，或者对其一知半解，在适用时无所适从，从而使证明标准成为一纸空文，易导致法官自由裁量权的滥用，更容易造成冤假错案。因此，证明标准设定的合理与否对法官能否正确审理案件来说也是相当重

---

① 王圣扬：《JM 教育与国家司法考试制度二题》，载《学位与研究生教育》2002 年第 12 期。

② 参见武建敏：《司法理论与司法模式》，华夏出版社 2006 年版，第 15 页。

要的。

同时，证明标准虽然是以法律的形式存在的，但是必须要通过法官才能应用到具体的案件中，因此法官素质的高低对证明标准也有很大的影响。沈家本曾经说过：虽有贞观之法，但无贞观之吏，法欲善而不能。法官素质高，他在运用证据、判断案情时就会依据法定的证明标准或达到认清案件事实的客观标准，从而使案件尽可能得到公正审判。法官素质不高，他就可能不会完全理解证明标准或证明标准所应该达到的程度，甚至没有证明标准的正确概念，案件的审判可能就会陷入混乱。而这种情况，在司法实践中也是普遍存在的。我国刑事诉讼法规定了明确的刑事证明标准，即“犯罪事实清楚，证据确实、充分”。这个证明标准所要达到的是一种客观真实，也就在事实上否定了法官对证据和事实认定的自由判断。从性质上看，诉讼证明是一种回溯性的证明，或曰“历史证明”。①这种追溯性的历史证明有以下两个特点：一是作为证明对象的案件事实不可能通过科学实验来证明，司法人员只能运用证据以推论的方式对诉讼中的争议事实加以“追溯”或“再现”，这就不可避免地要受到各种主客观因素的影响，难以达成绝对性的认识。二是案件事实的结论也不能通过科学实验来检验。诉讼证明是司法人员依靠经验法则与伦理法则对既往事实进行主观推导，其结论是否与案件的客观事实完全相符由于不可能以科学实验或其他实验方法进行验证而具有不确定性。② 因此，法官在审理案件时，必然会对案件事实和证据形成一定的主观判断。实际上，除了神示证据制度和法定证据制度之外，任何一名法官在对被告人作出有罪认定时，实际上都确信自己的裁判或者认定是正确的。因此，法官素质的高低对

---

① 参见［日］田口守一：《刑事诉讼法》（中文版），法律出版社 2000 年版，第 223 页。

② 参见卞建林主编：《中国刑事司法改革探索——以联合国刑事司法准则为参照》，中国人民公安大学出版社 2007 年版，第 324 页。

证明标准有很大的影响。

对于司法而言，高素质的法官甚至比高质量的法律规则体系更为重要。① 因为司法的本质是公正，就是通过司法程序来解决社会的纠纷或者争议，恢复被破坏的社会秩序。司法是全社会的希望所在，人民法院是维护正义的最后一道屏障，法官代表国家行使司法权，法官应该中立地对待当事人双方，不偏不倚。司法公正是依法治国的必然要求，司法公正要求法官正确履行和行使自己职责，通过法律专业知识和手段保证正义。所以，必须提高法官素质，使法官“具有正气凛然，无可挑剔的个人品格”，成为“社会公众信赖的楷模”②、“公正的化身”③。只有这样，才能使人民法院的裁判体现国家的意志，消除当事人和社会公众对诉讼过程、裁判结果的不信任感，净化司法环境、树立司法权威、维护司法公正。如果法官素质不高，职业化水平较低，那么，其审判出来的案件结果可能事与愿违，对社会产生负面效应，给公众造成司法不公的印象，有

① 参见王在魁：《法官裁量权研究——以刑事司法为视角》，法律出版社 2006 年版，第 239 页。

② 王圣扬：《JM 教育与国家司法考试制度二题》，载《学位与研究生教育》2002 年第 12 期。

③ ［美］约翰·小努南：《法官的教育、才智和品质》，载《法学译丛》1989 年第 2 期。

损于法律的权威性。正如南京“彭宇案”① 后有关领导认为的那样：“应高度重视‘彭宇案’反映的办案人员的职业素养问题，切实加强政法队伍的职业化建设。”“要注重司法裁判对社会主流道德取向的引导作用，要把正确的价值判断和社会主流价值观有机融入司法裁判全过程。”② 这里，讲的就是具备高素养的法官正确应用诉讼证明标准裁判案件，通过案件结果使社会公众感悟到法官的公正、司法的公正乃至社会的公正。

应当承认，不同时代、不同国家对法官的要求不尽相同，这亦与当时所处的时代和国家的法律文化相关。比如奴隶制时期，法官的素质普遍偏低，在没有客观证据能证明案件事实时，就以“盟誓”、“神示”作为证明标准。到了资本主义时期，经济、文化已

---

① 彭宇案，是2006年末发生于中国江苏省南京市的一起引起极大争议的民事诉讼案，其他地区也有类似事件发生。

2006年11月20日早晨，一位老太在南京市水西门广场一公交站台等83路车。人来人往中，老太被撞倒摔成了骨折，鉴定后构成8级伤残，医药费花了不少。老太指认撞人者是刚下车的小伙彭宇。老太告到人民法院索赔13万多元。

彭宇表示无辜。他说，当天早晨3辆公交车同时靠站，老太要去赶第3辆车，而自己从第2辆车的后门下来。“一下车，我就看到一位老太跌倒在地，赶忙去扶她了，不一会儿，另一位中年男子也看到了，也主动过来扶老太。老太不停地说谢谢，后来大家一起将她送到医院。”彭宇继续说，接下来，事情就来了个180度大转弯，老太及其家属一口就咬定自己是“肇事者”。

2007年9月4日下午4点半，鼓楼区人民法院一审宣判。人民法院认为，本案主要存在两个争议焦点：（1）彭宇与老人是否相撞；（2）应赔偿的损失数额问题。人民法院认为本次事故双方均无过错。按照公平的原则，当事人对受害人的损失应当给予适当补偿。因此，判决彭宇给付受害人损失的40%，共45876.6元。当天，老太的代理律师表示：对判决事实感到满意，但40%的赔偿比预期要少。而彭宇则表示不服此判决。

此后，彭宇案双方当事人在二审期间达成了和解协议，并且申请撤回上诉，最后案件以和解撤诉结案。

参见：http://baike.baidu.com/view/1380384.htm。最后访问日期：2012年2月12日。

② 《南京市委常委、政法委书记刘志伟谈：不应被误读的“彭宇案”》，载《法制日报》2012年1月17日。

经大大发展，法律观念、法律制度也日趋成熟和完备，专职法官的理论、业务水平达到相当高的层次，他们明确地提出了证明标准的概念，特别是英美法系的诉讼法学者把证明标准分为两条：一是民事案件中的证明标准——盖然性优势的证明（proof on a balance of probabilities），二是刑事案件中的证明标准——无合理怀疑的证明（beyond reasonable doubt）。[①] 对诉讼证明标准的这样的概括和总结，既是法官高素质的体现，也是对断案法官的高素质的要求。高素质的法官队伍对诉讼证明标准乃至个案证明标准的理解和把握应当是一致的，他们适用证明标准所追求的目标是一致的，即实现个案公正，追求司法公正，保障社会正义。

鉴于此，许多国家都建立了一套完整的法官制度，如以高素质为中心的法官选任制、以解决法官后顾之忧为重心的法官高薪制和退休制、以法官职业保障为内容的法官终身制或在任期内的不可更换制以及以保证法官独立审判为核心的法官豁免制和自由心证制等。[②] 而在中国古代，司法与行政不分，天子、皇帝是最高的法官，县令则既是警察、公诉人、律师，也是法官、法医，还享有陪审团的职责，他们断案的权力直接来源于行政权而不是审判权，谈不上独立的法官职业。而读书人出仕致宦，虽成为正义防线的最后守护人的司法官，却根本不崇尚研修法律，而纯粹的法律职业更是为一般读书人所轻贱。[③] 由此看来，我国历代实行的都是法官兼职制，没有形成法学家阶层，法学理论简陋、肤浅，而且一直没有对证明标准进行研究，甚至没有明确提出证明标准的概念，法官审案只是凭借个人的理解进行摸索，这种低劣的法官素质使我国古代社会不可能形成特定的证据制度，必然会出现“葫芦僧判葫芦案”的滑稽现象。

---

① 参见赵炳寿主编：《证据法学》，四川大学出版社 1990 年版，第 47 页。

② 参见李麒：《市场经济与诉讼文化》，中国法制出版社 2007 年版，第 194 页。

③ 参见丁寿兴：《庭审中的审判长》，上海三联书店 2006 年版，第 4 页。

可见，证据是否达到证明案件事实的程度，只有法律规定是不够的，因为对证明标准的掌握，把证明标准运用到具体的案件中，都需要法官去判断，是一个主观见之于客观的过程。法官的素质不仅决定了证明标准概念的产生，也决定证明标准的正确应用和案件的正确审判。因此，也可以说证明标准和法官素质是案件得到公正审判缺一不可的两个方面。

2. 我国法官素质的现状及其提高

历史发展到现在，目前，我国法官的素质亦不容乐观。与法治发达国家相比，我国法官在整体上素质偏低，偏向于追求社会认同；而少数法官责任心不强，工作不到位，实践中也出现过很多法官收受当事人的贿赂、贪赃枉法的案例，这都严重影响了法官作为正义的化身在人们心目中的形象。目前，我国法官素质方面的问题主要是以下几个原因造成的。

（1）法官队伍成员的来源。

我国现在的法官主要来自于以下三部分人员：一是复转军人，二是通过社会招干途径进入的高中毕业生，三是政法院校的毕业生。而且从人数比例来看，复转军人和通过社会招干途径进入的高中毕业生的人数远远超过政法院校的毕业生的人数，现行司法队伍中的非专业化的倾向不容忽视，严重影响法官整体的素质。因此，法官制度方面亟待改革，尤其是法官素质的提高。只有这样，才能更好地适用证明标准来审判案件，实现实体正义。

（2）有的法官缺乏法律信仰。[①]

（3）职权主义诉讼模式的贻害。

在我国，尤其是刑事诉讼中，当事人主义诉讼模式并未完全确立，相反，职权主义诉讼模式的影响在司法实践中还很明显。法官的判决并不完全依赖于双方的辩论内容，法官不能中立地审判而是常常介入当事人之间的诉讼，法官的权力膨胀而忽略双方当事人和

---

① 关于这一问题，请参阅本书“证明标准与我国的法律文化传统”一节。

诉讼证明标准的作用。法官的自由裁量权过大也为法官操纵案件，不顾证明标准，实行职权主义提供了方便。法官可以在适用法律的过程中选择法律条文、在量刑幅度内选择刑罚（刑法规定的量刑幅度太大）；在法律意义不明时解释法律，在没有可适用的法律规范而存在法律漏洞时，法官还可以进行漏洞补充，而且可以依据“自由心证”作出判决。从程序上看，法官控制着诉讼的进程，尤其是庭审程序，对一些关键证据的调查取证有决定权，对双方提供的证据的采信有裁量权，对诉讼个案可能采用双重（不同）的证明标准。法官自由裁量权过大给个别法官凭借拥有的“自由裁量权”进行权力寻租、大搞特搞权钱交易，为自己谋取不正当利益提供了机会。

刑事诉讼中法官还常常行使控诉职能，“在我国的审判程序中，审判人员不是超越控、辩，居中裁判，而是过于热心地投身于形同审查的法庭调查之中，从而使裁判活动不可避免地带有追诉的成分，因而，法官实际上或多或少地也行使着控诉职能，致使控诉与裁判融为一体，似分非分。”① 面对如此大的审判权，有的法官飘飘然，其素质怎么可能高而优呢?

（4）司法独立没有真正落实。

首先，人民法院具有一定的依附性。中国缺乏民主和法治的根基，整个中国社会的管理泛政治化，人民法院也依附于党政权力而存在。尽管设置了独立于行政机关的人民法院，也在宪法上明确地规定了人民法院依法独立行使审判权，不受行政机关、社会团体和个人的干涉，但人民法院的审判工作往往受到来自党政等外部权力多方面的干涉。例如，《宪法》第 3 条规定，国家行政机关、审判机关、检察机关都由全国人民代表大会产生，对它负责，受它监督。可见，我国的司法独立必须是以接受权力机关的监督为前提的。人民法院的依附性主要根源于人民法院的行政化。目前各地人

① 李心鉴：《刑事诉讼构造论》，中国政法大学出版社 1992 年版，第 252 页。

民法院机构是按照地方行政区域的划分来设置的，在人、财、物各方面都依赖于地方政府组织和财政。地方人民法院的人事、财政上无法自治，人民法院在地位上等同于一般的政府职能部门，要求法官超然中立是不可能的，适用诉讼证明标准的司法活动也受到多方牵制。地方权力机构可以决定人民法院的机构设置、法官任免，甚至进行个案监督。党政领导可以通过各种方式干预、插手案件审理。

其次，法官缺乏独立性。“司法过程的特征决定了它是一种个性化的活动，只有依赖法官个人的独立判断，公正才能实现。司法独立的本质必然表现为法官的独立。”① 西方国家的司法独立既包括司法机关整体独立于立法机关和政府机关，也包括个人意义上的司法独立；我国的司法独立只是司法机关的整体独立，不包括司法人员和审判组织的独立。

马克思说，法官除了法律以外没有别的上司。法官应该只服从法律。中国的法官被视为一般的行政人员，法官的选任要求必须通过公务员考试，依照行政管理体制来进行权力配置，并实施与行政机关大致相同的领导方式，人民法院的领导干部兼具了法官和行政领导的双重身份，法官的工资完全按照相应的行政级别工资标准由地方发放。法官对案件的最后裁决要经过院长或审判委员会批示同意。

上述原因从整体上掣肘了法官整体素质的提高，也从客观上消磨了法官追求高素质的积极性。针对以上情况，应当采取有效措施加以解决。

第一，加强法官自身职业道德建设，提升并树立法官的法律信仰。

一方面，要加强法官的职业道德建设。法官职业道德，是指法官等从事审判职业的人员所应遵循的道德规范的总和。“一名称职

---

① 徐静村主编：《刑事诉讼法学》（上），法律出版社 1997 年版，第 127 页。

的法官，除了需要具备法律基本素质，还要有高度的司法职业道德。无知者不能当法官，无能者不能当法官，无德者同样也不能当法官。”① 法官是社会矛盾纠纷的终局裁判者，在保护当事人合法权益的过程中起着最后一道屏障的作用，是社会正义的化身，是社会公正的守护神，尤其是刑事诉讼中，法官行使审判权关系到人的人身自由的限制乃至剥夺，关系到社会经济、生活秩序的安定。法官的职业道德是法官职业实现自我管理的根本途径，是法官职业享有良好社会地位的有效保证，是维护司法公正与司法公信力的重要保障和基础。法官所作的裁判是对国家法律和个人道德综合运用的结果，“当法律出现模糊不清和令人怀疑的情形时，法官就某一种解决方法的是与非所持有的伦理信念，对他解释某一法规或将一条业已确立的规则适用于某种新的情形来讲，往往起着决定性的作用。”② 加强职业道德建设，培养高尚的职业情操，法官才能不受金钱、权势的诱惑，甘于寂寞；才能独立、中立；才能公正地解决具体纠纷。若在法官职业道德上出现问题，必然导致司法行为和裁判结果的偏差。我国现行法官职业道德的规范基础是最高人民法院2001 年 10 月发布的《法官职业道德基本准则》。根据该规定，法官职业道德的主要内容有六个方面，即保障司法公正、提高司法效率、保持清正廉洁、遵守司法礼仪、加强自身修养和约束业外活动六个方面。

另一方面，通过法官的职业道德建设，提升并树立法官的法律信仰，使他们认识到，自己是“为了法律的至上权威、为了实现社会正义而不惜牺牲一切的人”③。司法是维护社会正义的最后一道防线，公正是审判工作的永恒主题和价值目标，是各国法官职业

---

① 肖扬：《关于司法公正的理论与实践问题》，载《法律适用》2004 年第 11 期。

② ［美］E. 博登海默：《法理学——法律哲学与法律方法》，邓正来译，中国政法大学出版社 1999 年版，第 378 页。

③ 王圣扬：《JM 教育与国家司法考试制度二题》，载《学位与研究生教育》2002 年第 12 期。

道德的共性要求，是法官必须具备的基本素质。“法官公平、公正地适用法律、维护社会正义是‘法治’所蕴含的深刻理念和法官应然角色扮演的定位点。”① 这就是法官的法律信仰所在。特别是在刑事诉讼中，法官行使着国家的刑事审判权，决定着公民的财产、自由和生命，关系到社会的稳定乃至国家政权的巩固，法官的特殊性更为显著。刑事法官肩负着对人身、财产和社会秩序更为直接的保护责任。刑事法官能不能准确查明事实、正确适用法律、公正地作出判决、充分实现正义、有效维护秩序，更容易成为社会公众和媒体关注的焦点。因此，刑事法官必须以实现正义为己任。

第二，保障法官独立。

司法独立是现代法治社会的原则之一，而法官独立是司法独立应有之义。在我国，当前的司法体制改革及其中的法官责任制均要求保障法官独立。

首先，保证法官身份的独立。必须保证法官任期和任职条件，解除法官的后顾之忧，使其在行使职权时不受行政机关等外部控制。由此，应确立司法机关独立的人事和财政保障制度，改变人民法院按行政区划设置、完全与行政机关重叠的做法，可考虑设立司法区；逐步推行法官终身制和法官高薪制，法官一经任命，就不得随意更换，不得被免职、转职或调换工作。为法官提供职位保障和物质保障，同时也可以避免某些法官面对外界高物质利益的心理失衡现象的产生。当然这对法官的能力同样提出了更高要求，所以也要提高法官的门槛、强化选拔机制，可考虑从受过专门的法律训练并具有丰富的法庭经验的优秀律师中选拔法官。英美法系国家的法官都是从优秀的律师中选拔的，我国的许多法官却因为薪酬等原因改行做律师，这不是一种应有状态。尤其是刑事法官转行做律师，会给刑事司法权的寻租提供便利，这将严重降低我国刑事司法权的

① 唐宏强：《现代“法治”与法官角色的法理学思考》，载《学术交流》2002 年第 1 期。

威信。刑事法官操控被追诉者的自由乃至生命，因此，这种不正常的流动给被追诉者的合法权益及社会的良好秩序带来了威胁，并在一定程度上纵容了刑事犯罪的发生。

其次，完善法官内部独立。法官在审判过程中，在内部，也应独立于其同事和上级人民法院的法官。当前，我国人民法院内部结构是集权的而不是分权的，上级领导掌控法官的考核、升迁等。因此在司法机关内部应建立分权结构，实现法官独立行使权力与责任制相结合，防止司法腐败。

再次，健全法官审判独立。法官在行使审判权、制作司法判决、审查判断证据等活动的过程中只服从于法律和良知。在我国法官依法独立公正审判的运行机制尚不健全，法官权力寻租的机会还很多。为保证法官审判独立，应确立连续审判原则、法官亲自审判原则，真正建构起“法官居中，控辩平等”的诉讼结构。任何意见只能在法庭上表达，一切诉讼问题都在法庭上解决，只有承办案件的法官才有判断权，把庭外交易的机会减少到最低程度。为保证法官审判公正，必须建立法官责任制、法官执业纪律、法官职业道德，法官必须树立起自己的职业信仰，法官应慎重待人接物，慎重对待当事人、律师以及方方面面的人，以免给公众造成不公正或者不廉洁的印象，从而在履行职责时避免产生困扰和尴尬。

通过上面的分析，高素质的法官应当是“业务上相当成熟，对法律的理解、事实的梳理娴熟自如，法律的精髓融入自己的生活和工作。在矛盾纠纷化解中多了一份理性与成熟，开始正视现实的不完美，透过法律条文，了解其蕴含的价值追求与精神实质，开始为人类追求公平正义坚定不屈的步伐以及执著坚守的信念而感动，开始自觉地将公平、正义的价值追求与理想信念化为实际行动融于每起矛盾纠纷化解之中，运用法律精神辨法析理，对症下药，根治矛盾纠纷‘顽疾’，去追求至善至美的矛盾纠纷化解境界。这种心态境界‘把审判当作一种艺术来享受’。审判就是美的体验。每办一个案件就能得到一次美的洗礼与美的熏陶。筑牢反腐拒变的心理防线，经济上和物质上能做到宁静的心理平衡，不为钱财所惑，不为权色所动，两袖清风、浩然正气。切实能把党的事业、人民的利益和法治理念完美结合起来，深深领会到党的事业追求与人民利益在法律领域的终极统一，做到大局服务、司法为民等政治要求了然于胸，最终实现法律效果与社会效果的和谐完美”[1]。

---

① 冯念学：《法官需要“精神三变”》，载《法制日报》2012年1月18日。

第十三章　证明标准与诉讼目的、诉讼模式、诉讼价值

诉讼证明标准一经产生，就具有一定的独立性，表面来看，仿佛与诉讼目的、诉讼模式、诉讼价值并无必然联系，但若细致考察证明标准之演变与诉讼目的、诉讼模式、诉讼价值之间的互动关系，就不能不得出这样的结论：诉讼目的、诉讼模式、诉讼价值是除文化传统、科技发展水平等之外的证明标准的直接决定因素，研究证明标准理论和实践，不能不研究其与诉讼目的、诉讼模式、诉讼价值的关系。然而，关于这一论题，学者们似乎并未给予足够的重视，其表现就是这方面所论者极少，即使有论，也只是以只言片语对两大法系证明标准进行描述，因而，笔者认为，对于这一问题的研究，难度和意义都是很大的。

一、诉讼目的、诉讼模式和诉讼价值的内涵

诉讼目的，就是通过诉讼活动所要达到的目标。从根本上说，诉讼目的是通过诉讼活动维护有利于统治阶级的社会关系和社会秩序，事实上是维护统治秩序。这一根本目的是由法律的本质决定的，是任何一个部门法都具备的，诉讼法当然也不能例外。但就具体目的来看，其目的则因法的部门的不同而有不同，即使同为诉讼法，刑事诉讼法也不同于民事诉讼法、行政诉讼法。马克思指出，审判程序与法二者之间的关系如此密切，就像植物的外形和植物的

联系，动物的外形和血肉的联系一样。[①] 这说明程序法首先是实现实体法的工具。但是，也不能因此得出诉讼目的仅仅是为了实现实体法的结论，还应看到，诉讼目的除了实现实体法外，还具有其独立的价值，这就是程序正义性价值。现代西方国家及日本关于诉讼目的的理论基本上都体现出这两方面目的，只是在两方面的比例上观点不同罢了。刑事诉讼目的是指国家制定刑事诉讼法，建立刑事诉讼制度，进行刑事诉讼活动所期望达到的目标。它是国家的立法者基于一定社会占主导地位的价值观念，并在认识刑事诉讼固有属性的基础上设计的关于刑事诉讼结果的理想模式。[②] 关于刑事诉讼目的的争论，在现代西方国家及日本主要有实体真实说和正当程序说。传统的实体真实说认为，刑事诉讼的目的在于发现实体真实，主张刑事程序是为寻找实体真实服务的，在刑事诉讼上，必须不断地发现实体真实，凡是出现犯罪，就应毫无遗漏地加以处罚。现代实体真实说一般指刑事诉讼目的不仅在于发现实体真实，而且包含不处罚无罪的人的意思，而不单纯是无遗漏地处罚任何一个犯罪者。这里所谓“实体真实”，我国学者通常用“查明案件事实”或者“查明案件事实真相”表达同样的意思，它是指要查明：犯罪事实是否发生，谁实施了业已发生的犯罪行为，以及实施犯罪的过程和其他有关情况。[③] 所谓正当程序，其原始含义是指美国宪法修正案关于刑事司法中人权保障条款规定的内容，后引申为刑事程序中一系列保障被告人权利的规则。现在，正当程序作为一种精神，已不是美国刑事程序专有了。现代各国的刑事诉讼程序都把“正当性”作为目标之一，但各国对其的追求和实施可能有所不同，相互差异的关键之处在于，实体真实和正当程序哪个更为优越，即当发现真实与正当程序相冲突时，是为发现真实而放弃正当程序还

---

① 参见《马克思恩格斯全集》第1卷，人民出版社1956年版，第178页。
② 参见姚莉主编：《刑事诉讼法学》，北京大学出版社2006年版，第41页。
③ 参见张建伟：《刑事诉讼法通义》，清华大学出版社2007年版，第55页。

是为维护正当程序而放弃发现真实。

关于民事诉讼的目的，理论界尚未有统一认识，现行的主张有私权保护说、权利保护说、纠纷解决说、多元说和程序保障说。笔者认为，民事诉讼可分为两个层次的目的：第一层次为解决民事纠纷，国家正是通过审判机关解决纠纷的方式来维护社会秩序、保障国家的安定；第二层次的目的是保护公民的合法权益，即法院在解决纠纷的同时，根据当事人提供的证据及必要时自行收集的证据，发现实体真实，并依法裁判，以维护当事人的合法权益。① 民事诉讼的目的中当然应包含正当程序的内容，只是这一内容由于民事诉讼的私法性质而不像刑事诉讼那么敏感，问题也不像刑事诉讼那样突出罢了。而且在民事诉讼中，法官在诉讼中不仅要适用程序法，也要依据实体法的规定作出裁判；程序公正固然极为重要，但是当事人进行民事诉讼绝不仅仅是为了获得程序公正。②

与诉讼目的密切相关、并对诉讼目的具有制约性的上位作用的是诉讼价值。价值，就其本来意义来说，是一定客体对一定主体需要的满足，能满足一定需要则为有价值，不能满足一定需要则为无价值。诉讼价值则为诉讼主体通过诉讼活动所能得到的满足的性质和程度。“刑事诉讼价值是指人们据以评价和判断一项刑事诉讼程序是否正当、合理的伦理标准，也是刑事诉讼程序在其具体运作过程中所要实现的伦理目标。”③ 任何社会的诉讼制度都必须关注一定的诉讼价值，然而关于价值的性质和程度，即对于哪些事物和利益可以作为价值追求目标予以肯定以及给予何种程度的肯定方可视为价值已经实现，古往今来，见解各异。有学者认为，在现代法治国家，秩序、公平和个人自由是法律制度的三个基本价值。也有人认为，任何可称为法律制度的制度，都必须关注某些超越特定社会

---

① 参见王圣扬：《论诉讼证明标准的二元制》，载《中国法学》1999 年第 3 期。

② 参见李浩：《民事诉讼法学》，法律出版社 2011 年版，第 13 页。

③ 周伟主编：《刑事诉讼法学》，北京大学出版社 2006 年版，第 45 页。

结构和经济结构的基本价值，包括自由、安全和平等。① 从哲学伦理学的角度来看，刑事诉讼价值不过是功利价值和公正价值的组合体。其中刑事诉讼的功利价值或工具价值主要表现为它对于实施刑法规范的有用性和积极意义，而刑事诉讼的内在价值或者公正价值，则主要是指刑事诉讼在运作过程中使控辩双方真正受到公正的对待，其应得的利益得到尊重和维护。② 笔者也认为，诉讼价值应该包括社会秩序即安全价值以及程序正义性价值这两个方面。其中，社会秩序即安全价值表明，诉讼活动以维护社会关系、社会秩序的稳定和整个社会的安全为价值取向。程序正义性价值即程序工具性价值表明，诉讼活动以维护当事人的诉讼权利、使当事人在诉讼活动中感受到司法之公正性、感受到法治社会中人的尊严受到尊重为价值追求。这两方面的价值取向有时是互相矛盾的，但任何社会（法治社会）都是以这两个方面作为诉讼价值追求的，所不同的是这两个方面的轻重配置大不相同，由此造成了诉讼价值追求的国别差异。一种观点认为，在社会秩序、安全和程序正义两种价值中，维护社会秩序和安全是诉讼活动最根本的价值，对程序正义的追求不应妨碍实体真实的发现和实体法的正确实施；另一种观点认为，国家和社会的秩序和安全必须以个人的合法权益受到保护和尊重为前提，而个人权利受到保护和尊重在诉讼中的表现就是诉讼程序的正当性，即程序的公平性、正义性，在程序的公平性、正义性与发现实体真实的程序工具性发生矛盾冲突时，应以程序正义性优先的原则来处置。

诉讼价值观的不同有其深刻的理论基础。一般来说，以社会秩序、安全作为首要价值追求的，是以社会本位、国家本位为理论基础的，认为只有社会秩序稳定、安全，个人权利和个人利益才能真

---

① 参见左卫民、高晋康：《诉讼价值论》，载《中国法学》1995 年第 4 期。

② 参见陈瑞华：《刑事诉讼的前沿问题》，中国人民大学出版社 2005 年版，第 62 页。

正得到维护；以程序正义作为首要价值追求的，是以个人权利本位作为理论基础的，认为只有每个个体的权利得到尊重和保护，才能说是民主法治的社会，人们建立国家、授权给官吏，不是让他们侵犯自己的权利，而是希望他们能保护自己的权利。

诉讼模式是由主要诉讼程序和证据规则中的诉讼基本方式所体现的诉讼主体的法律地位及其相互间关系。诉讼模式在刑事诉讼中表现为控诉、辩护和审判三方的法律地位和相互关系，在民事诉讼和行政诉讼中表现为原告、被告和审判三方之间的法律地位和相互关系。国内外学者们在概括历史上和当今的诉讼模式时，用了许多概念。在刑事诉讼模式方面，有实体真实型与适当程序型，犯罪控制模式与正当程序模式，职权主义（干涉主义）模式和当事人主义（辩论主义）模式，弹劾式（控告式）、纠问式（审问式）和混合式，对抗式与非对抗式，争斗模式与家庭模式，阶层模式与同位模式，权力行使型与权力抑制型。① 而当代社会的刑事诉讼模式，一般是指“国家专门机关在当事人和其他诉讼参与人的参加下进行刑事诉讼的基本方式以及专门机关、诉讼参与人在刑事诉讼中形成的法律关系的格局”②。通说以当事人主义和职权主义作为标准进行划分，分为当事人主义刑事诉讼模式和职权主义刑事诉讼模式，以及介于二者之间的折中主义刑事诉讼模式。民事诉讼模式在当今社会的划分也同此例。

二、诉讼目的、诉讼模式与诉讼价值三者之间的关系

诉讼目的、诉讼模式与诉讼价值既相互联系又相互区别。

诉讼目的表示诉讼活动追求的目标。诉讼目的具有实际可操作性，如刑事诉讼目的是惩罚犯罪、保护人权，这一目的的实现与

---

① 参见李心鉴：《刑事诉讼构造论》，中国政法大学出版社1992年版，第66页。

② 王圣扬主编：《刑事诉讼法学》，人民法院出版社、中国社会科学出版社2003年版，第6页。

否，在每个刑事案件中都会有体现；民事诉讼的目的是解决民事纠纷和保护民事权益，在每个具体的民事案件中这两方面的目的能否实现也是可以衡量的。诉讼目的具有具体性、客观性，但一定诉讼价值却不具有具体性、客观性，而是具有抽象性和主观性。作为表明诉讼对人们需要满足之性质和程度的概念，诉讼价值具有主观性，它是人们进行主观评价的标准；诉讼价值也具有抽象性，不能说某一个具体案件实现了诉讼价值，至多只能说它符合一定的诉讼价值取向。例如，某一具体案件惩罚了犯罪人，只能说明其符合犯罪控制价值取向，但不能说它已经实现了犯罪控制。诉讼模式是诉讼中三方主体的地位和关系，是一种结构形态和互动方式，所以又称为诉讼构造。这与作为诉讼追求目标的诉讼目的和作为评价诉讼活动的“有用性”的标准的诉讼价值是不同的。

但是，三者之间的联系也是十分紧密的，其中存在明显的因果联系、目的与手段的联系。首先，诉讼目的与诉讼价值联系紧密，诉讼目的的确定是以一定诉讼价值观为指导的，而诉讼目的的实现与否也需要以一定诉讼价值观为指导进行评价。由于二者关系如此密切，有时二者似乎很难截然分开，甚至在用语上也有很大的相似。美国学者帕卡在《刑事犯罪制裁的界限》中，认为犯罪控制模式体系的基础是，控制犯罪绝对为刑事诉讼最主要的机能，而正当程序模式的价值理念虽然并非与犯罪控制模式完全相反，但其中有些是对控制模式所主张理念予以批评而引发的，如对于非正式的与非裁判性质的发现事实程序，强调其发生错误的可能性，有些则是基于完全不同的考虑产生的，如以个人主义为基础，主张限制国家官员，奉行无罪推定等。① 由于价值理念的不同，不同国家采取不同的诉讼目的，有的以发现实体真实、适用实体法为首要目的。从某种意义上说，诉讼价值理念决定了诉讼目的，诉讼目的体现了

① 参见李心鉴：《刑事诉讼构造论》，中国政法大学出版社 1992 年版，第 113 ~ 118 页。

诉讼价值理念。

诉讼模式是诉讼各方的地位和相互关系之和，诉讼目的与诉讼模式之间是决定与被决定的关系：一定的诉讼模式是由一定的诉讼目的决定的。当事人主义诉讼模式是与实现程序正当的诉讼目的相适应的，当程序正当与发现实体真实相矛盾时，优先保障程序的正当性，同时，强调保护公民个体的合法权益。因此，当事人主义诉讼模式强调法官的中立地位和控辩（或原被告）双方的平等对抗，在证据方面建立了完善的证据规则。职权主义诉讼模式则与发现实体真实、维护社会秩序和安全的诉讼目的、诉讼价值相适应，在诉讼模式中赋予国家机关比被告人（或其他当事人）高得多的法律地位，而且法官中立地位并不巩固，在刑事诉讼中控辩双方对立性活动萎缩。

由上可见，在诉讼目的、诉讼模式、诉讼价值三者关系中，诉讼目的决定诉讼模式，而诉讼目的和诉讼模式都以诉讼价值为基础或指导，并且反映和服务于一定的诉讼价值。

三、诉讼目的、诉讼模式、诉讼价值三者与诉讼证明标准之间的关系

诉讼中的证明标准是指诉讼中各诉讼主体提出证据对案件情况等待证事实进行证明所应达到的程度（要求），也就是说，承担证明责任的诉讼主体提出证据进行证明应达到何种程度方能确认待证事实的真伪，从而卸除其证明责任。由此可见，证明标准的确立至少有两重意义：一是实体法意义，在证据量及其证明力不变的情况下，证明标准的设置和实际掌握的宽严在一定情况下决定案件的实体处理；二是程序法意义，证明标准是证明任务完成从而证明责任得以卸除的客观标准。① 此外，证明标准还在证据法上具有其他重

---

① 参见徐静村主编：《刑事诉讼法学》（上），法律出版社 1997 年版，第 179 页。

要意义，如证据的取得和被告人自白的法律效力等，都在一定程度上体现了证明标准的要求。

与上述证明标准的确立意义相似，一定的诉讼目的、诉讼模式的确立，也具有其实体法上和程序法上的双重意义。从实体法来看，一定诉讼目的、诉讼模式的确立，会影响具体案件的实体处理结果。在证据量及其证明力不变的情况下，以惩罚犯罪、维护社会公共秩序为目的的职权主义诉讼模式与以保障被告人权益、维护程序正当化为目的的当事人主义诉讼模式，对案件的处理结果会存在差异是显而易见的。从程序意义来讲，由于诉讼目的、诉讼模式之不同，负有证明责任的当事人在终止举证之后法官的诉讼行为大不相同，在当事人主义之下，法官只能保持消极中立，不能自行调查，则整个审判调查程序在当事人举证结束后即告完成，而在职权主义之下，法官还能以查清事实真相、正确实施实体法、维护公共利益为目的，继续依职权进行调查，从而整个审判调查程序在当事人举证结束后并未完成。

正是由于证明标准与诉讼目的、诉讼模式、诉讼价值都和一定案件的实体处理结果和程序运作方式密切相关，因此这两方面（即证明标准与诉讼目的、诉讼模式、诉讼价值这三者之间）的相关性是不容置疑的。下面将具体论及证明标准与诉讼目的、诉讼模式、诉讼价值之间的关系，并对我国诉讼证明标准与诉讼目的、诉讼模式、诉讼价值之间的关系状况作一简要分析，指出证明标准的确立和变革要与诉讼目的、诉讼模式的改革和诉讼价值观的更新保持协调发展的态势。

四、诉讼价值、诉讼目的与刑事诉讼证明标准的关系

刑事诉讼的诉讼价值表现为发现实体真实、正确适用实体法以维护社会安全、稳定的程序工具性价值和实现正当程序、保护被告人权利的程序正义性价值两个方面。这两个方面既相互联系又相互区别，其联系是：实现前一价值即实施实体法、控制犯罪的同时，也便要求

保障无罪的人不受刑事追究，这包含了程序正当的含义。其区别是：两者在有些情况下互相矛盾、不能两全，因此，如何在两者发生冲突时作出合理取舍，就成为不同刑事诉讼价值观的分水岭。

刑事诉讼目的作为与刑事诉讼价值密切相关的范畴，也包括两个方面，即惩罚犯罪的目的和保障当事人（在刑事诉讼中主要是指被告人和被害人）合法权益的目的。同样，惩罚犯罪与保护权利之间既存在一致的一面，又存在不一致的一面，在两者发生冲突时如何进行取舍就成了区分不同刑事诉讼目的的尺度了。

自刑事诉讼活动产生之后，刑事诉讼价值的两方面表现和刑事诉讼目的的两方面表现就呈现出消长变化的发展态势。在不同的发展阶段，刑事诉讼的目的观和价值观都在其证明标准上有着鲜明的表现。

在人类社会的早期，包括奴隶社会和封建社会，控制和惩罚犯罪、实现国家整体的安定是刑事诉讼的主要和首要的价值取向，诉讼法尚未作为一门独立的法律部门从实体法中分离出来，实现实体法就成了诉讼法律制度首要的、基本的价值追求，而作为诉讼价值和诉讼目的的另一方面：程序对个人权利的保障和程序正义性价值则被长期忽视甚至否定，与此相适应的刑事诉讼证明标准就呈现出其有利于惩罚犯罪的特征。历史上曾出现的神明裁判和有罪推定都说明了证明标准的这一特征。

神明裁判在世界上许多地方都曾出现过，中国传说中的独角兽能“触不直以去之”是我国关于神明裁判最具典型意义的说明。外国法律中关于神明裁判的规定在历史上更是屡见不鲜，丰富多彩。比如：命被告人将手伸入沸腾的水中。在日耳曼人中，神意裁判很受青睐，萨利克法律就提到用沸水裁判方法、烙铁裁判方法以确定有罪无罪。①

① 参见［法］卡斯东·斯特法尼等：《法国刑事诉讼法精义》（中译本），中国政法大学出版社1998年版，第74页。

根据概率论常识，一般情况下，只要借助于神明裁判，在裁判开始之前其裁判结果就已经基本确定了，因为能够通过神明检验的被告人（换了任何人都是一样）微乎其微。因此，神明裁判为法官的恣意擅断提供了有力的武器，只要法官以惩罚犯罪为己任，他就几乎可以任意惩罚被告人，因为这种神明裁判的证明犯罪标准为其提供了绝对可靠的手段和理由。另外，在神明裁判阶段，法律往往规定那些危害社会秩序和安全的严重犯罪的被告人应接受神灵裁判，从而大大增加了对此类被告人定罪科刑的可能性。至于因神明裁判而误判的可能性有多大，如何保护被告人的权利、保障无罪的人不受定罪科刑，则考虑甚少或根本不予考虑。

有罪推定是封建专制时期刑事诉讼的一项制度，其主要特点是对被告人从有罪的推定出发，要求被告人作无罪的举证。被告人不是诉讼的主体而是受审的对象，被告人的口供是定罪量刑的主要依据，刑讯逼供成了断狱决讼的主要手段，无辜被告人在捶楚之下屈打成招的冤案比比皆是。有罪推定，一方面影响了被告人的诉讼地位，即规定任何被告人在被司法机关依法宣告无罪之前应被假定为有罪而当做罪犯；另一方面是确定证明责任的承担及证明责任未能完全履行时的法律后果，即规定被告人有责任证明自己无罪，如果控告方（或法官本人）有一定的证据证明被告人有犯罪事实但不充分，但被告人本人不能举出有力反证，仍可对被告人以有罪论处，即“疑罪”不能“从无”。正因为有罪推定的法律后果，使得封建社会刑事诉讼证明标准与现在相比处于低标准状态，这一低标准状态恰恰反映了封建社会刑事诉讼重实体轻程序、重惩罚轻保护、重维护社会整体安全轻保护个人权利的诉讼价值和诉讼目的。

资产阶级革命前夕，“天赋人权”、“自由平等”成为社会追求的共同价值目标，不仅神明裁判的愚昧思想和野蛮做法被付之一炬，有罪推定也成了革命的对象。意大利著名刑法学家贝卡里亚在《论犯罪与刑罚》一书中率先提出：“在法官判决之前，一个人是不能被称为罪犯的。只要还不能断定他已经侵犯了给予他公共保护的契约，社会就不能取消对他的公共保护。”① 此后，无罪推定原则在法国等欧陆国家和美洲国家、俄国、东欧国家的法律中得到普遍适用，成为各国公民宪法性权利中的重要内容。由于无罪推定原则的确立，刑事诉讼证明标准发生了革命性的变革：不仅在被宣告有罪之前被告人应被视为无罪之人，而且被告人没有责任提供自己无罪的证据，证明被告人有罪是控诉方的责任，如果法官对被告人是否有罪存在合理怀疑，就应根据疑罪从无的原则宣告被告人无罪。这样，无罪推定的确立，在刑事诉讼目的和价值方面体现了对被告人个人权利保护的强调，因为他还不能被称为罪犯，“社会就不能取消对他的公共保护”②；也体现了对程序正当性的强调，因为适用刑事诉讼程序，不仅为发现案件事实真相、严格适用实体法服务，而且为维护被告人权利（因为他不是罪犯，所以应该是公民权利）、保障无罪的被告人不受刑事追究并定罪判刑服务。这说明，证明有罪的标准大大提高了。因此，从有罪推定过渡到无罪推定所引起的一系列变化，说明刑事诉讼证明标准具有随着诉讼价值程序正义性方面和诉讼目的的人权保障性方面的增强而提高的趋势，这也说明了国家利益本位在资产阶级革命后逐渐被个人利益与国家利益并重、甚至被个人利益本位所代替的历史轨迹。

五、诉讼价值、诉讼目的与民事诉讼证明标准的关系

民事诉讼证明标准也同样与民事诉讼目的和民事诉讼价值密切相关，但由于其与刑事诉讼公法性质所不同的私法性质，其在总体上比刑事诉讼证明标准的要求要低得多，而且越是强调民事诉讼的私法性质、越是承认私法自治，其证明标准就应愈低。我国台湾学

① [意] 贝卡里亚：《犯罪与刑罚》，黄风译，中国大百科全书出版社1993年版，第31页。

② [意] 贝卡里亚：《犯罪与刑罚》，黄风译，中国大百科全书出版社1993年版，第31页。

者李学灯认为："在刑事案件，因其结果远较民事更为严重，对于刑事被告用有罪之判决剥夺其生命，自由，或名誉，显然要较为谨慎之法则，甚至罪行愈重者，要求证明之程度亦愈高。刑事审理中，控方所需证据之程度，有两大特征，一则高于民事审判中之当事人，再则高于刑事审判中之被告。"① 这说明了刑事诉讼证明标准与民事诉讼证明标准差异性的原因，但原因尚不止于此，除了这一原因，两者公法、私法性质的不同和与社会公共利益相关性的不同不能不说也是重要原因。由于民事诉讼当事人争议的权益具有私权性质，当事人对此权益之得失与社会公共利益的关系远较刑事案件为远，而民事诉讼的诉讼价值和目的就是解决民事纠纷、保护民事权利，并实现程序的工具性和正义性两个价值，因此，对之采取较低的证明标准既可以及时地定纷止争，又不会因失误对社会安全造成太大的破坏。另外，在民事诉讼中，举证人是一般个人或团体，其取证、举证能力与刑事诉讼中作为控诉机关的国家机关相比十分微小，如果提出与刑事诉讼相同的证明标准，则会影响许多人通过诉讼途径保护自己的民事权利。

由上可见，民事诉讼的证明标准与诉讼目的、诉讼价值的相关性只有以民事诉讼的私法性质和民事诉讼举证人的个体性质作为桥梁来理解才会一目了然。当民事法律的私法性质不甚显明的时候，国家就会对民事诉讼倾注更大的热情，在民事诉讼中积极发挥法官的职能作用，力求通过民事诉讼程序发现实体真实，并把民事法律严格适用于具体案件。此时，一方面为了防止"恶人先告状"，一方面由于法官的广泛调查取证权、父母官式的审理方式（为了国家利益，他必须这样做），为民事诉讼设置较高的证明标准既有必要性，在实践中也有可行性。我国古代刑民不分的民事法律制度和新中国成立后否定民法私法性质期间刑民不分的"证明标准"，以及苏联否定民法私法性质时期的证明标准，无不说明了这一点。事

① 李学灯：《证据法比较研究》，台湾五南图书出版公司1992年版，第394页。

实上，直到今日，我国民事诉讼证明标准仍然与刑事诉讼近乎相同，即："我国民事和刑事诉讼在证明标准上都要求必须达到事实清楚，证据确实、充分，并且这种观点多年来已成为我国诉讼证明标准上的通说，几乎没有多少人公开提出异议。"① 笔者也认为，从民事诉讼法的立法背景、立法本意以及前后法律条文的逻辑关系来看，在民事诉讼中，其证明标准仍然与刑事诉讼一样，即案件事实清楚，证据确实、充分。（这一问题在本书其他章节还有论述）然而，在相关的司法解释中，关于民事诉讼的证明标准已经有所松动：最高人民法院2001年12月21日公布的《关于民事诉讼证据的若干规定》第73条第1款规定："双方当事人对同一事实分别举出相反的证据，但都没有足够的依据否定对方证据的，人民法院应该结合案件情况，判断一方提供证据的证明力是否明显大于另一方提供证据的证明力，并对证明力较大的证据予以确认。"这一规定实际上是确立了高程度盖然性的证明要求。②

就英美法系与大陆法系中民事诉讼证明标准与诉讼价值、诉讼目的的相关性来看，也体现了上述观点，即强调国家、社会利益的大陆法系在民事诉讼中实行的证明标准一般为"特定"高度的盖然性，即依据日常经验可能达到的那样的高度，疑问即告排除，产生近似确然性的可能。而在强调个人权利至上的英美法系国家，一般采用"盖然性占优势"证明标准，如美国学者斯蒂文·L·艾默纽尔等认为：民事诉讼中的证明标准一般为盖然性占优势的标准。当一事实主张被陪审团确信为在证据上具有占优势的盖然性，即存在的可能性要大于不存在的可能性时，那么，此项事实主张就被认定为事实。③ 而针对大陆法系国家对民事案件证明标准的要求，

---

① 毕玉谦：《民事证据法及其程序功能》，法律出版社1997年版，第125页。

② 参见李浩：《民事诉讼法学》，法律出版社2011年版，第231页。

③ 参见毕玉谦：《证明标准研究》，载《诉讼法论丛》第3卷，法律出版社1999年版。

《不列颠百科全书》（第15版）认为："在普通法国家，民事案件仅要求占优势的盖然性……在大陆法系国家中，则要求排除合理怀疑的盖然性。"[1]

由上可见，在民事诉讼中，证明标准与诉讼价值、诉讼目的呈反相关关系，即随着社会的发展和诉讼价值中更多地强调程序公正性价值，诉讼目的中更多地强调解决纠纷、保护个人权利的一面，民事证明标准呈逐渐降低的趋势，这一点与刑事诉讼证明标准正好相反。

六、行政诉讼中证明标准与诉讼价值、诉讼目的的关系

行政诉讼无论就其诉讼价值还是就其目的来讲，都有其特殊性。行政诉讼的主要价值，一方面在于其保障司法审查权有效行使的工具性，另一方面在于其为行政相对人提供公正、平等的救济措施的程序正义性。由这两方面价值决定的行政诉讼的目的亦有两个：一是为了监督行政机关依法行政，保护行政相对人的合法权益免受行政机关违法行政行为的侵犯，为受到违法行政行为侵犯的相对人提供法律救济。二是为了解决行政争议，维护行政管理，为保护行政机关依法和有效行政提供法律手段和途径。[2] 行政权源于行政法的规定，行政法具有公法性质，因此行政诉讼便具有公法性质。但是，由于设置行政程序的初衷不是维护行政权的行使（行政权本身就可主动行使，不需要司法权保障），而是防止行政权的滥用，所以行政诉讼应以保护个人权利为首要价值追求和目的。官尊民贱的传统官本位思想早已成为历史的尘埃，官民平等、相互合作、积极合作业已成为现代行政的基本特征。故而，政府与民众之

① 毕玉谦：《证明标准研究》，载《诉讼法论丛》第3卷，法律出版社1999年版。
② 参见姜明安：《行政诉讼法》，法律出版社2007年版，第51页。

间的关系已经越来越接近于民事关系。[①] 但是，接近并不等于等同。因此，与此相适应，结合行政诉讼举证责任倒置的特点，行政诉讼证明标准应比民事诉讼证明标准高，但略低于（或因事而异）刑事诉讼证明标准，这样方能在双方当事人之间取得适当平衡。

七、诉讼模式与证明标准

一定的诉讼模式是由一定的诉讼价值观和诉讼目的决定的。职权主义诉讼模式是由实现“实体真实”的程序工具价值观和惩罚犯罪、制裁民事违法行为、维护社会公共利益的目的观所共同决定的。诉讼模式必须与一定的诉讼价值观和诉讼目的相适应，但诉讼模式一旦建立，就会对诉讼价值和诉讼目的的实现产生巨大反作用。诉讼模式反作用于抑或是否有利于诉讼价值、诉讼目的之实现，与诉讼证明标准息息相关。一定的诉讼模式需要一定的诉讼证明标准与之适应，方可发挥模式在实现诉讼价值、诉讼目的中的作用。

1. 历史上两种重要诉讼模式的证明标准

（1）弹劾式诉讼模式的证明标准。

弹劾式诉讼模式主要实行于奴隶制时期的古巴比伦、古希腊、古罗马共和国以及封建社会初期的一些国家中，以诉讼当事人作为诉讼主体具有平等的诉讼地位并在诉讼中居于主导地位为其主要特征。弹劾式诉讼模式的证明标准有几个显著特点，即：在证据资料的来源方面，由当事人自行收集、提供证据，法官不收集证据，只在当事人提供的诉讼资料的基础上进行评判。举证和证明责任归原告，在案件发生疑难时，采取神判或决斗方式解决。例如，《汉穆拉比法典》第2条规定：“倘自由民控自由民犯诬蛊之罪而不能证实，则被控犯诬蛊之罪者应行至于河而投入之，倘彼为河所占有，

① 参见段书臣、刘澎等：《证明标准问题研究》，人民法院出版社2007年版，第372页。

则控告者可以占领其房屋；倘河为之洗白而彼仍无恙，则控彼蛊惑者应处死；投河者取得控告者之房屋。”① 这种诉讼模式的证明标准难以用“高”或“低”一言以蔽之，因为从举证责任之承担和法官绝对不调查收集证据来看，对于刑事控告来说证明责任就显得很高，而从对疑案的处理方式来看，证明标准又显得无比神秘而不可预测，如上述水验的证明。这些都反映了其充斥着原始社会私力救济的痕迹，其乃脱胎于原始社会私力救济的结果。

（2）纠问式诉讼模式下的证明标准。

所谓纠问式诉讼模式，是指在刑事诉讼中，仅有纠问者与被纠问者的两者关系，纠问法官一手包办刑事程序的始终，包括侦查、逮捕、查证、起诉、判决，既无追诉者与审判者之分，也无原告与被告之分。② 纠问式诉讼模式在西方产生于罗马帝国时期，盛行于中世纪后期欧陆各国封建专制时期，在中国则长期存在于封建专制时期。这一模式的主要特点是侦查、控诉和审判职能不分，不实行不告不理原则，被告人被视为诉讼客体，不存在被告人辩护问题。这是与封建专制社会强调发现犯罪、镇压犯罪的诉讼价值观和诉讼目的相适应的。与该诉讼模式和诉讼目的观、价值观相适应，在证明标准方面采取法定证据制度，预先规定证据的种类和证明力，只要具备法定种类和数量的证据，就可达到证明标准。例如，规定两个证人证言构成一个完整的证据，可证明一定的事实，一个证人证言是半个证据；被告人口供具有最高证明力，等等。由于实行有罪推定，又允许刑讯逼供，这种法定证据制度对于实现刑事诉讼的惩罚功能和民事诉讼的追究功能十分有效，枉而不纵，效率极高。可见，法定证据制度的证明标准，处于纠问式诉讼模式中，应该说是相当低的了，这一点在刑事诉讼中表现突出。

---

① 李心鉴：《刑事诉讼构造论》，中国政法大学出版社 1992 年版，第 83 页。

② 参见谢佑平主编：《刑事诉讼法学新论》，浙江大学出版社 2011 年版，第 30 页。

上述两种诉讼模式的证明标准，只是特定历史条件下的产物。从今天的角度看，这两种证明标准都有其致命的缺点：前者往往难以有效地惩罚犯罪，保护原告的权利；后者则常常导致无罪的人受到定罪判刑，造成了无数的冤假错案。

2. 职权主义诉讼模式的证明标准

（1）刑事诉讼证明标准。

大陆法系国家实行的是职权主义刑事诉讼模式，以发现实体真实为主要价值追求，以惩罚犯罪为主要诉讼目的。其证明标准是刑事诉讼制度的重要组成部分，是诉讼模式实现诉讼价值和目的的重要方式。总的来说，大陆法系职权主义诉讼模式的证明标准都以“自由心证”来表述，如根据法国 1808 年《刑事诉讼法》第 342 条规定，法律要求陪审官掌握的判断证据和事实的全部尺度，一言以蔽之，即“你们是真诚地确信吗?”法国 1957 年《刑事诉讼法》第 304 条规定：陪审团应以“诚实自由的人们所应有的公平和严正，根据指控证据和辩护理由，凭借自己的良心和确信作出判断”。德国 1994 年《刑事诉讼法典》第 261 条规定：“[自由心证]对证据调查的结果，由法庭根据它在审理的全过程中建立起来的内心确信而决定。”《日本刑事诉讼法》第 318 条规定：“证据的证明力，由法官自由判断。”

职权主义刑事诉讼模式虽然一开始就以自由心证作为证明标准，但这一标准也并非一成不变，而是随着诉讼价值和诉讼目的的演变而有新的发展。大陆法系各国的刑事诉讼价值虽然一直强调发现案件真实，但程序公正价值理念却随着社会民主化的不断发展而增强；刑事诉讼目的虽然一直强调惩罚犯罪的一面，但保障人权特别是保障被告人人权也受到越来越多的关注。鉴于此，在保持职权主义主要特征不变的前提下，大陆法系刑事诉讼证明标准也经历了由传统自由心证向现代自由心证的过渡，其当事人主义因素也在增加。传统自由心证认为：判断证据属于法官职责范围的事，他人无权干涉。法官有权用自己的方式和逻辑，决定证据的取舍，完全不受外界制约，包括法律约束。现代自由心证则包含两方面内容，一方面法官具有自由判断证据的职权和职责，他人无权随意干涉；另一方面法国自由裁量证据的行为受到法律规则尤其是证据规则的制约。例如，法国的法律规定，对每一件案件审判所依据的理由，法官一定要以书面形式特别说明他的心证是如何形成的，法官只能以“提交庭审辩论并经各方当事人自由争论的材料”作为形成内心确信的依据，而不得以仅有其个人了解的事实为依据，或者不得以未向对方当事人通知、交阅的文件为依据。① 现代自由心证取代传统自由心证，既有诉讼价值、诉讼目的变革的深刻影响，也有职权主义诉讼模式中吸收当事人主义诉讼模式合理做法的巨大影响。当事人主义诉讼模式由当事人推动诉讼进程，当事人对法官裁判结果具有较大的可预测性，而传统自由心证则赋予法官单方面的、片面的、秘密的（带有某种神秘色彩）自由心证，是与职权主义刑事诉讼模式的政策取向不相容的，因此对其改革就成为必然。

（2）民事诉讼证明标准。

事实上，大陆法系各国，民事诉讼和行政诉讼的证明标准同样是法官自由心证。例如，德国19世纪民事诉讼法规定：不论什么都可以成为证据，如何根据证据作出判断，完全是法官自由心证范围的事。② 就法国来说，大革命后制定的第一部民事诉讼法典由于以对抗制和司法中立为原则，应属当事人主义。但由于上述两项原则导致诉讼拖延，在20世纪中叶的司法改革中基本被摈弃。法官的权力得到加强，并给民事诉讼带来一种命令的，有的甚至是审问式的倾向。1975年，法国制定了新的民事诉讼法，加强了法官权限，在辩论中，出现了当事人没有明确主张的事实，法官也可采

---

① 参见［法］卡斯东·斯特法尼等：《法国刑事诉讼法精义》（中译本），中国政法大学出版社1999年版，第773页。

② 参见［日］谷口安平：《程序正义和诉讼》，中国政法大学出版社1996年版，第232页。

用，当事人没有主张的法律观点，法官也应当依职权考虑，甚至法官可依职权调查证据。① 由此可见，法国的现行民事诉讼模式应属职权主义，法官享有自由裁量权。法国有的学者认为，由于法律赋予法官自由裁量权，因此作出的裁判所涉及的案件事实不必达到绝对真实的程度，只要具备盖然性就算满足充分条件。② 这说明，法国民事诉讼的证明标准是在法官内心形成盖然性确信。实际上，整个大陆法系民事诉讼证明标准基本上都是盖然性，而且是高度盖然性。当然，高度盖然性之内心确信仍必须以一定的证据为基础，这与刑事诉讼证明标准是一致的。

3. 当事人主义诉讼模式的证明标准

当事人主义刑事诉讼模式以“排除合理怀疑”为证明标准，即：如果对被告人有罪的证明存在合理怀疑，则应作有利于被告人的推定或解释。因此，现代意义上的无罪推定，只有在“排除合理怀疑”证明标准的配合下，才能展示出完整的内容。所谓“排除合理的怀疑”，并非要求排除一切可能的怀疑，而仅要求此种被排除的怀疑，必须能说出理由，摆出道理，经得起理性论证，而不是无故置疑，吹毛求疵。③

有不少学者认为，大陆法系国家和英美法系国家的刑事证明标准虽然表述不同，但其基本方面是相同的，“内心确信，就意味着排除合理怀疑，反之亦然”，“因此可以说，二者只是一个标准的两个方面，或者说，是一项标准的两种操作性表述。”④ 笔者认为这一观点并不全面。内心确信与排除合理怀疑确实非常接近，但从

---

① 参见叶自强：《从传统自由心证到现代自由心证》，载《诉讼法论丛》第 3 卷，法律出版社 1999 年版，第 389 ~ 390 页。

② 参见毕玉谦：《证明标准研究》，载《诉讼法论丛》第 3 卷，法律出版社 1999 年版，第 452 页。

③ 参见汤维建、陈开欣：《试论美英证据法上的刑事证明标准》，载《政法论坛》1993 年第 4 期。

④ 徐静村主编：《刑事诉讼法学》（上），法律出版社 1997 年版，第 180 页。

其立法思想和体现出的诉讼模式特点来看，二者的区别也是明显的。内心确信又称为自由心证，自由心证有传统自由心证和现代自由心证之分，依传统自由心证，法官获得心证的证据既可在审前，又可在审中，证据的范围和证明力全由法官决定，法官形成结论的过程是在法官内心进行的，至于是如何形成的，无人能干预，这种证据取舍的主观性和形成确信的独断性不正是与职权主义诉讼模式强调法官职权相适应的吗？至于现代自由心证，虽然向当事人主义诉讼模式的排除合理怀疑标准进了一步，要求法官以经过质证、辩论的证据为形成心证的基础，并将形成心证的过程以书面形式进行说明，但依然没有改变法官对证据的自由取舍判断权和法官形成心证的主观（法官个人的主观）独断性。排除合理怀疑，从其产生之日起，就有两点基本含义与其相伴而生：一是进入法官视野的只能是按照一套严密的证据规则筛选后所存留的证据，法官不能不受证据规则限制任意取舍或判断证据；二是排除合理怀疑的过程既发生在法官的内心，更发生在法庭之中，在法庭中控辩双方就能否排除合理怀疑的举证、质证和辩论，法官无疑必须充分考虑，而不能不受任何人干预地自顾自地在内心中形成确信。再者，排除合理怀疑从语言学角度也是与无罪推定紧密相联的，而法官“内心确信”某人犯罪，即使在有罪推定情况下也是可以适用的。因此，排除合理怀疑更充分地体现了当事人主义诉讼模式对正当程序和人权保障的强调，体现了程序的公开性和通过程序获取处理结果（实体）的可预见性，这些都是自由心证或内心确信所不具备的。

在民事诉讼中，当事人主义诉讼模式以“盖然性占优势”作为证明标准，从而不同于大陆法系“高度概然性”标准。“盖然性占优势”标准应当包括“高度盖然性”标准，即在“盖然性占优势”中，既可能是一般概然性占优势，也可能是高度盖然性即较高的盖然性占优势。因此，“人们所理解的‘盖然性’在两大法系有不同水准的证明要求”①，从总体来看，大陆法系的“盖然性”标准高于英美法系的“盖然性”标准，之所以比较高，可从两者不同的诉讼模式获得有益的启示。大陆法系国家实行职权主义民事诉讼模式，② 法官并不消极听审，而是可主动调查、收集证据，询问证人，质证等；法官可以超出诉讼人请求范围作出裁判；在开庭前，法官已经对案情有了一定了解；没有严格的证据规则，双方当事人诉讼权利不具体。所有这些，对于法官积极行使审判权、发现事实真相无疑是十分重要的，法官通过审判发现实体真实的手段多，可能性大，这便使适用较高的证明标准成为可能。同时由于法官职权很大，当事人对法官制约的权利十分有限，如果不设置较高的证明标准，恐会助长法官主观随意性。而英美法系实行的是一种彻底的当事人主义，法官消极听审，居中裁断，法官在开庭前对案件不了解，而各项证据规则和双方当事人权利又规定得详细具体，虽然当事人利用证据资源的主动性高，但仍不及法官依职权调查来得高效，因此适用较低证明标准是在当事人主义条件下民事诉讼解决民事纠纷、维护民事权利、避免诉讼拖延的客观需要。

八、我国诉讼证明标准必须适应诉讼价值、诉讼目的、诉讼模式的改革和发展要求

现阶段，我国三大诉讼的诉讼价值、诉讼目的以及诉讼模式等都正在发生深刻的变革，其总的趋势是诉讼价值上程序工具性价值在继续得到强调的同时，程序自身的正义性价值受到了越来越多学者和社会公众的重视；在诉讼目的方面，除了发现案件真实，正确适用实体法外，人们越来越重视诉讼过程中对公民个人权利的保

---

① 毕玉谦：《证明标准研究》，载《诉讼法论丛》第 3 卷，法律出版社 1999 年版，第 448 页。

② 如果硬要把大陆法系国家作为当事人主义诉讼模式，那也只能作为保留大量职权主义因素的不彻底的当事人主义，其实质是一样的。

护；在诉讼模式上的变革则体现了诉讼价值和诉讼目的变革的要求，三大诉讼的诉讼模式都毫无例外地淡化了原来强职权主义色彩，吸收了当事人主义诉讼模式的许多合理做法，从而在控审分离、法官中立、控辩（原被告）对抗等方面向当事人主义诉讼模式靠近了一大步。

上述诸多的新变化，对我国诉讼证明标准提出了新的要求。

第一，刑事诉讼要求树立程序工具性和程序正义性相统一的价值观，要求用惩罚犯罪和保障人权来概括刑事诉讼目的，实现惩罚犯罪和保障人权的统一，这就要求在证明标准的设定上讲究人权保障的一面和程序正当的一面，否则刑事诉讼的价值和目的就难以实现。当前最迫切需要解决的问题是，如何确立彻底的无罪推定原则。刑事诉讼是国家专门机关追究犯罪、惩罚犯罪的活动，诉讼的一方是拥有强大权力的检察机关和警察机关，另一方则是处于被侦查、被指控地位的犯罪嫌疑人、被告人，对抗双方实际处于不平等地位，这是刑事诉讼的性质决定的。为了保障犯罪嫌疑人、被告人的合法权利，防止国家机关滥用权力，避免冤枉无辜、错伤好人，法律为刑事诉讼设置了一定特别的有利于犯罪嫌疑人、被告人的保障机制，这就是无罪推定。无罪推定与证明标准的关系是：犯罪嫌疑人、被告人没有证明自己有罪的责任，犯罪嫌疑人、被告人享有沉默权；如果检察机关不能证明被告人有罪并达到排除合理怀疑的程度，就应该按“疑罪从无”的原则认定被告人无罪。由无罪推定的前提出发，再对被告人辅以辩护律师的帮助，以使被告人有力量、有可能在诉讼中与控诉方对抗，使检控机关权力的行使受到限制和制约，使诉讼更具有公平性、抗争性，以保证程序正当，实现司法正义。

第二，诉讼既要发现真实，又要保证程序正当的价值取向和诉讼目的，要求摈弃证明标准问题上的“完全”的客观真实观。由于事件发生后就具有不可逆性，因而在诉讼中发现“事实真相”只能是一种“法律真实”，而不可能是客观真实。客观真实论的弊端在于它混淆了哲学上的一般规律与现实中某一特定领域的特殊规律，把认识论上的可知论简单地适用到某一特定时间内对某一特定事物的认识上来了，而没有看到世界的可知性是从整个人类认识的无限性这个角度来讲的。由于没有看到普遍规律和特殊规律的关系，客观真实论者以哲学上的可知论为依据，认为对任何一个特定事物，人们都可以达到对其全面正确的认识，认为“从根本上看，任何案件事实，通过正确地收集、分析证据，是可以查清的”①。但是，由于人类认识水平的时代局限性和具体案件的复杂性，有些案件是根本无法恢复其客观原貌的。如果一味强求恢复案件本来面貌，其结果必然是为达到获取实体真实的目的而置正当程序于不顾，为达到这一目的而将被告人作为诉讼客体进行讯问，或者，由于这一认识的影响，对于罪疑案件也不能作有利于被告人的解释。民事诉讼中，片面追求实体真实同样不利于维护当事人的诉讼权利，不利于保持法官的中立地位。因为一旦以实体真实为唯一诉讼目的，人民法院就必须积极行使调查取证权，否则便往往会难以定案，造成诉讼拖延。其实，从我国民事实体法的规定来看，恢复客观事物本来面貌不一定总是要追求的目标，如民法中的推定，包括宣告失踪、死亡的推定，某些特殊侵权民事责任的推定，等等，都在一定程度上承认客观真实有时难以彻底查清。在客观真实难以查清时，这种推定本身就包含了盖然性占优势地位这一民事诉讼证明标准。②

第三，我国诉讼模式中当事人主义因素的引入使得客观真实证明标准显得高不可攀。我国现行的刑事诉讼模式，吸收了当事人主义的许多做法，在审判中实现了控审分离、控辩对抗，加强了控辩双方的举证质证功能。但尽管如此，由于前述原因，要想实现客观

---

① 张子培主编：《刑事诉讼法教程》，群众出版社 1987 年版，第 192 页。

② 参见毕玉谦：《证明标准研究》，载《诉讼法论丛》第 3 卷，法律出版社 1999 年版。

真实也是很难的。相反，如果确立客观真实的证明标准，势必导致审前程序强职权主义特征更加难以改观，因为检警机关必须借助强职权主义侦讯模式去发现实体真实。审前程序强职权主义色彩特别是强职权主义侦查模式如果长期得不到改革，那么审判方式改革的所有努力都将可能功亏一篑，因为辩方根本不能实现与控方的平等对抗。

民事诉讼当事人主义因素的增加，更迫切地呼唤民事证明标准的改革。我国原来的民事诉讼法（试行）规定，法官应全面、客观地调查、收集证据，因而当时的民事诉讼模式显属强职权主义。但现行民事诉讼法规定，举证责任由当事人承担，法官只在必要时收集证据。此后，最高司法机关又作出旨在增强当事人主义色彩的民事审判方式改革的决定，民事审判方式及证据制度以比刑事审判方式更快的速度变革着。《最高人民法院关于民事诉讼证据的若干规定》第73条第1款规定：双方当事人对同一事实分别举出相反的证据，但都没有足够的依据否定对方证据的，人民法院应该结合案件情况，判断一方提供证据的证明力是否明显大于另一方提供证据的证明力，并对证明力较大的证据予以确认。其中的“明显大于”而不是“大于”，表明最高人民法院对“高度盖然性”的证明标准是持肯定态度的。这里的高度盖然性证明标准，是指低于刑事诉讼的证明标准而高于盖然性占优势的证明标准。①

第四，刑事诉讼和民事诉讼不同的价值、目的和模式，客观上要求实行二元制诉讼证明标准。②

总之，诉讼目的、诉讼模式、诉讼价值与诉讼证明标准是互相影响、互相制约的，我们应以系统论的观点客观全面地看待它们之间的联系，找出其中带有规律性、普遍的东西，以为我国诉讼制度改革和完善提供有益借鉴。纵观世界各国诉讼制度，我们发现：一

---

① 参见李浩：《民事证据立法前沿问题研究》，法律出版社2007年版，第121页。

② 参见王圣扬：《论诉讼证明标准的二元制》，载《中国法学》1999年第3期。

定的诉讼目的、诉讼价值决定了一定的诉讼模式，而一定诉讼模式能否实现其预定目的和价值，又是与诉讼证明标准密切相关的。这样，在考察证明标准之优劣时就不能孤立地进行理论的思考，而应把它置于诉讼目的、诉讼模式、诉讼价值等一整套制度和价值环境中进行考察，方能对其变革和完善作出科学的理性的抉择。

第十四章　证据制度与证明标准

一、证据制度与证明标准的关系

有学者认为，历史上的证据制度，即神示证据制度、法定证据制度和自由心证证据制度，实际上讲的或者说作为每种证据制度标志的，也就是不同的判断证据证明力的标准（即证明标准）。因而，从判断证据证明力的角度来看，证明标准同证据制度之间是一种重合关系，是同一内容的不同说法；从政治、国别或其他别的角度来看，证明标准同证据制度之间有可能为从属或并列关系。① 笔者对此观点表示质疑。

1. 证据制度同证明标准之间只能为从属关系

证据制度作为诉讼法的有机组成部分，从其包含的内容上看，是法律规定的关于证据能力、证据收集和诉讼证明等活动的规则体系。诉讼证明则包括证明主体、证明对象、证明标准、证明责任等要素。可见，证据制度同证明标准之间既有联系也有区别。证明标准只是证据制度这个集合概念中的元素。证据制度比证明标准的含义广泛得多，而不仅仅涉及证据证明力的问题。只要仍把证据制度同证明标准视为法律概念，无论从什么角度，二者只能是从属关系，而不可能是重合、并列或其他的关系。

2. 证明标准并不是证据制度唯一的标志

证据制度围绕诉讼证据而展开。诉讼证据的两个关键问题为：

---

① 参见王国枢、袁红兵：《论证明标准与证据制度》，载《政法论坛》1988 年第 5 期。

什么事实和材料应当准许作为证据使用，可以将这些能够采用的事实和材料用作何用。正因为如此，不同的证据制度下的证据特征虽各有不同，但有一点是共同的，即都涉及诉讼证据能力与诉讼证据证明力这两个问题。诉讼证据能力，也称诉讼证据资格、诉讼证据的可采性或容许性，是指“某种事实和材料可以作为诉讼证据加以提出、调查、收集和运用的资格”①。诉讼证据证明力是判断证据的中心任务，具体指的是“证据本身是否真实以及证据对于待证犯罪事实真伪、存否所具有的证明价值”②。诉讼证据能力与诉讼证据证明力因而成为证据制度的两个核心问题，且它们之间紧密联系、不可分割。诉讼证据能力是诉讼证据证明力存在的前提与基础。试想，如果某种事实和材料不允许作为证据加以提出和立证，其证明力的大小从何谈起？因此英美法系国家几乎所有的证据规则都与证据能力有关。在我国，证据能力反映为证据的合法性，证据的证明力反映为证据的客观性和关联性。证据能力与证据的证明力的统一，是我国诉讼证据不可分割的基本特征。

对于证据能力，法律上有两种限制方法：一种是积极限制方法，即积极规定何种来源和形式的证据材料可以作为证据；一种是消极限制方法，即消极规定何种来源和形式的证据材料不准作为证据。而消极限制方法又分为两种：一种是从程序限制的角度，即法律规定禁止以何种方法收集证据；另一种是从证据资料限制的角度，即法律规定禁止采纳何种证据资料为证据。③ 正由于某种事实和材料是否具有证据能力，由法律直接或间接加以限制，故一般并不存在司法人员主观判断的任意性。相比之下，现代法律对证据证明力一般不作规定，多由司法人员根据各个案件的具体情况加以判

① 申君贵：《关于诉讼证据能力之探讨》，载《政法论坛》1993 年第 6 期。

② 崔敏：《刑事证据理论研究综述》，中国人民公安大学出版社 1990 年版，第 236 页。

③ 参见刘金友主编：《证据理论与实务》，法律出版社 1992 年版，第 65 页。

断，由此司法人员评断证据证明力的依据与准则（证明标准）就显得尤为重要。这样，以证据证明力为支点的证明标准就与证据能力并列成为研究证据制度的关键问题，也成为证据制度的两个标志。可见，证明标准并不是证据制度唯一的标志，其在证据制度中虽具重要地位，但不可因此否认证据能力在证据制度中具有的同等重要的作用。

二、历史上主要几种证据制度中的证明标准

1. 神示证据制度中的证明标准

在神示证据制度下，证据的种类除了包括物证、证人证言、当事人陈述、宣誓、当事人的身体力量外，还包括超自然的力量，即神灵的启示（简称“神示”）。尤其是这种神示证据，往往起着决定作用。当诉讼中出现难以辨明的是非问题时，法官不是通过调查研究而是求助于神灵的旨意来判断。关于神示证据这一特殊证据的规定，首先是表明神示证据符合法律规定的证据种类，具有证据能力，可以用来证明案件事实；其次是表明神灵的旨意是判断案情真伪的标准。神示证据制度以神的旨义来判断案件的是非曲直，显然是唯心的和反科学的，其追求的案件事实，只能是神示真实（迷信真实）。

2. 法定证据制度中的证明标准

法定证据制度的突出特点是形式主义，对证据证明力和判断证据规则的规定，主要是根据证据的形式，不是根据证据的具体内容；对每一种证据，不考虑证据本身的真实性如何，一切证据证明力的大小以及对证据的取舍与运用，都由法律预先明文加以规定；法官不得擅自判断和取舍，必须机械地按照法律规定的条件来衡量证据的可靠程度和可靠效力。所谓法定的可靠性和证明力，就是由立法者按照证据的外部特征，把证据分为完全的和不完全的两大类。不完全的又分为半完全的、多半完全的、少半完全的。只要有一个完全证据就可以确定案件的事实，不完全的证据可以作为对被

告人进行刑讯的合法根据；几个不完全的证据，又可以构成一个完全的证据。法定证据制度形式主义发展到了极端，甚至对某类案件如何运用证据来定罪也作了规定。如《俄罗斯帝国法规全书》第312条规定：审理强奸案按照法律所规定的刑罚量刑时，必须具有下列情况：有强暴行为；有人听到被害人的呼救声；被害人和被告人要有搏斗而留下的痕迹，如血迹、伤痕、衣服被撕破等；并且还得立即报告。①

在法定证据制度下，实质上也涉及诉讼证据能力所要解决的问题，如哪些事实和材料可以作为诉讼证据加以采纳，哪些不能作为诉讼证据加以采纳，都必须符合法律的规定。但由于过分夸大了证据的依法性，反而使证据失去了客观性、关联性的属性。由于法律对证据资格未作明确、具体限制，却预先规定了一切证据证明力的大小，两相对比，让人误以为这种证据制度只规定证明力问题。实际上这种证据制度在对证据证明力的规定之中即包含了对证据能力的规定。例如，法律规定口供是完全可靠的证据。这就表明口供不但具有证据能力，而且被视为“证据之王”，具有完全可靠的证明力。只不过，法定证据制度突出强调的是证据证明力问题。

法定证据制度表明诉讼中对证据的运用已摆脱了宗教迷信，服从了法律，是人类在诉讼中从愚昧逐步走向文明的一个表现。首先，法定证据制度比神示证据制度更多地体现了人的作用。“它的出现，是人们运用自己的智力，认识到了证据的客观性，在经验积累的基础上而逐步形成起来的。当然，他们所总结的经验不可能揭示出证据的本质属性，只是看到了证据的外部特征，把一些带有偶然性的证明经验，或者是把想象中的证据及其证明力，视为普遍规律的东西，用法律形式固定下来，所以称之为形式证据制度。”②

---

① 参见刘金友主编：《证据理论与实务》，法律出版社1992年版，第16页。

② 崔敏：《刑事证据理论研究综述》，中国人民公安大学出版社1990年版，第43页。

其次，法定证据制度中对采信证据应互相印证的要求及对某些证据证明力的规定具有一定的合理成分。如法律规定：公文书证比私文书证的证明效力大；书面证据的原本比副本的证明力大；共犯的攀供，被告人在法院以外的自白或承认，间接证据、询问被告人的四邻所得到的材料为不完全或不太完全的证据等。

但法定证据制度将具有某些特征的证据的证明力，视为永恒不变的，以社会等级为标准判断证人证言的证明力的大小，否认证据的客观性与关联性，否定法官的主观能动性，因而是唯心的与形而上学的。此外，法律对证据资格及采证方面等的规定不具科学性，如可以把被告人当做特殊的证人、口供为“证据之王”、口供可以通过刑讯方式取得等规定。因此，法律在限制法官判断证据及证明力方面的权力的同时，赋予了法官在采证问题上的专横武断权力。这也决定了法定证据制度所追求的案件真实只能是形式上的真实，而很难发现案件真情。

3. 中国封建时代证据制度中的证明标准

中国封建时代最基本的刑事证据原则和制度是“罪从供定”。在被告人拒不认罪的情况下，法律授权司法官吏可以采用刑讯的方式去逼取口供。于是，口供不但具有诉讼证据能力资格，而且成为最好、最具证明力的证据，以至于形成“无供不录案”的传统做法。在古代著名的法学著作《折狱龟鉴补》中概括为“罪从供定，犯供最关重要”[①]。而对于禁止拷问的几类被告人，则采取“据众证定罪”的补充原则，如《唐律疏义》所解释的：“称‘众’者，三人以上，明证其事，始合定罪。”如果有三人证实，三人证虚，则非“明证”。从而明确了对特定罪案，证人证言具有证据能力；且只要符合法律所规定的“众证”且为“明证”，即具有定罪的证明力，而不问这些证言是否可靠。

---

① 胡文柄：《折狱龟鉴补》“草供未可全信”篇。参见陈一云主编：《证据学》，中国人民大学出版社 1991 年版，第 68 页。

我国封建王朝时期的法律，对于各种证据的效力和是否可采用为认定事实的根据，除“据众证定罪”等个别情况外，都未作明确的规定，而由司法官吏主观判断。即使“罪从供定”，如果司法官吏对招供有怀疑，也可以不予采用而再行调查。[①] 可见，在对证据证明力的判断上，法律如对某些证据的证明力有所涉及，法官则须遵照执行；法律如对某些证据的证明力丝毫未涉及，法官则根据案情运用自己的经验来判断证据。这与法定证据制度有本质的区别。而且，中国封建证据制度强调更多的是证据能力、收集证据等方面的问题。以我国唐律为例，对被告人口供，它一方面规定依法刑讯所取得的被告人口供具有证据能力，另一方面又规定禁止非法刑讯被告人及违者应负的法律责任（程序限制）；还规定凡属“八议”范围的以及年龄在70岁以上、15岁以下的被告人等不准以刑讯所取得的口供定罪，而只准“据众证定罪”（证据限制）。对于证人证言，则规定有法定亲属关系的人，部曲、奴婢对于主人，不得提供有罪证据；同时还规定80岁以上、10岁以下以及有严重残疾的人不许作证人。[②] 因而，有的学者套用“法定证据制度”来概括中国封建证据制度，是不贴切的。

4. 自由心证证据制度及证明标准

自由心证是指对证据的取舍及证明力的大小及其如何运用，法律不作预先规定，完全交由法官秉诸“良心”、“理性”自由判断，形成内心确信，从而对案件事实作出结论。[③] 自由心证证据制度主要内容可归纳为如下两点：一是证据由法官自由判断，二是法官在内心确信不疑。一切诉讼证据证明力的大小及如何运用证据，法律预先不作规定，完全由法官自由判断和取舍。法官通过对证据的审

---

① 参见刘金友主编：《证据理论与实务》，法律出版社1992年版，第39页。

② 参见刘金友主编：《证据理论与实务》，法律出版社1992年版，第66页。

③ 参见王银洲、张邦铺：《论自由心证及其限制》，法制出版社2007年版，第2页。

查判断所形成的内心信念，称为“心证”；达到深信不疑的程度，叫做“确信”。法官审判案件只根据自己的“心”来认定案件事实。

“资产阶级革命思潮所引发的人权和自由观念的勃兴，使得以残忍等非人道的刑讯逼供为常态的证据制度成为众矢之的”①，以自由心证制度取代法定证据。自由心证证据制度是对法定证据制度的彻底否定，它的建立不仅是证据史上的革新，而且引起了诉讼制度的变革。表现在：废除了刑讯逼供，实行双方对等辩论原则，确定了举证责任由控诉人负担的原则，使被告人获得了诉讼权利；规定了一系列证据资格法则，确定了证据证明力由法官自由判断、法律上不能预先加以规定的思想，等等。在证明标准上，自由心证原则要求法官在综合判断案件一切证据的基础上形成“内心确信”，以此为标准来判断案件。内心确信的实质是盖然性，即所认定的事实不可能是绝对真实，只能是最接近于真实的那种真实。

我国有不少学者认为，从诉讼理论上来看，盖然性观点表明自由心证证据制度追求的案件真实只能是主观真实、实质真实、相对真实或高度的盖然性，不可能达到客观真实。因而认为其同马克思主义辩证唯物主义理论相背离，同我国诉讼法所规定的“以事实为根据，以法律为准绳”的原则相违反，同我们为忠于事实真相而建立的证据制度格格不入。

三、对我国证据制度客观性证明标准的评析

我国当前实行实事求是的证据制度。三大诉讼法中，根据刑事诉讼法、民事诉讼法和行政诉讼法相关规定可以看出：民事诉讼、行政诉讼中对被告法律责任的确定及刑事诉讼中的定罪，都要求承担证明责任的一方将案件事实证明到客观真实的程度，具体标准是

---

① 肖建华主编：《民事证据法理念与实践》，法律出版社2005年版，第368页。

“事实清楚，证据确实、充分”。即以辩证唯物论为指导，以事实为根据、以法律为准绳，实事求是地查明案件真相，恢复案件事实的本来面貌。客观真实的标志是：（1）据以定案的证据均已查证属实；（2）案件事实均有必要的证据加以证明；（3）证据之间，证据与案件事实之间的矛盾得到合理的排除；（4）结案时认定的事实和情节都有相应的证据予以证明；（5）得出的结论是唯一的，排除了其他可能性。① 并认为这是我国证据制度与追求主观真实的自由心证证据制度的本质区别。然而客观真实这一目标的实现只是一种可望而不可即的理想，我们不可无视理想与现实的差距。而且，客观真实也并非诉讼证明的最高价值目标，因为证据制度的宗旨在于保证通过正当程序来揭示法律意义上的真实。内心确信或盖然性标准表面上显示案件事实尚未达到客观真实、绝对真实的程度，似乎违背了辩证唯物主义理论，但实际上，这一标准并不违背辩证唯物主义理论，且是具有可操作性的诉讼证明标准。

1. 从认识活动的角度来看，客观真实是可望而不可即的理想

从认定案情的角度来看，证明活动中包含有发现事实真相的认识活动。但是，由于具体人的认识能力的有限和案件事实的特殊性，我们无法达到客观真实。唯物主义认识论主张世界是可知的，人的认识能力是无限的，可以认识一切客观真理。但是这里说的“人”是指人类总体而言。而对具体的人来说，他们的认识则是有限的。恩格斯在《反杜林论》中曾经精辟地指出：一方面，人的思维的性质必然被看做是绝对的，另一方面，人的思维又是在完全有限的思维着的个人中实现的。这个矛盾只有在无限的前进过程中，在至少对我们来说实际上是无止境的人类世代更迭中才能得以解决。从这个意义上来说，人的思维是至上的，同样又是不至上的，它的认识能力是无限的，同样又是有限的。按它的本性、使

① 参见陈光中主编：《刑事诉讼法》（第二版），北京大学出版社、高等教育出版社2005年版，第186页。

命、可能和历史的终极目的来说，是至上的和无限的，按它的个别实现和每次的现实来说，又是不至上的和有限的。①

首先，对具体的法官来说，他们对证据和案件事实的认识是属于认识的个别实现，不可能达到无限至上的程度，即不可能达到绝对真理（百分之百的客观真实），而只是达到相对真理（接近于客观真实）。相反，认为法官对案件具有完全的认识能力并且对事实的认定能够达到绝对真实的观点，反而有悖于辩证唯物主义认识论。

其次，由于案件事实发生在过去，时间的不可逆性决定了案件事实的不可重复性与法官认识活动的逆向性。虽然科学技术手段的进步会提高人类的认识能力，帮助人们提高再现事实的真实程度，但已发生的事实无法像镜中的人像一样，得到完全的重复或再现。这就如数学中的极值概念一样，我们的认识可以无限接近客观事实，但永远无法达到与客观事实的完全一致。②

再次，对证据的收集和使用要受到时空条件的制约，对案件的认识程度要受到法官文化、道德、业务素质等主观因素的影响，这使得法官对证据和案件事实的判断不可避免地带有一定的局限性和模糊性，与原来的实际情况无法重合，而是有些偏差。当然，这里的“偏差”是就案件的事实与证据的整体而言。判断证据认定案情，是在综合一切证据与案情的基础上的，故内心确信与盖然性也是就案件事实与证据的总体而言的。但就案件事实的某个情节或某个证据而言，则要求且有可能与原来的实际情况完全重合，如在犯罪主体的认定上，往往要求绝对准确，不能有丝毫差错。

此外，证据和案件事实并不是绝对客观的。例如，一切言词证据（证人证言、被害人陈述、被告人供述或辩解以及鉴定结论

① 参见《马克思恩格斯选集》第3卷，人民出版社1995年版，第427页。

② 参见任伊珊、田应朝：《对“以事实为根据”的再认识》，载《政法论坛》1999年第1期。

等），就不可能是纯客观的东西。因为这类证据本身就包含了提供证言的人自己对发案经过的感受、识别、判断和记忆这样一些主观方面的因素。[①] 再如，案件当事人的主观心态（包括动机、目的或意思表示等）只保留于其本人头脑中，别人无法从外部直接观察得知。只有当事人本人才能说得清，有时甚至连本人也说不清自己真实的心态。[②] 恩格斯在《自然辩证法》中曾指出：一切差异都在中间阶段融合，一切对立都经过中间环节而相互过渡，对自然观的这种发展阶段来说，旧的形而上学的思维方法就不再够了。辩证法不知道什么绝对分明的和固定不变的界限，不知道什么无条件的普遍有效的“非此即彼！”，它使固定的形而上学的差异互相过渡，除了“非此即彼！”，又在适当的地方承认“亦此亦彼！”，并且使对立互为中介。[③] 可见，认为证据和案件事实总是绝对客观、认为主观与客观之间绝对分开的观点，反而是有悖于辩证法原理的形而上学的观点。

2. 从法律实施的角度来看，客观事实并非诉讼证明的最高价值目标

围绕着证据运用所进行的活动无论具有何种诉讼类型，都是以解决利益争端和纠纷为目的的法律实施活动。[④] 证明活动要受到诉讼程序的限制，而不单纯是发现事实真相的认识活动。诉讼程序对法官证明活动的限制主要表现在两方面：（1）诉讼中包含一系列法律规则的适用。法官必须主要以开庭的方式，并适用证据能力法则、举证原则、辩论原则等系列法律规则，来审查、判断证据，认

---

① 参见崔敏、张文清主编：《刑事证据的理论与实践》，中国人民公安大学出版社1992年版，第38页。

② 参见任伊珊、田应朝：《对“以事实为根据”的再认识》，载《政法论坛》1999年第1期。

③ 参见《马克思恩格斯全集》第20卷，人民出版社1971年版，第554、555页。

④ 参见陈瑞华：《刑事诉讼的前沿问题》，中国人民大学出版社2000年版，第197页。

定案情。法官的认证必须建立在控辩双方举证、质证、辩论的基础上。法官必须以令人信服的方式解释其认证及裁判的理由与根据。(2）诉讼中包含着一系列法律价值的选择与实现过程。从公正审判的角度考虑，法官不能与某一方当事人进行单方接触。从诉讼效率的角度来考虑，办案须在法定诉讼期间内完成。从人权保护的角度来考虑，刑事被告人在其罪过未经判决之前，应推定其无罪，并由此而引申出两项原则：其一是保障被告人诉讼权利原则，允许被告人自行辩护或请律师为其辩护；其二为“有利被告”原则，即对认定被告人有罪的证据存在合理怀疑时，应作出有利于被告人的解释。具体地说，在有罪或无罪难以确定时，应推定被告人无罪；在罪重或罪轻难以确定时，应推定为轻罪；在部分犯罪事实已经确证，而另一部分犯罪事实存在疑问时，存疑的那部分罪行应推定其不能成立；在行为人主观上是故意还是过失难以分清时，应以过失认定。①

诉讼规则的适用与法律价值的选择、适用，使得法官就争端和纠纷所作的裁判结论，并不一定非得追求客观真实或建立在客观真实的基础上不可，这也是实事求是原则及以事实为根据、以法律为准绳原则所取代不了和包括不了的内容。例如，在刑事诉讼中，用实事求是原则来处理疑罪问题，那完全是文不对题，因为实事求是的前提是查明案件事实，如果都能实事求是地来处理，那就不存在疑罪了。疑罪之所以存在，就是由于案件事实一时无法查清，因而也就无法适用实事求是的原则来处理。② 刑事诉讼中的控方如不能向法庭提供确实、充分的证据证明被告人有罪，法庭就会直接作出无罪判决，而不是等待控方再行补充收集证据后才行判决，这是由

---

① 参见崔敏、张文清主编：《刑事证据的理论与实践》，中国人民公安大学出版社1992年版，第313页。

② 参见崔敏、张文清主编：《刑事证据的理论与实践》，中国人民公安大学出版社1992年版，第316页。

在追求诉讼效率下争端及时解决的要求所决定的。在审判中法官仅需要查明“有特定法律意义的冲突过程中的某些事实，而并非冲突由始至终所出现的一切事实”①。适用非法证据排除规则时，即使某些非法证据对案件客观事实的证明力很强，但也不能承认其证据能力。这些证据规则的存在起到了对进入法官自由评价视野的证据的预先过滤作用，将那些容易误导法官产生偏见的证据尽早排除在自由评价之外。②

此时，裁判者的裁判结论作为对有关利益争端所作的解决方案，并没有建立在案件真相得到查明的基础上。换言之，诉讼所蕴含的认识活动即使不能最终完成，或者并无明确的结果，裁判者也必须作出旨在解决争端的法律裁判结论。可以说，利益争端的解决，诉讼目的的完成，有时完全可以与事实真相是否得到查明毫不相干，而直接体现出裁判者对法律的理解和对法律价值的选择。③这在最高人民法院的某些司法解释中就直接得以反映。例如，依据《最高人民法院关于民事诉讼证据的若干规定》第 8、9 条的规定，一方当事人对另一方陈述的案件事实和提出的诉讼请求，明确表示承认的和已为人民法院发生法律效力的裁判所确定的事实，无须当事人举证就可直接作为案件事实。这种规定的目的是为了追求诉讼效率这一价值目标。足可见客观真实并非诉讼证据制度的唯一价值目标和最高价值目标。

在程序法的严格限制下，多种价值目标互相斗争与互相妥协，这使得法官所认定的事实不是客观事实，不可能达到“客观真实”；只可能是“法律上的事实”，只可能达到“法律真实”。随着

---

① 柴发邦主编：《体制改革与完善诉讼制度》，中国人民公安大学出版社 1991 年版，第 866 页。

② 参见秦崇文：《自由心证研究——以刑事诉讼为中心》，法律出版社 2007 年版，第 118 页。

③ 参见陈瑞华：《刑事诉讼的前沿问题》，中国人民大学出版社 2000 年版，第 198 页。

我国民主与法治的发展，诉讼证明功能与价值目标必将由单一的追求客观真实向追求公平、效率及保障当事人合法权益以及遵循法律求得案件法律真实并重的趋势发展。客观真实标准给人们的似乎并不是一副非常美好的景象，正如有学者指出的那样："就诉讼来说，如果把客观真实作为事实认定的标准，那么，宣布客观真实的权威就只能是司法机关，一旦司法机关宣布其认识的事实就是客观事实，那么公民就很难通过诉讼程序对这种认识提出挑战。因为诉讼程序在这种情况下不可能有效约束司法人员对客观事实的认识。"①

四、内心确信证明标准能否引入我国证据制度

我国学者多数主张，应该采取批判继承的态度，辨证地、历史地看待自由心证证据制度。然而在将"内心确信"作为证据制度证明标准是否科学及可否将其引入我国证据制度中这一问题上，多数学者持否定态度。主要理由可归纳如下：（1）内心确信属于主观认识或思想范畴，而对证据证明力的评定或判断同样是人的主观认识。用同属于对客观外界反映的主观因素来检验主观因素，即用自己的主观意识、感觉来检验自己的主观判断，结果如何，值得怀疑。②（2）自由心证原则的本质是唯心主义的，它在对证据进行判断的时候，只要求"在自己的良心深处探求……"，注意"在自己的理性里发生了什么印象"，认为经过审判员确信得出的结论是唯一正确的，而不要求这个结论是否和案件的客观真实相一致。这就把存在于审判员内心的所谓"良心"、"理性"作为判断证据的标

---

① 锁正杰：《刑事程序的法哲学原理》，中国政法大学出版社 2002 年版，第 108 页。

② 参见王国枢、袁红兵：《论证明标准与证据制度》，载《政法论坛》1988 年第 5 期。

准，因而是唯心主义的。[①]（3）自由心证原则并不能使审判员正确发挥在判断证据上的作用。在采用自由心证能否解决审判员在审判案件时犹豫不决或人云亦云等问题上，应具体分析。如果犹豫不决的产生，是由于证据材料不足，而硬要加以“确信”，也是盲目的，无助于问题的解决。如果犹豫不决是受了外界的压力，对正确的东西不敢坚持原则而人云亦云，这倒需要有敢于确信的精神，但是在这种情况下，往往不是依靠自由心证所能解决的。[②]（4）自由心证同我国司法机关在党的领导下独立审判规定的精神相矛盾。自由心证或内心确信原则是同资本主义国家实行的法官独立或审判员独立分不开的。而我国审查判断证据的主体，不只是单一的个人，而主要是一个集体，即侦查机关、检察机关和审判机关。[③]（5）自由心证同我国判断证据实事求是的指导思想、原则不相符合。自由心证或内心确信就是由法官根据自己的良心、理性和法律意识自由判断证据，并且不需要说明它的根据和理由，这就为主观臆断、武断专横大开方便之门。[④]（6）自由心证制度虽然在反对封建司法制度中起过历史的进步作用，但是，资产阶级法官所谓的良心、理性，摆脱不了资产阶级世界观和资产阶级的道德准则，归根到底它是为资产阶级利益服务的。[⑤]

笔者认为以法官内心确信（心证）（在此，用孔子的一句话来概括自由心证的精神颇为恰当，即它要求司法者在认定事实时做到

---

① 参见徐益初：《自由心证原则于判断证据的标准》，载《法学研究》1981 年第 2 期。

② 参见徐益初：《自由心证原则与判断证据的标准》，载《法学研究》1981 年第 2 期。

③ 参见张子培：《评资产阶级自由心证》，载《北京政法学院学报》1982 年第 2 期。

④ 参见张子培：《评资产阶级自由心证》，载《北京政法学院学报》1982 年第 2 期。

⑤ 参见徐益初：《自由心证原则与判断证据的标准》，载《法学研究》1981 年第 2 期。

"从心所欲，不逾矩"[①]）作为证明标准来判断证据，是人类文明在法律体系上的重要成果，是确定案件事实的重要保障。故对以上否定理由不能接受，斗胆陈述观点如下：

（1）应正确理解自由心证中的"自由"的本来含义。自由心证中的"自由"，如同我国法院独立原则中"独立"只具有相对意义一样，也只具有相对意义，只是相对法律对各种证据证明力预先规定和禁止他人非法干涉的自由，并非随心所欲的含义。而法官对证据证明力的判断则必须依据事实、依据法律。既然全部诉讼活动均围绕事实和法律展开，具体表现在法官身上，就是要遵守法定程序，依据证据来认定案件事实。如果没有这个前提，诉讼何存？我们不可因自由的相对性来否定自由心证提法的合理性，正如我们不能因独立的相对性而否定法院独立原则提法的合理性一样。我们更不可以仅从自由的表面将自由绝对化理解，认为自由便是法官可以只依据良心、理性，或是主张让法官办案时主观主义地随心所欲、漠视一切证据事实。自由心证虽然让法官自由判断案件事实，但并不意味着法官可以恣意判断。证据的取舍选择、对证据的评价必须要符合逻辑上和经验上的法则，而且经验上的法则必须要有科学根据。无论是在立法上，还是在理论上，自由心证制度对法官判断证据均有一定的限制。例如，《日本刑事诉讼法》第318条规定："证据的证明力由法官自由判断。"但紧接着第319条又规定，当被告人的自白成为对他不利的唯一证据时，法官不得将其作为有罪的根据。此外，为了既防止法官在运用证据裁判案件方面的绝对自由，又避免法官受到不应有的限制，西方学者认为，法官自由心证的形成，只有具备以下四个条件，才能认为是合法的：①内心确信必须是从本案情况中得出的结论；②它必须是基于一切情况的酌量和判断；③考察判断这些情况的时候，必须不是彼此孤立的，而是

① 参见汪建成、孙远：《自由心证新论——"自由心证"之自由与不自由》，载《证据学论坛》第2卷，中国检察出版社2000年版，第333页。

它们的全部总和；④内心确信必须是对每一证据依证据的固有性质和它与案件的关联加以判断的结果。[①]

（2）“内心确信”可以作为判断证据证明力的标准。首先，内心确信是指法官对于证据事实和案件事实所下结论的正确与可靠的信念。审判的过程是一个主观判断的过程。[②] 毛泽东同志曾经指出，指挥员的正确部署来源于正确的决心，正确的决心来源于正确的判断，正确的判断来源于周到的和必要的侦察，和对于侦察材料的连贯起来的思索。这里讲的建立在正确判断基础上的“正确的决心”，放在诉讼法中对证据的判断上，就是“正确依据证据裁决案件”。试想：如果一个法官对裁决案件所依据的证据是否真实与可靠心里没有把握（即未达到“确信”）而盲目对案件作出处理，这该是多么荒唐的事情。“为避免这种现象的发生，我们应当把实际上存在的，并为我们所需要的内心确信，作为判断和使用证据的原则明确地确立起来，把自在的东西变成自为的东西。”[③] 其次，“内心确信”是法官在综合判断案件的一切证据的基础上形成的。内心确信是法官从各类证据中推论出来的结论，是以被采用的、与诉讼规则相符合的各种证据为依据的。也就是说，“内心确信”在其存在形式上是主观的，但其来源和内容则是客观的。故其虽然形式主观，但却可以作为判断证据证明力的标准。

（3）自由心证有利于法官正确发挥在判断证据中的作用。认为自由心证不能使审判员正确发挥在判断证据中的作用的观点，其理由不能令人信服。首先，自由心证强调法官思维与判断的自主与独立，有利于防止法官受到外界的非法干涉，从而发挥法官的作用。其次，内心确信是在综合判断一切证据的基础上形成的确定无

---

① 参见王红岩、周宝峰主编：《证据学》，内蒙古大学出版社 1993 年版，第 200 页。

② 参见肖建华：《诉讼证明过程分析》，载《人大法律评论》第 2 卷，中国人民大学出版社 2000 年版，第 98 页。

③ 王诤：《论刑事诉讼证据的判断》，载《法学研究》1980 年第 4 期。

疑的内心感觉，也就不会有因证据材料不足而犹豫不决、硬要加以确信的情况存在。因为如果法官因证据不足而犹豫不决，那就表明存在合理怀疑，就不可能形成确定无疑的内心确信了，确信排斥硬要确信，否则，确信也就变质了。

（4）审判方式的深化改革呼唤法官独立。正是由于我国实行人民法院独立审判的原则，而不是合议庭独立审判，更不是法官独立审判，才会出现“审者不判”、“判者不审”的审与判分离的习惯做法，导致多数人民法院不当庭认证、当庭宣判，导致开庭审理失去其应有意义，更使得审判人员责权不分，积极性不高，甚至产生依赖思想。不少有识之士已经认识到此问题的严重性，正在积极倡导实行法官独立，以此深化审判方式的改革。自由心证或内心确信与法官独立相一致，而与我国法院独立不相协调。但能否就此否定引入自由心证或内心确信的合理性呢？答案是不言自明的。

（5）用发展的观点看待自由心证或内心确信。自由心证原则在法国最初建立时，的确不要求法官说明心证的根据和理由。但是事物是发展的，自由心证也在不断完善。法国1957年刑事诉讼法典在自由心证的规定上，对1808年刑事诉讼法典作了修改，增加了法官要以书面形式说明心证形成的根据和理由的规定。其他实行自由心证或内心确信的国家也作了类似的规定，如日本刑事诉讼法典、俄罗斯刑事诉讼法典等。而今天当我们在讨论能否引进自由心证原则的这一问题时，自然只能针对完善后的自由心证原则，而不是其他。

（6）正确理解实事求是原则与内心确信或盖然性原则的关系。实事求是原则对证据制度的指导作用是无可置疑的。但这项原则的指导作用不仅不能代替证据制度中的一系列具体原则和规范，“而且还意味着既需要具体原则和规范来体现，也不能否定诉讼制度的特殊规律所决定的原则及规范具有的不可取代的价值”①。内心确信或盖然性原则如同刑事诉讼制度中的审判独立、上诉不加刑、无罪推定等原则一样，属于既不能为实事求是原则所代替或否定，也为诉讼客观实际情况所决定的原则。这是由诉讼过程的双重性所决定的。诉讼过程，“一方面是查明案件事实真相的认识过程，另一方面又是对案件事实进行法律评断的过程。这种双重属性在两个方面要求诉讼中实行特殊原则。”② 如果被认识的事物无法达到客观真实时，作为认识过程，按照实事求是的要求，就不能作出确定性结论，而应当无限期地延长，直到查明事实真相为止。但作为设定有一定诉讼期限的法律评断过程，则要求法官在法定的诉讼期限，即便在不能查明事实真相的情况下，也必须作出确定性的结论。这就要求法官在综合现有一切案件材料的基础上，依内心确信或盖然性原则对案件作出裁判。

（7）法律原则的阶级性不能成为否定法律借鉴的绝对理由。审判独立、公开原则、无罪推定原则、合议制、辩护制等，最初也是由资产阶级提出并在资本主义国家的法律中加以确立并具有阶级性，但仍能为我所用；内心确信原则最初是由资产阶级提出并在其法律中加以确立，的确具有阶级性，但这同样不能成为否定我们借鉴内心确信原则的理由。因此，是否借鉴内心确信原则，重要的是其是否有为我所用的价值，而不是由国家性质与其阶级性质所决定。“人类文明在法律体系上的成就，并不将国度视为互相借鉴、吸收的障碍。当其‘合理内核’与另一体系相协调，并为另一体系发展所需要时，就可能被另一体系所接受。”③

（8）我国司法实践对于自由心证的探索。这主要体现在最高

---

① 樊崇义主编：《刑事诉讼法学研究综述与评价》，中国政法大学出版社 1991 年版，第 244 页。

② 攀崇义主编：《刑事诉讼法学研究综述与评价》，中国政法大学出版社 1991 年版，第 245 页。

③ 郑禄：《诉讼证明的中国传统模式初探》，载《政法论坛》1993 年第 1 期。

人民法院颁布的《关于民事诉讼证据的若干规定》。《证据规定》第64条指出："审判人员应当遵照法定程序，全面、客观地审核证据，依据法律的规定，遵循法官职业道德，运用逻辑推理和日常生活经验，对证据有无证明力和证明力大小独立进行判断，并公开判断的理由和结果。"该条规定吸纳了自由心证原则的精髓，是自由心证原则的写照。在理论界对自由心证原则的理解尚存在较大分歧时，尽管这只是最高人民法院在司法领域内的一项解释，尚不具备证据法上的法律地位和效力，但无疑宣示了我国司法界对自由心证原则的肯定和认可的积极态度，对我国的司法实践和证据立法都将产生深远的影响。

五、我国证据制度的命名

我国应当是一个什么样的证据制度？对此，我国诉讼法学者做了大量的研究工作。在对证据制度的命名上，大体上有四种类型：

（1）通用观点。即实事求是的证据制度，这也是诉讼法学界多数人的主张，乃主流观点。但这种提法有一般化与空泛化之嫌。"实事求是"是一个含义非常丰富的概念。它包括：一切从实际出发，调查研究，如实反映情况，按照客观规律办事，主观和客观相统一，理论和实践相结合等内容。① 它是毛泽东思想的精髓，是我党的思想路线，是一个普遍适用的原则。然而，用其作为证据制度的名称却不够准确。首先，它不是专用于诉讼活动的特殊原则，缺乏诉讼的特征。它的指导作用很普遍，大到国家方针政策的制定，小到单位日常工作的处理。其次，由于其可以适用于一切诉讼活动，因而无法反映证据制度不同于其他诉讼制度的特征。例如，在刑事诉讼中，它适用于从立案侦查到判决执行的每一个诉讼阶段和诉讼环节。

---

① 参见崔敏：《刑事证据理论研究综述》，中国人民公安大学出版社1990年版，第61页。

（2）把事实与法律连接起来加以概括。具体包括："依法求实"、"循法求实"、"真凭实据"、"实据定案"、"以证求实"、"择实使用"、"依法调查、实据求是"等提法。这些提法不外乎强调两点：一是在审查判断证据过程中必须遵守法定程序；二是证据和案件事实都必须真实可靠。① 这些提法实质是对以事实为依据、以法律为准绳的诉讼活动原则的简化，因而可以适用于一切诉讼活动，同样无法反映证据制度不同于其他诉讼制度的特征。

（3）从客观性证明标准的角度加以概括。主要包括："客观验证"、"实质真实"、"客观真相"、"据实主义"等观点。主要强调两点：一是证据制度应从证明标准的角度去概括；二是我国应确立客观性的证明标准。这种观点注意到了证据制度的特殊本质，因而从证明标准的角度加以概括，是对第一、二种观点的突破。但仅仅从证明标准的角度去概括证据制度还不够全面。此外，诉讼证明标准是否可以定位为客观真实，还是一个令人质疑的问题。

（4）对历史批判继承的观点。主要包括："法定确信"、"法定确认"等提法。这种观点认为判断证据既要依法进行，又要办案人员确认或确信，因而主张把法定证据制度与自由心证证据制度互相取长补短，将法定原则与心证原则的积极因素相结合来概括我国的证据制度。这种观点不但立足于证据制度自身的特殊本质，而且注意吸收历史上证据制度的先进成果，较前三种观点进步，但对我国证据制度应吸收何种形式的"法定"未作区分，因而也不够准确。

笔者认为我国证据制度应为对证据能力加以限制的实质法定，因而在对我国证据制度的命名上，应从证据制度的两个标志（证据能力、证明标准）出发，加以概括为实质法定确信证据制度。理由如下：

---

① 参见王国枢、袁红兵：《论证明标准与证据制度》，载《政法论坛》1988年第5期。

1. 我国证据制度不应仅从证明标准这一个方面去加以概括

有学者认为，“从‘自由心证’、‘内心确信’等有关证据制度的经典概括来看，其含义均指法官在审判活动中判断证据认定事实的规则，可见证据制度概念只应界定在法官判断证据确认事实的行为规则这一范围之内。”① 笔者对此不敢苟同。

首先，这种观点似乎在证明“存在就是合理”这个论点。然而辩证法早已告诉我们不能以静止、片面的观点来看待现有的事物，现存的未必是合理的。同样在证据制度概念的界定上，不能因为自由心证制度从证明标准或从判断证据认定事实的角度去界定，我们就必须遵照去做。

其次，从表面上看，自由心证仅着眼于对证据证明力的判断上，是对内心确信证明标准的概括。但实际上，在立法上规定自由心证原则的资本主义国家，实行的均为证据能力法则同自由心证相结合的证据制度。无论是英美法系国家还是大陆法系国家，其证据法都规定了若干法则以确定诉讼证据能力。在英美法系国家，由于在诉讼结构上奉行当事人主义，并主要由陪审团裁决证据，因此，在法律上规定完整的证据能力法则，对可以使用为证据的范围严格限制，主要采用的法则有排除法则、预防法则、传闻法则、优先法则和数量法则。大陆法系国家由于在诉讼结构上奉行职权主义，而且多数国家已放弃了陪审制度，因而对诉讼证据能力的限制不多，但仍然存在一些与诉讼证据能力的确定有关的诉讼证据可采性法则，主要包括直接审理原则、任意性法则、关联性法则、传闻法则、合法性法则和意见法则。② 因而，“从严格的定义来说，资本主义所实行的证据制度，并不仅仅是一项‘自由心证’制度，还

---

① 徐静村：《证据制度辨析》，1993 年全国诉讼法学研究会年会论文。

② 参见申君贵：《关于诉讼证据能力之探讨》，载《政法论坛》1993 年第 6 期。

应包括其他一系列原则和规范”①，除了前述的证据能力法则外，还有无罪推定原则、辩论原则及其他规范和法则。

此外，自由心证证据制度概念是在反对法定证据制度的基础上提出的，具有针对性。中世纪封建专制纠问式诉讼制度下产生的法定证据制度显著的特点就是否定法官判断证据的主观能动性，然而这却与新生资产阶级自由、人权的新思想相背离。因而当资本主义生产关系形成以后，在反对旧的诉讼制度的过程中，资产阶级代表杜波尔建议废除法定证据制度，主张应允许法官在形成内心确信的基础上，对证据自由作出判断。此议案经过各派政治势力的争议与较量，最后获得通过。可见，将自由心证作为证据制度的名称，已不可避免地带有时代局限性和政治色彩的烙印，因而不可能具有永恒借鉴意义。

2. 我国证据制度应为对证据能力加以限制规定的实质法定证据制度

“法定（法律规定）”有两种形式。一是法律明文对证据能力加以限制规定，通常被称为实质法定。英国的证据制度就是这样的实质法定证据制度，它规定有若干刑事规则加以限制证据能力，如最佳证据法则、传闻证据法则、非法证据排除法则等。二是法律明文对证据证明力加以规定，通常被称为形式法定。欧洲中世纪的法定证据制度就是典型的形式法定证据制度。就我国证据制度而言，目前实施的且应当采纳的均为实质法定，而非形式法定。

我国法律对证据能力的限制主要是积极限制，即法律具体规定何种机关和人员、具有何种形式和来源的证据具有证据能力。例如，我国《刑事诉讼法》第48条规定：“可以用于证明案件事实的材料，都是证据。证据包括：（一）物证；（二）书证；（三）证人证言；（四）被害人陈述；（五）犯罪嫌疑人、被告人供述和

① 崔敏、张文清主编：《刑事证据的理论与实践》，中国人民公安大学出版社1992年版，第6页。

辩解；（六）鉴定意见；（七）勘验、检查、辨认、侦查实验等笔录；（八）视听资料、电子数据。”2012 年《民事诉讼法》第 63 条规定，证据包括：（1）当事人的陈述；（2）书证；（3）物证；（4）视听资料；（5）电子数据；（6）证人证言；（7）鉴定意见；（8）勘验笔录。由 2012 年刑事诉讼法和民事诉讼法的规定中可以看出一个很明显的变化就是将电子数据归入法定证据当中，并且将鉴定结论改为鉴定意见，勘验检查笔录改为勘验、检查、辨认、侦查实验笔录，这种规定更加科学，也更加合理。《行政诉讼法》第 31 条规定：“证据有以下几种：（一）书证；（二）物证；（三）视听资料；（四）证人证言；（五）当事人的陈述；（六）鉴定结论；（七）勘验笔录、现场笔录。”

与此同时，我国法律也作了某些消极规定，主要是程序性限制规定。《刑事诉讼法》第 50 条规定：严禁刑讯逼供和以威胁、引诱、欺骗以及其他非法方法收集证据。《行政诉讼法》第 33 条规定：在诉讼过程中，被告不得自行向原告和证人收集证据。此外，法律上也作了某些证据资料的消极限制规定。例如，《刑事诉讼法》第 60 条规定：生理上、精神上有缺陷或者年幼，不能辨别是非、不能正确表达的人，不能作为证人。《刑事诉讼法》第 53 条规定：只有被告人供述，没有其他证据的，不能认定被告人有罪和处以刑罚。《民事诉讼法》第 72 条规定：不能正确表达意思的人，不能作证。这些规定表明，三大诉讼法都直接或间接地规定了证据的法定形式、证人的主体资格等内容。至少说明，在我国，不符合证据法定形式或不符合证据三大特征（客观性、关联性、合法性）的事实和材料及非作证主体所作的陈述，不具有诉讼证据能力，不予采纳。

虽然我国有关证据的法律规范中实质上都存在诉讼证据能力问题，但从立法上看，我国没有统一的证据法典，有关证据的法律规定散见于刑事诉讼法、民事诉讼法、行政诉讼法等相关法律规范中。在这些法律规范中，没有明确的诉讼证据能力概念及基本法则。从理论界来看，我国一些学者以实体真实为立足点，甚至提出证据只要经查证属实便应肯定其证据效力而不论其非法与否的主张。正因为受片面追求客观真实的影响，“程序工具主义”、“重实体、轻程序”的观点在我国仍很盛行，非法证据排除规则、直接言词规则、沉默权规则等在我国诉讼法中难以确立。由于“公正的法治秩序是正义的基本要求，而法治又取决于一定形式的正当过程，正当过程又通过程序来实现”①，因而，证据能力规则的确立与正当适用在证据制度中显得越来越重要。故在我国制定统一的证据法，明确规定包括证据能力法则在内的一系列诉讼采证规则尤显得必要。也正因如此，最高人民法院、最高人民检察院、公安部、国家安全部和司法部于2010年6月联合发布了刑事证据运用的两个规定，即《关于办理死刑案件审查判断证据若干问题的规定》和《关于办理刑事案件排除非法证据若干问题的规定》。“两个证据规定”对办理刑事案件，特别是死刑案件证据的审查判断和运用作出详细规定，并对刑事诉讼中的非法证据排除规则加以完善。这是刑事诉讼司法改革的重大成果，也是我国证据制度改革的重大成果，对丰富刑事证据理论，完善刑事证据制度，健全证据立法有非常大的促进意义。我们应当积极贯彻两点，一是将“两个证据规定”贯彻执行，二是择机将“两个证据规定”的有关内容上升至法律层面，予以立法完善，以此来促成我国统一的证据法的制定。

对全人类包括资产阶级在内所取得的一切积极成果，采取剔其糟粕、取其精华的批判继承态度，是马克思主义历来的原则立场。马克思、恩格斯在批判古典哲学的基础上，吸收其精华创立了马克思主义哲学；在批判古典政治经济学的基础上，吸收其精华创立了马克思主义政治经济学；在批判空想社会主义的基础

① 王国辉：《论法治社会与现代程序法概念的重塑》，载《政治与法律》1988年第8期。

上，吸收其精华创立了科学社会主义理论。马克思、恩格斯对人类文明成果所采取的批判继承态度，正是我们对历史上证据制度所应采取的态度。这也是笔者认为我国应将证据标准定位在追求法律真实上，具体以内心确信（心证）或盖然性作为证据标准，然却将证据制度定名为实质法定确信制度的重要理论依据。

第十五章　诉讼证明标准的多元制

一、西方国家的诉讼证明标准及其理论支撑

1. 来自不同法系的证明标准及其同质性

大陆法系与英美法系的诉讼证明标准表述不同，大陆法系证明标准的表述是“内心确信”，如法国1957年《刑事诉讼法》第304条规定，法官和陪审官应以“诚实自由的人们所应有的公平与严正，根据指控证据与辩护理由，凭借着自己的良心与确信作出判断”。[①] 同样，在民事诉讼中，法律也赋予法官自由判断证据的权力。那么，在民事诉讼中，是否也要求法官确立内心信念呢？法国学者认为，对于民事案件，法院所裁判的事实问题不必达到绝对真实的程度，而只要具有某种盖然性（一种大致的可能）即可。[②] 因而，民事诉讼证明标准与刑事诉讼证明标准是有区别的。

在英美各国，针对上述两种不同诉讼的证明标准，其要求及程度是有较明显差别的。英美刑事诉讼证明标准是“排除合理怀疑”的标准。所谓合理怀疑，美国加利福尼亚州刑法典对其表述为：“它不仅仅是一个可能的怀疑，而是指该案的状态，在经过对所有

---

① 参见徐静村主编：《刑事诉讼法学》（上），法律出版社1997年版，第179页。

② 参见毕玉谦：《证明标准研究》，载《诉讼法论丛》第3卷，法律出版社1999年版，第429页。

证据的总的比较和考虑之后，陪审员的心理处于这种状况，他们不能说他们感到对指控罪行的真实性得出永久的裁判已达到的内心确信的程度。"① 有人也认为合理怀疑是陪审员没有将（有罪）事实证明到道德上确信程度时的一种状态。② 有人还认为所谓的"怀疑"，应当是合情合理的可以说出理由的怀疑，并非无故置疑。③ 显然，通过排除那种可疑的状态或那种不可靠的道德确信，建立起完全的（有罪）信念，才是法律所要求的。在民事诉讼中，英美国家一般采用"优势证据"的证明标准，所谓的"优势"，即可认为某事存在或不存在的可能性大于其不存在或存在的可能性时的状态；有时，比例上可以认为，一事只要有51%的可能性存在或不存在时，即可认定。但是，真正从民事诉讼的特点来看，从当事人权利义务平衡这一点来考虑，证据优势中的"优势"应当是在对双方当事人所举证据的证明力的比较中得出的，是一种对比、评价和权衡。④ 美国对证明标准作了明确划分，共有九个等级，表1是美国证据法与证据理论中的层次性诉讼证明标准：⑤

---

① 《美国联邦民事诉讼规则和证据规则》，白绿铉、卞建林译，中国法制出版社2000年版，第202页。

② 参见［英］塞西尔·特纳：《肯尼刑法原理》，华夏出版社1998年版，第549页。

③ 参见陈光中主编：《刑事诉讼法》（第二版），北京大学出版社2005年版，第184页。

④ 参见李俊斌、夏勇子：《环境侵权诉讼证明标准问题研究》，载《东岳论丛》2010年7月第7期

⑤ 参见《美国联邦民事诉讼规则和证据规则》，白绿铉、卞建林译，中国法制出版社2000年版，第203页。

表 1　　美国证据法与证据理论中的层次性诉讼证明标准

层次	标准	对象
第一等	绝对确定	由于认识论的限制，被认为无法达到，因而无论出于任何法律目的均无此要求
第二等	排除合理怀疑	诉讼证明方面的最高标准，为刑事案件作出定罪裁判时
第三等	清楚与有说服力的证据	有些司法区在死刑案中拒绝保释时，或作出某些民事判决时
第四等	优势证据	作出民事判决，肯定刑事辩护时
第五等	合理根据	签发令状，无证逮捕、搜查和扣押，提起大陪审团起诉书和检察官起诉书等
第六等	有理由的相信	拦截和搜身时
第七等	有理由的怀疑	足以将被告人宣布无罪
第八等	怀疑	开始侦查
第九等	无线索	不足以采取任何法律行为

综上所述，西方两大法系的诉讼证明标准的特点可以归纳为：

（1）无论是大陆法系还是英美法系均区分刑事诉讼与民事诉讼，适用不同要求的证明标准，且在同性质诉讼的不同层次中，适用不同的证明标准。

（2）无论是大陆法系还是英美法系，其证明标准均是基于客观事实与证据的主观标准。

笔者认为，上述两个特点的意义在于：第一个特点反映出两大法系的诉讼法更尊重不同诉讼形式的区分及其规律，具有科学性与可操作性。第二个特点则反映出两大法系的证明标准有共同的基础作支撑，具有同质性。

2. 西方证明标准的支撑基础

（1）诉讼合理主义与经验主义哲学。所谓诉讼合理主义，是要求在诉讼中需以合理证据，借助合理判断，通过排除合理怀疑，而得出合理结论，以建立内心确信。这种合理主义的核心即谓经验与逻辑。此处的经验，是指具有普适性、实在性、可检验性的经验；逻辑则代表事理、规律、内在关系等。[①] 实质上，诉讼合理主义是西方经验主义哲学在诉讼中的反映。经验主义排斥认识的终极性，认为真理不可能被认识，真理只不过是认识无限接近于客观事实的相对反映而已。人们的认识与客观事物间不可避免地存在一定距离，这样，要求认识达到与客观情况一致是不符合认识的经验的。因而，在诉讼中允许法官或陪审官按其自由判断建立心证定案，是不得已的，并且也是可行的。“虽说让审判官自由判断，但是刑事诉讼法只要是采取实体的真实主义，当然就不意味着承认审判官的恣意判断。证据的取舍选择，对证据的评价，当然都要符合逻辑上和经验上的法则，而且经验上的法则必须有科学根据。对于非有专门知识就不能判断的事项，应命令专家进行鉴定。自由心证必须是合理的、科学的心证主义。”[②]

（2）变化的价值观。在刑事诉讼中，安全、秩序、人权、效益是永恒存在的法的价值。在中世纪采用纠问式诉讼，证明标准为形式真实，因其有利于维护教会政权的秩序，但同时却极大地压制或剥夺了当事人的合法权益，因而遭到启蒙思想家的抨击与近现代民主刑事诉讼的抛弃。17 世纪的刑事诉讼中也发生过陪审团被法官和国王压制，以服从统治秩序为由而强迫他们出卖当事人权益的事情，但陪审团却按照既定的证明要求，使判决（接近于）道出事实真相，忠实地维护了贵格会教徒的权益，从而付出了被监禁和被罚款的代价。[③] 德国刑事诉讼在第二次世界大战期间被纳粹分子利用，成立了由纳粹分子组成的特别法庭程序，以处决那些违反《党书》的人们，确保纳粹建立起来的法西斯秩序。事实证明，特

---

① 参见龙宗智：《我国刑事诉讼的证明标准》，载《法学研究》1996 年第 6 期。

② 龙宗智：《我国刑事诉讼的证明标准》，载《法学研究》1996 年第 6 期。

③ 参见［英］丹宁勋爵：《法律的界碑》，法律出版社 1999 年版，第 157～179 页。

别法庭在证明标准上显然是低标准处理——其判决为终审判决，不得上诉。[①] 第二次世界大战之后，基于对法西斯残害人权的反省，以美国为首的西方各国大力推行民主开放的程序，以正当程序（due process）建设推行人权保护事业，刑事司法革命轰轰烈烈地发动起来。在证明标准上，美、英等国亦严格区分刑事诉讼与民事诉讼的不同证明标准，以最大限度地达致公平裁处案件。后来，在刑事诉讼与民事诉讼中，都有简易程序被创立，它对大量案情简单的民刑案件的处理发挥了积极作用，这是效益的因素被强调的结果。在西方，有“迟来的正义是非正义”的法谚，更何况“正义在法律中的第二个含义就是效益”[②]，所以，对那些案情简单争议不大的民刑案件适用简易程序，即便证明标准有所降低，却也因为这样处理能带来的高效而得到补偿。例如，美国的辩诉交易程序处理了90%的刑事案件[③]，虽然在客观上降低了证明标准，但却取得了良好的社会效果[④]。可见，价值观之作用于诉讼证明标准尽管不见得有多么明显，但是，正是基于对秩序这一重价值的追求才使得早期纠问式诉讼采取了形式真实的证明标准；也正是出于对人权的看重和保护才使得后来的当事人主义诉讼建立起来，从而抛弃了形式真实的证明标准，并在西方经验主义哲学观的基础上，依赖于人们对事物的感觉和认识经验建立起内心确信或排除合理怀疑的证明标准；也正是对于效益这一价值的追求，人们才发明了简易、速决程序处理特定案件——虽然在个别情况下，使用简易程序解决争议客观上降低了证明标准，但事实上却并未从根本上动摇西方证明标准的根基，其基础仍在。

---

① 参见何勤华主编：《外国法制史》，法律出版社1999年版，第362～364页。

② ［美］波斯纳：《法律之经济分析》，商务印书馆1987年版，第18页。

③ 参见程味秋主编：《外国刑事诉讼法概论》，中国政法大学出版社1994年版，第188页。

④ 参见程味秋主编：《外国刑事诉讼法概论》，中国政法大学出版社1994年版，第188页。

（3）诉讼结构与诉讼规律。从诉讼规律层面上可以很有说服力地证明民事诉讼为什么不能采取与刑事诉讼相同的证明标准。①诉讼解决的问题不同。刑事诉讼解决被告人的刑事责任问题，涉及公民的生命与自由，民事诉讼解决一般的财产纠纷；而在生命权与财产权的比较中，始终是前者高于后者，因而当面对相对重大的权益取舍时，客观上要求刑事诉讼采取更高的证明标准。并且从诉讼目的上看，刑事诉讼的目的在于惩治犯罪，民事诉讼的目的在于及时定纷止争、保障当事人合法权益，所以刑事诉讼的证明标准要更为严格。[1] ②诉讼中对于法院取证、实行推定、免于证明的理由诸方面均有不同。[2] 民事诉讼的行为环境显然比刑事诉讼更为宽松，因而在实践中，西方对民事诉讼与刑事诉讼的证明标准实行差别对待，采取了不同的证明标准。③从刑事诉讼结构的层面上也可以分析为什么西方采用了“确信”或“排疑”的刑事诉讼证明标准。第一，由于陪审团的存在，陪审员从普通人中选任，普通人根据常识对案件事实所作出的判断很难从理性上给出一个说法，更何况，对于案件的事实部分而言，本就没有什么可进行论证、说理的余地。[3] 这为内心确信、不必说明裁判理由的自由心证制度提供了客观基础。第二，当事人诉讼推行谁主张谁举证原则，当事人在举证责任的压力下进行的举证活动是与其败诉风险连接在一起的，因而主观上要求其举证必须对自己有利；当事人诉讼就是双方当事人的庭上抗争的活动，在抗争中发现案件真实是其设立的出发点，但是事实的真正发现有时却不能与当事人的举证活动形成果与因的关系；在严格的程序保障之下，争斗的结果被认为就是事实（而不论事情是否真正如此），只要保证当事人的参与权、表达权及其他诉讼权

---

① 参见沈志伟：《民事诉讼证明标准之析辨》，载《法制与社会》2010 年 6 月（上）期。

② 参见李浩：《差别证明要求与优势证据证明要求》，载《法学研究》1995 年第 5 期。

③ 参见苏力：《判决书的背后》，载《法学研究》2000 年卷第 3 期。

利，他们也接受这个结果，所以，事实上难以恢复的过去在法律空间内给出了一个有关过去的说法，对其并不一定当真，却也只能接受。但这种可以被接受的相对真实必须具有合理性和正当性，表现在：首先，证明的结果是合理的，或者就一般的知识和经验来说是真实可靠的；其次，证明的过程是正当的，或者说是按照法律规定的程序进行的。因而正确的判决不一定要求所有案情细节都达到100%的真实。[①] 因为这时候，程序的价值凸显出来，个案可能的不真实所带来的消极后果被其能够吸收不满的功能所抵消。[②] 在这个意义上，不必强求必须发现真实的证明标准是可行的。

二、我国的诉讼证明标准及其理论支撑

1. 我国诉讼证明标准的特点

我国诉讼证明标准是客观真实标准，与西方国家诉讼证明标准相比较，我国诉讼证明标准具有以下两个显著特点：

（1）一元制证明标准，即刑事诉讼与民事诉讼均实行客观真实的证明标准。

（2）坚持诉讼证明标准的客观性，否认其主观性。

我国《刑事诉讼法》第6条强调了“以事实为根据，以法律为准绳”的原则，相应地，在刑事诉讼各阶段中，无论是侦查终结、提起公诉，还是进行判决均要求案件事实清楚，证据确实、充分；民事诉讼中也并没有设立与之相差别的证明标准。这种一元制的诉讼证明标准抹杀了刑事诉讼与民事诉讼在证明上的质的差别及其不同的诉讼规律与构成，显然是植根于我国特定的哲学基础与特定文化的。

2. 我国诉讼证明标准的支撑基础及其反思

我国坚持“客观真实”的诉讼证明标准，具体有以下的理论基础：

---

① 参见何家弘：《论司法证明的基本范畴》，载《北方法学》2007年第1期

② 参见季卫东：《法律程序的意义》，载《中国社会科学》1993年第1期。

（1）唯物主义认识论。新中国成立以后，我国法学秉承马列主义的唯物认识论，将其导入诉讼理论并把它作为诉讼证明标准的哲学基础。唯物认识论确信人们的理性认识能力是无限的、无条件的，[①] 查明案件的客观事实，是完全可能的。因此，诉讼证明标准应当以唯物主义认识论为基础。[②] 另外有学者认为，我国证明标准的理论基础主要是辩证唯物主义认识论与司法公正论的结合，同时它也是整个（刑事）证据制度的理论基础。[③] 持这种观点的学者主要是通过批判西方证明标准树立起自己的论点，但其视角却仍然是从认识论角度出发的。他们认为，排除合理怀疑证明标准的特点在于它否定刑事证明达到绝对确定的可能性。它只承认达到最大限度的盖然性，并认为这是一个能够达到的认识范围内的最高标准……这种导源于经验或通过归纳而得到的命题显然缺乏普遍性和必然性，不能给人以确实的知识，而只能得出一个盖然性的结论。所以，经验主义者的观点有很大局限性。其实，在另一面上，坚持唯物认识论的人是秉承认识论的乐观主义哲学，肯定人的主观能动性，重视人的认识的绝对性，这不能不与人们高涨的革命豪情联结在一起，在特定的时代极端化地面对复杂的实践生活。而在几十年的法学理论研究中，在立法和司法中，秉承唯物主义认识论，宣扬世界的可知论及其绝对性，始终是一种占主流的思维方式和意识形态，但近年来作为主流意识与制度基础的唯物认识论（在证明标准层面上）却受到了广泛的批评。

客观真实理论的批评者指出，客观真实论片面强调了事物的客观性，并将人的主观能动性夸大到极致，这是片面的。并且既然认识是相对的，那么就等于是说人类不可能在短期内认知全部案件事

---

① 参见葛洪义：《法学研究中的认识论问题》，载《法学研究》2001年第2期。

② 参见陈一云主编：《证据学》，中国人民大学出版社1998年版，第115页。

③ 参见陈光中等：《刑事证据制度与认识论》，载《中国法学》2001年第1期。

实。[①] 诉讼中的证明活动只是人们对案件事实的认识，而人的认识能力有非至上性，因此诉讼达到“事实清楚，证据确实、充分”，事实上是不可能的。同时，裁判者解决利益争端时并不一定非要建立在客观事实基础上，因为利益争端的解决，诉讼目的的完成有时可以与事实真相的查明毫不相关，而直接体现出裁判者对法律的理解和法律价值的选择。追求客观真实在诉讼中有十分重要的价值，但不是法官唯一要考虑的价值，也不是在任何情况下都处于第一的地位，当其他价值与其发生冲突时，不免要作出取舍，有时可能牺牲对客观真实的追求：轰动一时的辛普森案件，法官为了不开警察可以擅自闯入民居的先例，将当时警察在辛普森家中收集到的被认为是案件的关键证据予以排除，成为后来无罪宣判的重要原因之一。[②] 因而裁判者在程序法的严格限制下所认定的是法律上的事实，而非社会或经验层面的事实，这种观点被称为法律真实论，[③] 以与客观真实论相列。有学者指出，所谓法律真实，是指公检法机关在刑事诉讼证明过程中，运用证据对案件真实的认定符合刑事实体法和程序法的规定，应当达到从法律的角度认为是真实的程度。[④]

此前，在民事诉讼中也出现了法律真实证明标准的呼声，有学者呼吁：应当用法律真实来界定诉讼中的证明任务，用它来说明人民法院裁判中认定的事实也许更为贴切。论者进一步指出，裁判中认定的事实应属于法律上的事实，这种法律上的事实，是法官在民事审判中，依据实体法与程序法的有关规定，借助优势证据的证明要求，通过对全部证据的审查判断来认定的。[⑤] 至此，客观真实的证明标准

---

① 参见段书臣、刘澍：《证明标准问题研究》，人民法院出版社 2007 年版，第 137 页。

② 参见孙启亮：《诉讼证明标准的当代思考》，载《三江学院学报》2008 年 6 月第 1、2 期。

③ 参见汪建成、王敏远：《刑事诉讼法研究述评》，载《法学研究》2001 年 1 期。

④ 参见樊崇义：《客观真实管见》，载《中国法学》2000 年第 1 期。

⑤ 参见李浩：《差别证明要求与优势证据证明要求》，载《法学研究》1995 年第 5 期。

受到了法律真实证明标准的挑战，学界的呼声不断高涨。[1] 因而，客观上的确是到了对客观真实理论进行反思或重构的时候了。

（2）司法的政治功能。细心钻研证据法的读者可能会发现这样一个重大差别：同为奉行唯物认识论的苏联采取了自由心证的证明标准——完全不同于中国诉讼法中的客观真实标准，而新中国成立后几乎全盘照搬了苏联的（刑事）法学理论。苏联著名法学家维辛斯基坚持“社会主义法律意识与内心确信”的原则，主张主观主义的诉讼证明标准。维辛斯基认为，内心确信和社会主义法律意识是“全部证明过程中最重要的因素”，并且“成为苏维埃证据上具有深刻的实际意义的最重要的诉讼原则”。他认为，在诉讼中，只有坚持法官内心确信的原则，才能保证法院求得案情的客观真实；而且法官对案情的认定决不取决于任何客观的事实根据，而是取决于其内心建立确信的程度。[2] 事实上，苏联刑事诉讼法的相关规范也是按此观点设定的。不晓实情的人可能以为维辛斯基只是发表了一通有关证明标准的宏论，并影响了苏联的立法。但是，事实上维氏的证明标准理论是为当时苏联的肃反工作服务的，他的“自由心证”致使布哈林、李可夫等一批著名人士死于冤狱！当然，维氏的证明标准理论是与当时的历史条件有关的，此时苏联的政治运动渗入司法中，使司法程序变成了贯彻政治任务的刀把子。

---

① 参见肖建华、吴小隆：《证据的客观性及其客观化》，载《研究生法学》2000年第3期；陈瑞华：《刑事诉讼的前沿问题》，中国人民大学出版社2000年版，第198～211页；陈卫东、刘计划：《关于完善我国刑事证明标准体系的若干思考》，载《法律科学》2001年第3期；潘剑锋等：《民事诉讼法学研究述评》，载《法学研究》2001年第1期；李浩：《民事证据立法前沿问题研究》，法律出版社2007年版，第71～74页；何正平：《刑事诉讼证明标准反思与重构》，载《人民论坛》2010年第2期；孙国强、白林：《从“客观真实”到“法律真实”——论我国刑事审判证明标准的转换》，载《广西大学学报》（哲学社会科学版）2011年8月第4期；段书臣、刘澍：《证明标准问题研究》，人民法院出版社2007年版，第128～142页。

② 参见崔敏：《评维辛斯基的诉讼证据理论》，载《刑事诉讼法学五十年》，警官教育出版社1999年版，第203页。

作为苏联一定时期司法代言人的维氏——苏联总检察长就宣称："法院、诉讼程序和证据都是某一社会统治阶级掌握的阶级斗争的工具。"① 因而，司法也就因成为专政工具而具有浓烈的阶级性。

我国司法史上有"砸烂公检法"和"军转干部进法院"的传统，② 把公检法作为纯工具使用，政治性极强。因为在社会控制机制中，司法的功能在于它凭借政治上组织起来的力量和权威将抽象的法律规范转化为现实的对人们行为的控制，③ 体现为司法的政治性。当然，严格说来，法院作为国家权力机关的一个分支，本身是有政治性和阶级性的，但是，法院作为一个化解纠纷和落实规则的机关，其政治性、阶级性不能过分强烈，如果将实现政治目的作为法院必须达到的目标，必然会削减法院的司法功能或使其司法功能异化，成为政治、行政的附庸。在诉讼证明标准上，强调法院解决纠纷的功能，要求凡案均查个水落石出、办成铁案，也即达到事实清楚、证据确凿，显然有稳定社会关系，达到群众满意的目的。因此，对于证明标准的具体要求与设计，虽然不同国家甚至意识形态相同的国家各执一端，其实并不排除有一定的政治目的。我国诉讼证明标准不仅坚持客观真实的一元制，而且明确指出其秉承马列唯物认识论的底线，很明显是努力使之与主流意识形态保持一致关系。这也是司法的政治性表现之一，即主流政治意识形态实际影响着司法的运作过程。法官不可能不受主流政治意识形态的影响，在某些情况下，主流政治意识形态是法官必须接受的观念。④ 苏联之

---

① 崔敏：《评维辛斯基的诉讼证据理论》，载《刑事诉讼法学五十年》，警官教育出版社1999年版，第200页。

② 参见贺卫方：《复转军人进法院》，载《司法的理念与制度》，中国政法大学出版社1998年版，第237~240页；苏力：《送法下乡》，中国政法大学出版社2000年版，第322页。

③ 参见范英丽：《现代司法的功能》，载《法制与社会》2011年第1期。

④ 参见卢子娟：《正确认识司法与政治的关系——访最高人民法院副院长江必新》，载《中国党政干部论坛》2011年第4期

所以背离唯物认识论，设立了自由心证的证据制度，也的确是为特定历史时期的政治任务服务的。“文化大革命”以后，我国领导层一直强调稳定压倒一切，对各国家机关要求将群众满意与否作为评价其业绩的标准，这对于诉讼司法是有深刻影响的。我国历史上一直有重实体轻程序的倾向，因而重纠纷化解而轻纠纷化解过程也就不足为怪；同时，西方内心确信与排除合理怀疑的证明标准又是在严格程序保障下的“奢侈品”，是与西方发达的程序观念与程序机制及其雄厚的司法供给相联系的，假若我们强以为之，恐怕老百姓不会接受或接受不了，国家财政承受不起，政治领导人可能也难以认可。这说明，在诉讼证明标准的选择上是有意识形态的考虑与影响的。说到底，主观的诉讼证明标准与我们的主流意识形态是相悖的。

三、我国证明标准的西方化与西方证明标准的本土化

既然，客观真实的诉讼证明标准受到法律真实标准的挑战，受到了理论与实务界的诘难，① 也很难摆脱与特定政治意识形态的联结关系，那么，现行诉讼证明标准是否必须被西方证明标准所代替呢？下面谈谈笔者的观点。

1. 诉讼证明标准的西方化应适可而止——证明标准理论基础的再反思

客观真实理论批评者认为，现行诉讼证明标准理论基础具有绝对化、片面化倾向，并指出以该基础支撑的中国诉讼证明标准缺乏可操作性，不能同时应对不同诉讼形式与复杂程度不同的案件。笔者认为，该批评是很有道理的。但是，在解决问题的方式上，有的论者却主张将西方内心确信、排除合理怀疑的证明标准完全移植，

① 来自实务界的诘难，如陈碧：《关于刑事审判中认证问题的思考——来自法官的调查报告》，载《证据学论坛》第 2 卷，中国检察出版社 2001 年版，第 477 ~ 485 页；晏向华：《关于证据的思考——来自检察官的调查报告》，载《证据学论坛》第 1 卷，中国检察出版社 2000 年版，第 415 页。

不顾国内诉讼环境与我国诉讼汪明标准应当坚持的哲学基础，确有可商榷之处。

已有学者指出，以西方经验主义哲学为基础的诉讼证明标准，其实其潜在底线是：一切有关诉讼的知识均起源于人对案情的感官直觉或经验。因此，人们习惯于在自己的观念中建立事物与事物间的联系，这种联系是主观的，没有逻辑的必然性，而只有心理的必然性——这种心理的必然性依赖于经验。从本体论上讲，经验主义带有唯物主义的倾向——它把注意力从探索超自然的事物转到研究自然事物，反对空洞的经院哲学，倡导独立思考精神。但是，经验主义作为一种认识论，它根据经验所建立的结论，通过过去把握未来，但又没有绝对的把握（盖然性），因而就难以肯定由此所获取的知识具有绝对确定性，所以只承认其相对性；同时，经验主义将归纳法作为获得新知识的唯一有效方法，但这一方法却有致命弱点——无论多少对白天鹅的观察都不能确立所有天鹅皆为白色的理论：对黑天鹅的第一次观察就可以驳倒它。① 该诉讼证明标准追求的案件结论缺乏普遍性与必然性，无法达到绝对确定状态。② 因而，全盘引进西方诉讼证明标准，在我们这个惯以实体评价办案绩效的国度里，是危险的；恐怕几年之后，对其高效且公允的期待不能实现之时，人们的口诛笔伐之声又会不绝于耳。但另一方面，正如前述，我国客观真实的诉讼证明标准又因为强调得过于极端也受到人们的诘难。我们应当如何去解决这个矛盾呢？

如果进一步考察马列唯物认识论对真理和认识的论述，我们会发现，其实我国客观真实的诉讼证明标准的基础——认识和真理的绝对性只是抓取了问题的一个方面。有学者认为，如果以辩证唯物主义作为指导思想，就应当承认反映论和知识论，即承认客观事物

① 参见［英］卡尔·波普尔：《通过知识获得解放》，中国美术学院出版社 1998 年版，第414～415 页。

② 参见陈光中等：《刑事证据制度与认识论》，载《中国法学》2001 年第 1 期。

包括客观事实是能够被人们认识的。诉讼中认定案件事实即诉讼证明与一般的认识事物相比有共性也有特性。就其特性来说，诉讼证明必须以诉讼证据作为证明的手段，而证据的收集和运用必须遵循特定的程序和规则。因而，应当承认，有些案件确实是在程序框架下所不能查明的。但是尽管如此，也不能以之否认认识论的共性，认为案件的真实情况根本不可能认识到。诉讼中的客观真实乃是绝对真实与相对真实的辩证统一，把客观真实绝对化是片面的，但否认客观真实中有绝对真实的内容也是不对的。在司法审判过程中，若片面强调客观真实，就不可避免地出现影响诉讼效率的情况，使当事双方的利益由于程序的拖延形成新的不公，形成“迟来的正义非正义”的情况；若片面强调法律真实，在诉讼中又会导致法官在审查判断证据时，忽视证据的客观性和关联性，就有可能轻易采信形式真实的证据而作出与实际情况相反的事实认定。① 因此，有学者指出，在刑事诉讼中我们应当追求也可能实现客观真实，而一定条件下又必须辅之以法律真实，如果在刑事诉讼中普遍适用法律真实而否定客观真实，既不符合认识论规律，而且容易出现冤案、错案。②

应当指出，法律真实论是与西方诉讼证明标准相适应的，它将过去发生的客观事实拉进特定的诉讼空间之中，成为法律（实体法与程序法）所认可的案件事实，这种案件事实应当是绝对真实与相对真实的统一，这既体现于不同案件中，又体现于同一案件的不同情节上，某些案件总是有查不清的地方，任何案件总有无须查清的情节。因此，法律真实论与西方诉讼证明标准下的盖然性在这里有了共通性。我们不反对以西方诉讼证明标准为参照，尤其是借用法律真实标准来重构自己的诉讼证明标准，我们反对的是替代性

---

① 参见李岩：《理性看待法律真实与客观事实》，载《东方企业文化》2011 年第 20 期。

② 参见陈光中：《诉讼中的客观真实与法律真实》，载《检察日报》2000 年 7 月 13 日。

照搬，是以之来剥夺我们进行重构的机会，以及合理重构所可能带来的活跃生命力。

综上，企图使国内证明标准西方化的计划是靠不住的，而以客观真实与法律真实的结合来重构我们的诉讼证明标准的方案，是可行的。

2. 重构我国诉讼证明标准的价值视角——我国诉讼证明标准的重构与西方证明标准的本土化

在哲学框架内讨论问题，纵然有发人深省的好处，但视角却可能很受限制，有时也很难得出令人信服的结论。价值论的视角为人们提供了一个灵巧的杠杆，从而很自然地拓宽了理论的视野。当然，从价值论的角度考虑，强调的是刑事诉讼的程序公正、人权保护和诉讼效率等价值。如果说马克思主义认识论是人们拿来支撑诉讼证明标准的强大思想武器，那么，价值论也同样具有毫不逊色的强大能力；并且，马克思主义理论也无丝毫排斥价值论的生存空间的地方，相反，它也包含有价值论因素。[①] 近来已有学者指出，可以用价值论代替认识论以将其作为新的证据制度的理论基础。[②] 观点虽显极端，但视角的确新颖，而且也有助于理论突破，并凸显价值论对于诉讼证据制度的重要意义。其实，价值论对于诉讼理论及其实践的重大构建和指导作用早已在西方诉讼法学界彰显；在我国司法实务界，也听到了一些呼声，例如有人认为，“已经有多数法官意识到绝对真实的抽象，这是一个美好的理想，但难以在刑事诉讼中加以实现，也缺乏可操作性。因为，个人的认识是难以达到客观真实的，法律把个人能够达到的真实规定为法律的真实。……放弃对实体真实的过分热爱，达到对司法资源的节约，提高诉讼效率，这应该是一个双赢的选择。”[③] 实际上，在司法人员承办的每

---

① 参见汪建成、王敏远：《刑事诉讼法研究述评》，载《法学研究》2001 年第 1 期。

② 参见陈瑞华：《从认识论走向价值论——证据法理论基础的反思与重构》，载《法学》2001 年第 1 期。

③ 陈碧：《关于刑事审判中认证问题的思考——来自法官的调查报告》，载《证据学论坛》第 2 卷，中国检察出版社 2001 年版，第 480 页。

一个具体案件中，都存在着价值判断，“对案件事实蕴涵的另一事实，可以进行合理的逻辑推测，这已经不完全是事实判断问题，其中混杂着价值判断。”①

价值视角强调的除了传统的秩序、安全、公平等价值之外，当前主要焦点集中在人权保护与效率最大化上。应当说，法律真实的诉讼证明标准主要是兼顾了人权保护与效率价值。例如，根据迟来的正义是非正义的理念，我们必须严格限定诉讼期限，严格控制诉讼拖延；根据人权保护理念，我们承诺上诉不加刑；为处理积案、提高诉讼效率，我们大量设置简易程序，国外还盛行辩诉交易（plea bargaining）。在严格的诉讼期限下，有些案件很难达到客观真实，而只能达到法律真实，但是却因为案件的早日了结，结束了当事人权益的不确定状态，使之摆脱讼累并节约了司法资源；在上诉不加刑的承诺下，即使有的被告人可能一审判轻了，却不能以客观真实而主张对其判处重刑，否则将使国家信用丧失，也会使被告人将上诉视若畏途，反而不利于普遍的客观真实；在简易程序、辩诉交易中，甚至根本无须查明事实，法律就作了确认，虽然不可避免地会牺牲部分案件的真实性，却得以节约大量司法资源，并使当事人早日结束讼累，这的确极大地提高了诉讼效率。另一方面，价值视角还可以将复杂的政治事态转化为司法运作，例如在追求司法效率的旗帜下改造我国的证明标准理论，比在纯意识形态下的马列唯物认识论上进行反思和改造证明标准更容易被人接受。②

四、多元制诉讼证明标准的构建

法律真实的诉讼证明标准可以指导不同的诉讼适用不同的证明标

---

① 王新环：《心思缜密是司法者的灵性所在》，载《法制日报》2012年2月8日。

② 例如，著名的法国社会学家托克韦尔曾敏锐地观察并尖锐地指出，在美国几乎所有重大的政治问题都被转化为法律问题而提交法院解决。参见苏力：《法治及其本土资源》，中国政法大学出版社1998年版，第139页。

准，如民事诉讼可以比刑事诉讼更侧重适用法律真实的证明标准，因为与刑事诉讼涉及的生命与自由权的处理相比，民事诉讼涉及的权利永远处于下位，而且大部分民事案件是基层的简单案件①，因而适用法律真实的较低证明标准（此时，法律真实类似于优势证明）是可行的。这也说明了刑事诉讼与民事诉讼可以采取不同的诉讼证明标准。

就同一诉讼形式来讲，适用客观真实与法律真实相兼顾的诉讼证明标准，至少在四个方面可以成立，这可看作是重构我国诉讼证明标准的四个原则：其一，针对不同案件适用不同的诉讼证明标准。譬如对重大、复杂案件必须适用客观真实的证明标准，西方人主张，“犯罪的性质越严重，必要的证据最低要求就越高”②；对轻微、简单的案件可以适用法律真实的证明标准。其二，对同一案件来讲，不同的情节可适用不同的证明标准。如对构成实质性争议的事实或犯罪构成的事实必须适用客观真实的诉讼证明标准；而对那些无关紧要的时间因素、背景性事实则可适用法律真实的诉讼证明标准。③其三，对同一案件，可随诉讼阶段的推进适用不同的诉讼证明标准。如立案、采取刑事强制措施，可适用法律真实标准；侦查终结与起诉可适用大致接近于客观真实的诉讼证明标准；有罪判决尤其是重大、复杂案件的有罪判决，则必须适用客观真实的诉讼证明标准。而在不同的审级，或在同一审级的不同审判阶段，客观真实和法律真实之间可能会存在主辅之分。如在一审程序中，起诉和受理案件的阶段人民法院对案件所进行的审查只是一种形式性的审查，追求的主要体现为一种法律真实。④ 其四，就同一案件所面对的实体法事实与程序法事实，也可区别适用不同证明标准。其中的实体法事实

① 全国基层派出法庭审理了70%的民事案件。参见《法庭管理是个大问题》，载《人民司法》1994年第12期。

② ［英］塞西尔·特纳：《肯尼刑法原理》，华夏出版社1989年版，第549页。

③ 参见龙宗智：《我国刑事诉讼的证明标准》，载《法学研究》1996年第6期。

④ 参见田恬：《民事诉讼中的客观真实与法律真实》，载《湖南城市学院学报》2011年3月第2期。

与程序法事实可分别类似于德国、日本诉讼中需要证明和释明的事实。[①] 即对实体法事实的证明原则上须适用客观真实的证明标准（证明）；对程序法事实的证明原则上适用法律真实的证明标准（释明）。

概而言之，笔者认为，我国的诉讼证明标准，可用表2表示：

表2

我国不同诉讼形式的证明标准	客观真实与法律真实相结合
区分点	民事诉讼中与优势证据证明标准相联系，侧重于法律真实。
	刑事诉讼则是在使客观真实与法律真实相结合的同时，强调客观真实。
交叉点	案件不同证明标准不同。重大、复杂案件：强调客观真实；轻微、简单案件：法律真实。
	情节不同证明标准不同。实质争议、犯罪构成情节：客观真实；其他次要情节：法律真实。
	事实性质不同证明标准不同。实体法事实：侧重客观真实；程序法事实：侧重法律真实。
	诉讼阶段不同证明标准不同。立案、采取强制措施等：法律真实；侦查终结、起诉：接近于客观真实；有罪判决：客观真实。

总之，上述有关客观真实与法律真实证明标准的大致构建，是在吸收西方证明标准的有利因素基础上进行的，因而在一定意义上，它也是西方证明标准的本土化。本土化的过程是多维度的：首先区分刑事诉讼与民事诉讼，采用二元制诉讼证明标准，然后对整个诉讼证明标准框架进行重构。可见，我国诉讼证明标准的重构是

① 参见李学宽、张晓玲：《关于刑事证明标准层次性问题的探讨》，载《证据学论坛》第2卷，中国检察出版社2001年版，第155页。

与西方诉讼证明标准的本土化相联结的，这一联结的结果即多维证明标准。必须指出，以上结论并不能代替复杂、庞大的证明标准体系，笔者这里指出的只是一些原则，具体工作中涉及的问题要更为复杂，因而需要在原则的指导下，建立起我国诉讼证明标准的系统体系。

第十六章　民事诉讼中的证明标准

对于证明标准的问题，我国法学界长期以来多注重对刑事诉讼证明标准的研究，对民事诉讼中的证明标准问题则鲜有探讨，几乎所有民事诉讼法学教科书都回避了这一重要问题，甚至连民事诉讼法也没有正面提及。呈现这种情形绝非偶然，而是由我国追求案件客观真实的诉讼法律指导思想所支配决定的，认为无论是刑事诉讼还是民事诉讼，均应力求探明案件的客观真实，反映在对证据的审查判断上，即是要求定案务须做到事实清楚，证据确实、充分。因此，民事诉讼历来被认为与刑事诉讼适用同一证明标准，从而被同化在刑事诉讼的证明标准中予以论及。随着我国依法治国方略的确立，诉讼法制的改革，程序公正的法律意识深入人心，传统的重实体、轻程序的观念受到了巨大的冲击，与此相适应，刑事诉讼、民事诉讼同等的一元制证明标准亦开始受到质疑和挑战。“事实清楚，证据确实、充分”的民事证明标准与程序公正、诉讼效率以及民事庭审方式改革都产生了严重的冲突，不利于我国民事法治的进步与发展，因此必须予以改革。

一、两大法系民事诉讼的证明标准

1. 英美法系国家民事诉讼中的证明标准

英美法系国家对普通民事案件的最低限度的证明要求是“盖然性占优势的证明”。所谓盖然性，是指具有可能性，而不是必然的、绝对的，或者说是事物处于一种可能的状态。盖然性占优势的证明标准一般是指在诉讼中，证明、支持某一事实主张的证据比反对这项事实的证据更具可靠性和说服力时，这项主张即可成立。摩根教授对此作了经典性的阐述："凡主张特定事实的存在负有说服负担的当事人，必须以证据优势来确立该种主张的存在。法官通常解释说，证据的优势与证人数量的多少或证据的数量无关，证据优势就在于有一种使人信服的力量。有时建议陪审团，其心如秤，以双方当事人的证据分量置于左右的秤盘上，从而来权衡何方具有较大之重量。"① 在英美法系国家，民事诉讼中实行当事人主义的诉讼模式，由双方当事人举证、质证、辩论来推动庭审活动的进行，法官则消极居中裁判，而不积极主动调查案件事实，最终法官裁判案件则是建立在双方当事人所提供的证据之上，从而采取证据优势原则对双方证据予以权衡成为必然。这种情况下，法官并不全力探寻案件的客观真实，而只是对案件作出必然的或合理的盖然性占优势的判断。当然，这并不是说，法官不可以对案件作出非常确信的判断，因为盖然性占优势的证明标准仅是一般民事案件的最低要求，实际上，有很多案件可以证明至令人确信而无合理怀疑的程度。我们看到，英美法系国家民事诉讼的证明标准与其诉讼模式有着密切的内在联系，是当事人主义模式下的合理选择。这种盖然性占优势的标准与当事人在诉讼中的说服负担相辅相成，即当事人必须举证证明其所主张的事实，当事实审理者认为事实存在的盖然性更大时，当事人的说服负担即可卸除，否则就要承担对己不利的，即事实不能成立的后果。

盖然性占优势的证明标准是就一般情形而言的，对于某些特殊类型的民事案件，则要求更高的证明标准。如口头信托，口头遗嘱，以错误或欺诈为理由请求更正文件等，这些案件要求当事人必须就其所主张的事实以明确及令人信服的证据证明。此外，对于某些具有准犯罪行为性质的民事案件则进一步要求证明必须达到按情理无可置疑的程度，如藐视法庭行为。

---

① ［美］摩根：《证据法之基本问题》，李学灯译，世界书局1982年版，第48页。

尽管一些英美学者认为盖然性占优势与刑事诉讼中的无合理怀疑并无本质区别，但实际上两者之间的确存在差别，盖然性占优势显然低于无合理怀疑的标准。美国的证据法及理论将诉讼中证明标准分为九个等级，其中将排除合理怀疑列为第二等，为刑事诉讼证明标准，而证据优势的民事诉讼证明标准则被列为第四等。英国著名法官丹宁勋爵曾指出：“在民事案件中，证明负担何以卸除，其证据所具有的说服力应具备的标准等级予以妥当确定，它所具有的盖然性必须达到一种合理的程度，但不能像刑事案件中要求的那样高。”① 在实践中，对民事案件的证明允许存在一些合理的怀疑，只要一方当事人所举证据占优势，裁判者即可依据举证责任规则，作出对其有利的裁判。而刑事案件中，如存在合理怀疑，则只能作疑罪处理，被告人可被宣判无罪。有例证可以说明这个问题，如英国法院在判决中指出：“如果两个人因为一件罪行而被同时起诉，控诉证据并没有明确地指向哪一个人，而且没有证据表明他们是步调一致地采取行动的，那么，陪审团应该对两个人都作出无罪裁决，”② 但这两个人在民事案件中却必须承担共同侵权责任。美国辛普森案件中，辛普森被宣判无罪却承担民事赔偿责任也有力地证明了两种标准之间的区别。

2. 大陆法系国家民事诉讼中的证明标准

大陆法系国家对普通民事案件一般采用自由心证作为其证明标准。例如，《日本民事诉讼法》第185条规定：“法院在制作判决时，应当斟酌言词辩论的全部意旨及调整证据结果，依自由心证判断事实上的主张是否应当认定为真实。”由于大陆法系国家一般没有英美法系国家那样完善的证据法典及详细的证据规则，法官认定案件事实所要达到的证明标准基本上受控于法官的自由心证。法官

---

① 转引自毕玉谦：《民事证据法判例实务研究》，法律出版社1999年版，第418页。

② ［英］塞西尔·特纳：《肯尼刑法原理》，华夏出版社1989年版，第547页。

对某项事实主张的存在达到内心确信时，即可认定该事实主张。而对于法官的内心确信应当达到何种要求，有些学者认为是要达到高度的盖然性，即法官认为某项事实成立具有高度的盖然率。这种盖然性是排除一切合理怀疑，接近必然发生的程度。所以一般认为，大陆法系各国的法律对刑事案件与民事案件的证明标准实行“无差别待遇”，两者都要达到高度盖然性。[①] 大陆法系国家之所以实行高度盖然性标准，主要是由于在职权主义诉讼模式下当事人的对抗不是很激烈，“法官对事实的认定并非是完全着眼于双方当事人通过证据来加以攻击与防御，从而使一方以优势的明显效果导致事实自动暴露出来，而主要由法官对各种证据的调查、庭审活动的开展所直接形成的一种心证，当这种心证在内心深处达到相当高度时，便促使法官对某一案件事实的认定。”[②]

但实际上，由于民事案件与刑事案件的性质不同，大陆法系国家不可能对两者实行完全相同的证明标准。法国《拉鲁斯大百科全书》就认为“刑事原告的责任较民事原告为重”。此外，从大陆法系的典型代表法国一些判例来看，至少在某些案件中，民事诉讼中的证明要求低于刑事诉讼。在交通事故、产品责任、医疗纠纷、环境污染等诉讼中，德国最高法院为减轻原告举证上的困难，采用表见证明的办法。[③] 所谓“表见证明”，我国台湾的陈荣宗先生这样解释：“表见证明乃法院利用一般生活经验法则，就一再重复出现之典型事项，由一定客观存在事实，以推断某一待证事实之证据提出过程。”[④] 显然，这里的表见证明要低于高度盖然性的证明要求，因为它仅仅是一种推断。台湾学者李学灯也认为民事、刑事案

---

① 参见黄道主编：《诉讼法》，知识出版社 1981 年版，第 213 页。

② 刘善春、毕玉谦、郑旭：《诉讼证据规则研究》，中国法制出版社 2000 年版，第 631 页。

③ 参见黄道主编：《诉讼法》，知识出版社 1981 年版，第 213 页。

④ 陈荣宗：《举证责任分配与民事程序法》，台湾大学法律丛书编辑部 1984 年版，第 61 页。

件的证明标准应当有所区别，他说："在刑事案件，因其结果远较民事经济更为严重，对于刑事被告用有罪之判决以剥夺其生命、自由或名誉，显然要较为严谨之法则，……刑事审理中，控方所需证明之程度，有两大特征，一则高于民事审判中之当事人，再则高于刑事审判中的被告。"①

对于民事诉讼程序上的事实，大陆法系的法国和日本采取不同的证明要求，即依据待证事实的不同性质，采取严格证明与疏明的不同要求。按照日本学者的解释，所谓证明，就是为了使裁判官对事实的存否得到充分确信的举证活动，或者根据这种活动达到确信的状态。而疏明，是指为了使裁判官发生大概确信的推测举证活动，或者是根据举证活动所达到的状态。疏明适用的对象，限于某些与实体权利义务关系无关的程序上急需解决的事实。由于对实体性的权利义务关系不产生影响，所以疏明的证明要求显然低于证明。

二、我国民事诉讼证明标准应予重构

1. 我国现行立法关于民事诉讼证明标准的规定

2012 年《民事诉讼法》第 64 条第 3 款规定，人民法院应当按照法定程序，全面地、客观地审查核实证据。第 170 条规定，原判决认定事实错误的，以判决方式依法改判、撤销或变更；原判决认定的基本事实不清的，裁定撤销原判决，发回原审人民法院重审，或者查清事实后改判。这些规定虽未直接、明确地指出民事诉讼的证明要求，但从其内涵和精神实质可以看到我国民事诉讼实行与刑事诉讼同等要求的证明标准。依据现行立法，我国诉讼理论界对刑事诉讼、民事诉讼证明标准也未作区分，即认为在认定案件事实时，要达到"事实清楚，证据确实、充分"的程度。案件事实清

---

① 李学灯：《证据法比较研究》，台湾五南图书出版公司 1992 年版，第 394 页。

楚是建立在证据确实、充分基础之上的。证据确实、充分既包括对证据质的要求，也包括对证据量的要求，其标志是：（1）据以定案的证据均已查证属实；（2）案件事实均有必要的证据予以证明；（3）证据之间、证据与案件事实之间的矛盾得到合理排除；（4）得出的结论是唯一的，排除了其他的可能性。所以，我国实行的是刑事诉讼、民事诉讼同一的一元制诉讼证明标准。

也有学者认为，“事实上，从我国民事诉讼与刑事诉讼立法上来看，我国实行的仍是二元制的证明标准。”理由是，《民事诉讼法》第64条第3款规定的“人民法院应当按照法定程序，全面地、客观地审查核实证据”是对审查证据形式的一种要求，而并非要求证据必须达到确实、充分的标准；另外，二审人民法院对一审人民法院所作判决进行审查所适用的标准也远低于刑事诉讼的相关要求；并且在审判监督程序中，对证据的标准的要求进一步降低，依据是2012年《民事诉讼法》第200条（原判决、裁定认定的基本事实缺乏证据证明的，人民法院才能应当事人的申请对有关案件进行再审）。[①] 笔者认为，这种看法值得商榷。因为，其一，法律要求人民法院应当按照“法定程序，全面、客观地审查核实证据”既是对审查证据形式的要求，也是对审查证据实质性的要求。其二，《民事诉讼法》第170条的规定，正是从反面要求认定案件事实要清楚，证据要确实、充分，否则就是“事实不清，证据不足”。同时，该条文也与第64条第3款尾首相连，共同形成一个“事实清楚，证据确实、充分”的证明标准。其三，《民事诉讼法》第200条“原判决、裁定认定的基本事实缺乏证据证明”的规定仅仅是当事人启动再审程序的条件之一，而并非是再审判决时的证明标准。此外，我国法律还规定人民法院在“审理案件需要时”，应当“调查收集”证据。所以，从立法背景、立法精神及前

① 参见毕玉谦：《民事证据法及其程序功能》，法律出版社1997年版，第127、128页。

后法律条文的逻辑关系来看，我国民事诉讼的证明标准亦为“案件事实清楚，证据确实、充分”。

2. 对我国刑事诉讼、民事诉讼应实行不同的证明标准

虽然我国理论界历来认同刑事诉讼、民事诉讼同等的一元制诉讼证明标准，但这并不代表一元制证明标准就是正确的。实际上，在民事诉讼中实行“案件事实清楚，证据确实、充分”的证明标准的确存在不合理性。

（1）诉讼性质决定不同的诉讼应当采用不同的证明标准。

刑事诉讼与民事诉讼在性质上存在重大区别。刑事诉讼要解决的问题是被告人的行为是否构成犯罪和是否应受到刑罚处罚以及应受何种处罚。刑事诉讼的最终判决涉及被告人的生命、自由、财产和政治权利等最为基本、最为重要的权利，这些权利是其维持个体生存的必备条件，因此作出刑事判决必须慎之又慎，力求判决的准确无误，以防止冤案造成对公民权利的严重侵犯，酿成无可挽回的损失。所以在刑事诉讼中应当设置较高的证明标准，要求对案件事实的认定必须达到高度确信的程度。民事诉讼主要是解决社会主体的民事权利义务纠纷，其责任形式主要是财产责任，几乎不涉及民事主体的生命、自由、政治权利等重大公民权利。因此，相对来讲，民事诉讼中的证明标准可以适当低于刑事诉讼，即使民事判决对权利的处分出现错误，也不至于像刑事诉讼那样出现严重后果，并可采取适当措施予以补救。

此外，由于两者的性质不同，刑事诉讼与民事诉讼在一些原则和制度方面也存在重大区别。例如，刑事诉讼实行“国家公诉为主，被害人自诉为辅”的起诉制度，而民事诉讼则完全由当事人自主决定是否起诉，国家不予干预。刑事诉讼中，控辩双方的力量存在着天然的不平衡，控方享有强大的国家司法强制权，而辩方处于消极防御的地位；在民事诉讼中，原被告双方处于完全平等的地位，享有完全对等的诉讼权利。刑事诉讼中，在惩罚犯罪职责的支配下，法官难以确保其中立地位，而往往向控诉方倾斜；在民事诉

讼中，法官基本上能够充当中立的消极裁判者，一般情况下也不主动收集、调查证据。

综上，基于刑事诉讼与民事诉讼的性质及一些原则制度上的重大区别，对两者实行不同的证明标准应该是更科学的。

（2）诉讼目的各异是实行不同证明标准的理论根源。

刑事诉讼的基本目的是惩罚犯罪与保障人权的统一。目的是人们进行各种活动而追求实现的目标或愿望，目的决定了人们的行为内容和方式，支配、引导人们的活动方向。在惩罚与保障的目的支配下，刑事司法中必然要求做到案件事实清楚，证据确实、充分，无论是从惩罚的角度还是从保障的角度出发，这都是必要的。因为设置如此高的证明标准，才能够迫使刑事司法机关努力探求案件客观真实，最大化地再现案件本来面目，从而准确而有力地惩罚犯罪，有效实现国家刑罚权，确保社会安宁与社会秩序，维护国家机关与法制的尊严；防止司法人员滥用权力，枉法追诉，草菅人权、人命，体现其人权保障之功能。

民事诉讼的目的历来颇有争议，众说纷纭，例如有纠纷解决说、权利保护说、程序保障说等。笔者认为，民事诉讼的直接目的主要是保护公民、法人及其他组织的合法权益，解决民事主体之间的民事纠纷。同刑事诉讼的目的相比而言，民事诉讼显然更侧重于对权利人的保护及其权利的弥补，因此民事诉讼体现了很强的补偿性，而较少强制性。但刑事诉讼中，惩罚犯罪人则是非常重要的目的之一。基于民事诉讼这种保护性的目的，在民事诉讼中大量使用过错推定的手段来免除原告方的举证责任，而使加害人承担损害赔偿的责任。例如，民事侵权诉讼中的主观过错推定，合同违约中的主观过错推定。显然这体现较低的证明要求。在刑事诉讼中，要使被告人承担刑事责任，必须要有确凿无疑的证据予以证明。此外，自行处分自己的权利是民事诉讼的一项重要原则，在很多情况下，基于解决彼此之间民事纠纷的目的，民事当事人可以放弃自己的部分权利而与对方和解，这时就不必追求案件的客观真实，因此，对案件中的某些事实的证明也就无须达到确凿无疑的程度。

（3）诉讼效率要求民事诉讼应采用较低的证明标准。

效率是诉讼的重要价值目标之一，有学者曾指出：“如果说公正是诉讼的最高价值的话，那么，效率或许应被视为诉讼的第二位价值。”[①] 因此，民事诉讼在保持公正的前提下，应最大限度地追求诉讼效率。我国目前社会主义市场经济蓬勃发展，市场主体利益多元化，关系复杂化，民事纠纷、经济纠纷大量增加，诉讼案件日益增长，相对于计划经济时代，人民法院的审判任务空前繁重。同时，在市场经济环境下，社会主体的活动几乎都是以办事效率和经济利益为支点，效益意识充斥了社会的每一个角落。因此，人民法院在处理众多的民事案件时，追求诉讼效率是毋庸置疑的。证明标准与诉讼效率存在着必然的内在联系，较高的证明标准体现了对案件实质真实的更高要求，而对案件实质真实的追求程度在一定程度上与诉讼效率成反比关系，刻意探寻案件实质真实必然会降低诉讼效率，而较低的证明标准，即在一定情况下放弃案件的实体真实，无疑会大大提高处理案件的效率。因此，有学者认为“审判不是探求真相的科学方法，而是争论的解决方法”[②]，这一点在民事审判中体现得尤为明显。如果说在计划经济时代，民事案件证明标准应达到客观真实还能与当时的社会条件相呼应的话，那么在当前社会纠纷大量存在的情况下，仍坚持客观真实的证明标准显然已是不现实的了。我们知道，在民事诉讼中，常常会出现案件事实真伪不明的情况，即现有证据只能表明案件事实很可能像一方当事人所主张的那样，而不能完全地确认某项案件事实。出现这种情况的主要原因是民事案件当事人取证能力的局限性，诉讼意识的淡薄而导致证据的灭失以及其他一些因素而造成案件事实无法查清。在这种状

① 柴发邦主编：《体制改革与完善诉讼制度》，中国人民公安大学出版社 1991 年版，第 71 页。

② 张建伟：《认识相对主义与诉讼的竞技化》，载《法学研究》2004 年第 4 期。

况下，如果过于强调客观真实，要求对事实的证明必须达到确切无疑的程度人民法院才可以认定，那么就不能结束举证活动，人民法院势必会自行调查证据或要求当事人补充证据，但实践表明，这种情况下实际上已很难获得新的证据。即使能收集到证据，也耗费了较多的人力、物力、财力，延长了诉讼过程，显然与诉讼效率的要求背道而驰。如果降低证明要求，则法官就无须彻底打破案件事实真伪不明的状态，而可以依据盖然性占优势的原则及时下判、审结案件，保证诉讼效率。

（4）重构民事诉讼的证明标准是我国民事庭审改革的现实要求。

证明标准作为诉讼过程中一项具体的技术性内容与整个诉讼模式有着密切的联系。诉讼模式决定着具体的诉讼原则、制度及规则，体现着不同的诉讼理念，因此，在不同的诉讼模式下必然会有不同的证明标准，这在两大法系民事诉讼证明标准的差异中可见一斑。大陆法系国家采取职权主义诉讼模式，在立法及法理上将民事诉讼、刑事诉讼的证明标准作同等对待，而在实行当事人主义诉讼模式的英美法系国家，民事诉讼实行盖然性占优势的证明标准，要低于刑事诉讼的证明标准。

根据我国现行民事诉讼立法的规定，我国的诉讼结构具有很强的职权主义特点。在这种传统的民事诉讼模式中，人民法院及法官在整个诉讼过程中都居于绝对的主导地位，而并非像当事人主义模式下的消极被动的裁判者。人民法院对各种具体诉讼程序的启动、进行及终止具有较多的主动权和决定权，在课以当事人举证责任的同时，人民法院积极主动地调查收集证据，在庭审过程中，由法官主宰、控制诉讼进程，主导庭审活动，并参与案件事实的调查甚至当事人的和解活动。这种诉讼模式是在崇尚实体真实主义的诉讼理念下形成的。我国在诉讼传统上历来重视案件实体真实是而忽视程序，因此在立法上必然设置“案件事实清楚，证据确实、充分”的证明要求，法官必须遵循这样的证明要求来认定案件事实，其最高宗旨是查明案件客观情况。从国家本位主义出发，人民法院作为国家机关，受到高度信任，并被赋予较多权力，其查明案情的能力及手段强劲而广泛。而正是这种人民法院及法官居于主导地位的职权主义诉讼模式在市场经济条件下已显露出忽视当事人诉讼权利、效益低下、司法不公等弊端。以加强当事人举证责任为首的民事审判方式改革就是在这种情况下进行的，显然这种改革适时所需，促进了民事诉讼体制的理性化、科学化。改革课以当事人完全意义上的举证责任，弱化法官的主动性及主导地位，在对证据的调查、收集、核实上，则以当事人为主进行，以求法官中立，保证裁判公正。显然这与人民法院调查取证在探明案件客观情况的意义上是有较大区别的。所以，再坚持客观真实的证明标准就会与诉讼形式产生冲突，不能形成配套体系，影响整体诉讼功能的发挥，重构民事诉讼证明标准已成迫切需要。

三、我国应确立证据占优势的民事诉讼证明标准

1. “证据占优势”的说明

证据占优势亦即盖然性占优势，盖然性是指某种事物存在或发生的可能性，与之相对应的是事物发生或存在的绝对的确定性。诉讼证明中的盖然性占优势是指证明、支持某项事实主张的证据的分量和证明力比反对该项事实主张的证据更为可靠或更具说服力时，即可认定该项案件事实。盖然性优势是从对方证据的比较而言的，法官在评定案件事实时，应将双方提供的证据置于“可能性的天平上”，依据一般社会经验法则，凭借良心与理性来衡量何方的证据具有更重的分量。台湾地区学者李学灯指出：“在民事案件，通常所用证据之优势一语，系指证据力量，较为强大，更为可信者而言，足以使审理事实之人对于争执之事实认定其存在更胜于其不存在，因此所谓证据之优势，亦即为盖然性之优势。所谓优势，依若干法院之意见，须使审理事实之人真正置信于事实之真实，亦即需

有高度之盖然性。”① 法官在评判案件事实时，内心会产生不同强度的心证，所谓心证，即指法官在综合考虑全案证据的基础上，因证据的作用而产生的内心的信念倾向，倾向程度越大，心证越强，倾向程度越小，心证越弱。法官心证的强弱依证据证明力的大小而定，全案证据的证明力可由本证积极的证明力扣除反证消极的证明力而得，这样剩余证明力的总和反映在法官的内心，即构成不同程度的心证。日本学者中岛弘道将法官的心证强度分为四级，第一级为微弱的心证，第二级为盖然的心证，第三级为盖然的确实心证，第四级为必然的确实心证。在微弱的心证时，不能作出肯定待证事实的判断；盖然的心证，可以作出事实好像如此的判断；盖然的确实心证，可以推断事实存在；而基于必然的确实心证，则可作出事实必然如此的判断。所以当裁判官的心证为盖然心证时，在刑事裁判应否定待证事实，而在民事裁判则可以肯定待证事实。② 所以我们说盖然性占优势并不是仅凭一种微弱的证据优势即可认定证据力占优势一方当事人的事实主张，而必须要求证据证明力能够使法官产生盖然之心证，从而足以使法官相信待证事实有可能或非常可能为真。从逻辑上讲，盖然性占优势包含高度盖然性，即盖然的确实心证以及较高程度的盖然性。但从大量的司法判例来看，在多数情况下，法官根据现有证据都能达到盖然的确实心证，即案件达到高度盖然性的证明要求，只有少部分案件需要适用较高程度盖然性的证明要求。

这里需要指出的是盖然性占优势的证明标准仅是民事诉讼中最低的证明标准，这一标准并不排斥对案件事实确实、充分地证明，这是由事物存在发展的客观性与多样性所决定的。在诉讼中，完全可能出现这样的情况，即“在理想的诉讼模式下，法院收集到了据以定案的必要证据并作出正确的判断；当事人有较强的法律意

① 李学灯：《证据法比较研究》，台湾五南图书出版公司1992年版，第393页。

② 转引自李浩：《民事诉讼证明标准的再思考》，载《法商研究》2000年第2期。

识，把相关的证据材料制成文书，经过公证，保存完好；当事人积极筹证且证人能如实陈述证言，则法庭认定的案件事实完全可能是客观真实。”① 在现实中，有些案件，如简单的债务案件，原告提供合法有效的原始凭证，而被告对此则完全承认，只是辩称无力偿还借款，那么法官在现有证据的基础上则完全可以形成必然的确实心证。此时，此案可以说已完全达到刑事证明标准，原告、被告之间的债权债务关系获得确信无疑的肯定。当然这些案件毕竟是少数，对于大部分较为复杂、疑难的案件只能达到高度盖然性的证明要求。

2. 影响盖然性的因素

法官对案件事实真伪盖然性高低的判断要受到各种因素的影响，这些因素既有主观方面的，也有客观方面的，它们从不同的侧面共同作用，影响法官心证的形成。

（1）主观因素，即法官素质的高低影响了法官对事物盖然性的判断。在诉讼中，法官的素质是一个非常关键的因素，因为法官是案件事实的评判者和法律的适用者，其素质的高低往往决定了案件最终结局的不同。法官的素质包括综合素质、思想情操。在排除品德操守这一因素的影响下，知识渊博、经验丰富的法官显然更能够准确而深刻地把握事物的内在联系，对待证事实及证据进行细致入微的分析及综合，从而对案件事实为真或为假的盖然性高低作出准确的判断，“法官应当过一种深居简出、洞若观火、苦思冥想、博览群书的生活。法官不是‘自动售货机’。法官审理每一起案件，都是一次新的发现与创造，无法照搬照抄。法官学者化是确立法官知识精英地位的必由之路。”② 精英化的法官判断出来的盖然性并用之裁判案件，应当是正确的结果。相反，素质较为低劣的法官恐怕难以做到这一点。所以，对待证事实盖然性高低的判断，不

① 李浩：《民事举证责任研究》，中国政法大学出版社 1993 年版，第 238 页。

② 丁国强：《对法官角色的理性思考》，载《法制日报》2012 年 2 月 15 日。

同素质的法官就会得出不同的结果。

（2）客观因素，包含几个方面。第一，法律或司法解释对有关证据证明力的规定。例如，最高人民法院1998年6月19日通过颁发的《关于民事经济审判方式改革问题的若干规定》第27条规定，判断数个证据的效力应当注意以下几种情况：①物证、历史档案、鉴定结论、勘验笔录或者经过公证、登记的书证，其证明力一般高于其他书证、视听资料和证人证言。②证人提供的对与其有亲属关系或者其他密切关系的一方当事人有利的证言，其证明力低于其他证人证言。③原始证据的证明力大于传来证据。这些规定直接限制了法官对这些证据的证明力以及待证事实的盖然性的评判，法官必须遵守这些规定来认定案件事实。这些规定可以说是法定的证据法则，其来源于一般社会经验及司法经验，将这些经验定型化、法则化，从而约束、限制法官的自由裁量权，防止权力滥用。第二，证据的数量。一般来说，产生证据的优势是依证据的可信价值而定的，与证据的数量或证人的多寡无关。也即法官可以仅仅相信具有很强证明价值的唯一证据或唯一证人，而对于相反的众多证据或多名证人的证言而不予置信。所以说证据数量的多少一般不会影响待证事实的盖然性，但如果证据的证明力大致相等或不相上下的时候，则证据数量也可以成为决定盖然性的因素。即证据愈多，法官就会产生更强的心证。第三，待证事实发生的盖然性。我们知道事物的发展一般以发生为非常态，以不发生为常态，当发生举证不能或举证不力而使待证事实处于真伪不明状态时，法官就会依据事物发展的常态——不发生来作出判决。但是，如果待证事实依据人类的一般生活经验及统计上的概率，其发生的盖然性相当之高，那么在事实真伪不明而当事人又无法举证时，法官可以认定盖然性高的事实发生，主张该事实发生的当事人可以不负举证责任，而相对方如果反对该事实，则应负举证责任。所以在这种情况下，实际上该事实是以发生为常态，而以不发生为非常态。

3. 确立证据占优势证明标准的必要性

（1）证据占优势体现了“谁主张，谁举证”的普遍性举证责任原理。

证据占优势也可以表述为优势证据。“优势证据的含义是这种证据在考虑和比较与之对立的证据时具有更强的证明力，而且使你相信证明事物为真的可能性大于为假的可能性。换言之，用‘优势证据’证明一个诉讼主张就是要证明该主张更可能为真。”①

举证责任分配原则最古老最普遍的公式就是古罗马法中的“谁主张，谁举证”。民事诉讼和刑事诉讼就其性质来说，虽然都属程序法范畴，但是两者却实行截然不同的诉讼原则。与此对应，举证责任的主体、原则也不同。刑事诉讼实行国家追诉原则（除自诉案件外），其运用证据的目的是查清犯罪事实，惩罚犯罪分子，维护社会的正常秩序。因此，刑事诉讼举证责任的分担主要是行使控诉职能的公安机关、检察机关。它们被要求全面、客观地调查收集证据，从而证明被告人有罪或无罪、犯罪情节是重还是轻等。由于公安机关、检察机关是国家的专门机关，具有可靠的资金来源、先进的技术设备，其人员又经过专职培训，在取证中可以采用讯问犯罪嫌疑人、侦查等特殊手段，因而在刑事诉讼中证据的要求容易达到确实、充分，对案件事实的认定完全有可能接近或等同于客观真实。民事诉讼则不然，它实行民事自治的诉讼原则，举证责任的分担主要在当事人之间进行，证据的提供也是当事人的事。人民法院越来越倾向于只负责查证，只是在极有限的法定或自己认为必要的情形下才可能收集、调取证据。刑事诉讼中的被告人面临的刑事责任是刑事处罚。刑事处罚是国家公权力运用的结果，当事人没有选择惩罚方式的权利，其程度也是相当严厉的，这和民事处罚不可相提并论。在刑事诉讼中被告人一旦被认定为有罪，不仅其

---

① ［美］罗纳德·艾伦：《民事案件证明的认识论》，何家弘译，载《外国法译评》1996 年第 2 期。

人身自由、政治权利可能被剥夺其个人财产可能被没收，而且其生命也可能丧失。因此，对刑事诉讼应适用高标准的证明要求。对于刑事案件，如果不能提供确实、充分的证据，案件事实处于真伪不明的疑案状态时，按照无罪推定原则，只能判决被告人无罪。而民事责任是私法责任，民事责任的承担方式相对刑事处罚来说就比较轻微。因此，民事诉讼的证明标准要低于刑事诉讼。民事诉讼中若出现事实真伪不明时，当事人双方应极力提供证据证明己方的主张，人民法院只能根据举证责任的分配原则对案件作出判决。“一般情况下，证据优势在哪一方，法院就会作出对这一方有利的判决。”①

（2）证据占优势体现了达到法律真实的证明任务要求。

虽然人民法院作出有利于证据占优势一方的裁判，“而在客观上，证据占优势的一方当事人的主张并不一定就是事实。故在民事诉讼中区分‘客观事实’与‘法律事实’是完全必要的……当然，这种证据占优势作为我国民事诉讼的证明标准，并不是绝对的和随意的。从总体来说，依据证据优势所认定的‘法律事实’是向‘客观事实’无限靠近的。”② 客观事实就是指依事物的本来面貌来认识事物，使认识与对象的实际情况相符合。所谓“法律事实是指，法院在裁判中对事实的认定应当符合实体法与程序法的有关规定，应当达到从法律的角度可以认为是真实的程度”③。时间的不可逆性决定了任何案件事实都无法原封不动地恢复到原始状态。“由于人们不能通过时间机器倒流以便向事实审理者展示‘事实真相’，调查并不能够产生这类‘真相’。事实审理者可以从人们提出的证据中来认定或然性事实以此来解决当事人之间的实际争议……我们不应该，而且也不可能迫使当事人作为一种倒时器在当

---

① 王圣扬：《论诉讼证明标准的二元制》，载《中国法学》1999 年第 3 期。

② 王圣扬：《论诉讼证明标准的二元制》，载《中国法学》1999 年第 3 期。

③ 李浩：《民事举证责任研究》，中国政法大学出版社 1993 年版，第 211 页。

时实际发生的事件中展示其事实真相。"①

由于受自然条件、经济条件和科学技术等客观因素和人的主观能动性、认识水平等主观因素的限制，证明的结果总是与案件的事实真相存在着距离，也就是说，证明的案件事实与实际上发生的事实不可能完全吻合。因此，民事案件的证明任务是要求用占优势的证据去支撑法律真实。而判断是否存在优势证据，绝不是简单地、形式主义地将证据相加，看证据数量的多寡，看证人人数的多少，而是要看证据的质量，看证据证明力的大小，看哪一方当事人提供的证据真正具有说服力。并且允许依优势证据认定案件事实，绝不意味着允许法院仅仅根据微弱的证据优势认定案件事实，比如百分之五十一对百分之四十九。证据占优势的证明标准也不否认证据应当确实、充分。"确实"是对证据质的要求，是指一切证据材料都必须经查证属实后才能作为认定案件的根据。这是民事诉讼与刑事诉讼共同要求的。"充分"是对证据量的要求，民事诉讼中"充分"的标准可稍低于刑事诉讼。民事诉讼中用"证据占优势"的证明标准去实现"法律真实"的证明任务，要求其法律真实必须最大限度地接近客观真实。

（3）证据占优势体现了民事诉讼中民事意思自治原则和诉讼经济原则。

民事案件的处理反映了一个根本性原则，即民事意思自治原则。民事诉讼当事人之间的争议属于平等的民事主体之间的事，属于私法调整的范畴。民事主体对自己的民事实体权利以及民事诉讼权利都有处分的权利。对于这种私权，国家公权力不应过多干预（但也不绝对）。民事主体为了各自的利益，为自己的主张极力地提供证据加以证明，以期证据上占优势，争取法官作出对己有利的判决。人民法院作为争议最终裁决的机关，对于民事主体诉诸人民

① David A. Binder, Paul Bergman: *Fact Investigation From Hypothesis to Poof*, West publishing Co. 1984.6.

法院的争议，即使案件事实处于真伪不明的状态，人民法院也应该根据证据占优势的证明标准作出裁决，而不能以证据不十分充分而拒绝裁决。这样做，虽然会出现个案的不真实，但总体上是趋于真实的，可以避免当事人在那些很难查清甚至不可能查清的事实上纠缠。人民法院作出裁决后，可以结束当事人之间的法律关系长期处于不明确、不稳定的状态，可以避免因此给当事人造成人力、财力的浪费。在民事诉讼中，当事人的自认，可以直接采用，不需要其他证据加以补证。不像在刑事诉讼中，只有被告人的口供，没有其他证据加以证实，而不能定罪处罚。这样可以缩短民事诉讼过程，节约诉讼成本。以上这些都表明，证据占优势体现了民事意思自治原则和诉讼经济原则。

四、证据占优势证明标准在我国民事诉讼中的施行

1. 在理论层面上

我国证据理论以前一直主张一元制的证明标准，将“确实、充分”作为刑事诉讼与民事诉讼、行政诉讼共同的证明标准。这样在理论上含有浪漫主义的理想化，在指导实践上又具有不可操作性。前文已提到，对于这种一元制的证明标准，学者们纷纷提出质疑，主张对三大诉讼根据性质不同以及适用的原则不同，应该采用不同的证明标准，即二元制乃至多元制的证明标准。

刑事诉讼与民事诉讼是性质上存在重大区别的两种诉讼。刑事诉讼要解决的问题是被告人的行为是否构成犯罪和应否受到刑事处罚，惩罚犯罪分子与保障无罪的人不受刑事追究在刑事诉讼中同等重要。一旦认定被告人有罪并加以处罚，就会给他带来极其严重的刑事处罚后果。民事诉讼是解决平等主体的当事人之间发生的民事争议。民事责任主要是财产责任。

由于案件的性质不同，刑事诉讼与民事诉讼实行不同的原则。刑事诉讼以国家追诉为原则，民事诉讼实行当事人处分原则。在刑事诉讼中，一方面要惩罚犯罪分子，另一方面要保障无罪的人不受

刑事追究，并且对于被追究刑事责任的人的合法权益也要保障。面对以国家作为强大后盾的刑事追诉机关（侦控机关），处于天然劣势地位的犯罪嫌疑人、被告人显得尤为弱小。法律从公平的角度考虑，给予处在“弱势”地位的犯罪嫌疑人、被告人特别的关照。法律赋予犯罪嫌疑人、被告人辩护权、获得律师帮助权等一系列增强抵御控诉的权利。无罪推定原则是刑事诉讼中的重要原则，它是指，“任何人，当他的罪行没有得到证明的时候，根据法律他应当被看作是无罪的。”① 该原则的精神体现在刑事诉讼证明标准方面，就是指，如果出现事实真伪不明的情况，要求按疑罪从无处理，即控诉方不能提供确实、充分的证据证明被告人有罪的，人民法院在这种情况下，只能作出有利于被告人的无罪判决。这样，虽然有放纵个别罪犯的可能，但能防止冤枉无辜，从全局上保障了人权。而民事诉讼则不同，民事诉讼的任务是解决平等民事主体之间的民事争议。当事人处分原则贯穿在民事诉讼过程中，其对自己的民事实体权利和民事诉讼权利享有处分权。是否起诉，起诉后是否撤诉，是否同对方当事人和解，是否承认对方主张的事实和接受对方的诉讼请求，以及对一审裁判不服是否上诉，等等，都由当事人自己处分。当事人的处分原则反映在民事诉讼证明标准上，就是指，负有举证责任的当事人对自己提出的主张，是否提出证据加以证明，也有处分的权利。如果他不提出证据加以证明，法官只能认定该主张的事实不存在；如果他提出了确实、充分的证据证明了自己提出的主张，那么法官就认定该主张的事实存在；如果他提出了一定的证据，但是由于客观上的原因，没有提出也不可能提出确实、充分的证据，在这种情况下，法官就根据负有举证责任一方的证据是否占优势并结合现实生活中的一般社会经验，来裁决哪一方胜诉。

基于充分地考虑到两种诉讼在性质上的重大区别，主张对刑事诉讼和民事诉讼采取不同的证明标准，已引起了越来越多的学者及

---

① 《中国大百科全书》（法学卷），中国大百科全书出版社 1984 年版，第 625 页。

实务界人士的共鸣。民事诉讼的证明标准应该低于刑事诉讼的证明标准，民事诉讼应该采取证据占优势的证明标准，其可行性已得到了理论上的论证。

2. 在制度背景上

当前，我国正在建设和完善社会主义市场经济体制，实行的是市场经济制度。市场经济的两个明显特征就是：充分尊重市场主体的自主性和强调效益。现行民事诉讼的证明标准已不符合市场经济的这两个特征要求，不能适应市场经济的发展了。它不能切实贯彻民事自治的精神，不能充分尊重市场主体的自主性，人民法院干预太多。民事诉讼片面强调对客观真实证明任务的追求，必然会使法官不受当事人主张证据范围的限制，而依职权去积极主动地收集、调取证据，并将此作为认定案件事实的根据。对此，有学者指出，“出现民事司法活动的过分干预，导致一种‘超职权主义’倾向，这种观念是与市场经济的商品交换关系极不适应的。”① 现行的民事诉讼证明标准对客观真实追求过高，导致了诉讼效益的低下，产生的结果是审判期限的不断延长。姑且不论办案的质量，单是使当事人的法律关系长期处于不明确、不稳定的状态，就会妨碍社会经济秩序的正常运行。由此，可以看出，在社会主义市场经济的制度背景下，采用达到法律真实证明任务的证据占优势证明标准既具有必要性又具有可行性。

3. 在法律规定上

我国《刑事诉讼法》第 50 条规定：审判人员、检察人员、侦查人员必须依照法定程序，收集能够证实犯罪嫌疑人、被告人有罪或者无罪、犯罪情节轻重的各种证据。2012 年《民事诉讼法》第 64 条规定：当事人对自己提出的主张，有责任提供证据；当事人及其诉讼代理人因客观原因不能自行收集的证据，或者人民法院认为审理案件需要的证据，人民法院应当调查收集。《刑事诉讼法》

---

① 孙笑侠：《论传统法律调整方式的改造》，载《法学》1995 年第 1 期。

第 53 条规定：对一切案件的判处都要重证据，重调查研究，不轻信口供。只有被告人供述，没有其他证据的，不能认定被告人有罪和处以刑罚。《民事诉讼法》第 75 条规定：人民法院对当事人的陈述，应当结合本案的其他证据，审查确定能否作为认定事实的根据。《最高人民法院关于适用〈中华人民共和国民事诉讼法〉若干问题的意见》第 75 条规定：下列事实，当事人无须举证：（1）一方当事人对另一方当事人陈述的案件事实和提出的诉讼请求，明确表示承认的……。在刑事诉讼中，由于证明要求既严又高，所以一般通过实际获得的证据来认定犯罪事实，推定只是在极例外的情形下才允许适用。在我国现行法律中，允许通过推定来认定犯罪事实的只有国家工作人员巨额财产来源不明的情形。在民事诉讼中，推定的适用是相当广泛的，其中典型的例子是合同诉讼和侵权诉讼中对被告过错的推定。另外，2002 年施行的《最高人民法院关于民事诉讼证据的若干规定》第 9 条规定，下列事实当事人无须举证证明：（1）众所周知的事实；（2）自然规律及定理；（3）根据法律规定或者已知事实和日常生活经验法则，能推定出的另一事实；（4）已为人民法院发生法律效力的裁判所确认的事实；（5）已为仲裁机构的生效裁决所确认的事实；（6）已为有效公证文书所证明的事实。这是我国司法解释关于推定问题的明确认可。正如曾担任过美国法学院联合会证据学分会主席的华尔兹教授所说："推定在民事诉讼中扮演着比在刑事案件中远为重要的角色。在民事案件中可以适用的可反驳性事实推定不胜枚举，下面列出的仅是具有代表性的种类，而其中只有少数能适用刑事案件之中。"①

从法律及相关司法解释对刑事诉讼、民事诉讼的相关规定来看，民事诉讼采用证据占优势的证明标准已经得到了执行。

4. 在公民诉讼观念的转变上

---

① ［美］乔恩·R·华尔兹：《刑事证据大全》，何家弘等译，中国人民公安大学出版社 1993 年版，第 315 页。

我国由于长期受儒家传统思想的影响，人们形成了“和为贵”、“重人情”的处世哲学，在诉讼观上表现为“无讼观”、“厌讼观”。“听讼，我犹人也，必也，使无讼乎。”[①] 随着市场经济的不断深入发展、西方法律文化思潮的冲击以及公民的文化素质和法律意识的提高，人们传统的诉讼观念在悄悄地发生转变。首先，人们不再畏惧诉讼，一旦发生纠纷，越来越多的人愿意通过诉讼方式解决争议。甚至有人为了讨回公道，打起一元钱的官司。其次，人们的诉讼意识增强了。在日常活动中，注意对一些重要材料的收集，一旦涉诉，这些材料可以作为有利于己方的有力证据使用。例如，人们在购物时，都比较主动地要求商家开发票，出示保修卡、保质卡等。公民之间（甚至在比较熟悉的亲戚朋友之间）在借款时，已注意要求借方写下借据，还款时借方要求撤回借据。因此，从公民的诉讼观念的转变上看，我国民事诉讼采用证据占优势的证明标准具有可行性。

5. 在司法实践上

在民事诉讼中，当事人对自己的主张不能提供证据的，人民法院便推定其所主张的事实不存在，当然，当事人举不出证据证明其主张的事实存在，并不能因此而完全否定该事实的存在，人民法院的推定只是一种优势盖然性，即根据一般的社会经验，认为其可能性大于其不可能性。在司法实践中，这种盖然性的证据占优势证明标准，已为我国一些人民法院自觉地采用。深圳市中级人民法院处理的陈某诉李某债务纠纷案便是典型例证。在该案中，被告于1986年4月25日向原告借港币15000元，并立有借据，言明借款之日起10月内还清，事后，原告委托被告从香港购物。当原告再次委托被告购物时，被告要原告先付款。

因为被告认为欠原告的15000元港币已经还清，原告则认为所借之款尚未返还，托被告购物所需款项，可从其借款中扣除。双方

① 《论语·颜渊》。

为此争执不下，原告诉至人民法院。在审理中，原告向一审人民法院提交借据为证，要被告偿还债款。被告则辩称，该款已于1986年5月2日由被告之妻赵某当面还给了原告，只是因故未能从原告处收回借条，亦未要原告写收款收据。一审人民法院认为，借款一事有被告所立的原始借据为证。被告虽称已经还款，但现在原告手中仍有被告所立借据，且被告亦无原告所开还款收据，故被告的辩解不能成立。据此，人民法院在判决中确认被告李某向原告陈某借港币15000元，扣除原告委托被告购买香烟等物共折款港币2703元，余款12297元，限被告在判决生效之日起10日内返还给原告。被告上诉被驳回后，又以借款全部还清，且有二人作证等为由向深圳市中级人民法院提出申诉。经中级人民法院复查认为：借款一事属实，申诉人李某反映在其家中已还款给陈某，并有在场人麦某、徐某两人作证。但被申诉人却坚持说未还该款。申诉人向被申诉人借款时所立借据仍在被申诉人手中。在人证和书证二者发生矛盾的情况下，民事案件一般应尊重书证。① 可见，在我国民事诉讼实践中，证据占优势的证明标准已经得到了实行。

---

① 参见王常营主编：《深圳经济特区涉外涉港澳民事案例评析》，人民法院出版社1990年版，第86、87页。

第十七章 行政诉讼中的证明标准

诉讼中的证明标准是指诉讼中各诉讼主体提出证据对案件情况等待证事实进行证明所应达到的程度（要求）。证明标准是证据理论的基本问题，同时也是诉讼实践不能回避的问题。在证据法中，证明的标准是考量证明目标是否已经达到的分界线：线上为已达证明目标，证明主体的证明任务已经完成；线下则被认为证明的任务没有完成，其证明责任尚未解除。因此，如何从理论研究到诉讼实践确立科学的证明标准，尤其是从立法上明确规定证明标准，无疑是至关重要的。

一、行政诉讼也存在证明标准问题

由于行政诉讼制度（包括行政诉讼证据制度）较刑事诉讼制度、民事诉讼制度的建立要晚许多，因而我们看到的比较多的是对刑事诉讼、民事诉讼中证明标准的研究。

在行政诉讼中，同样会遇到诉讼主体将案情证明到何种程度才算是达到证明标准完成证明任务的问题。

行政诉讼是国家审判机关运用审判权处理发生在行政主体与行政相对人之间的行政争议的活动，通过个案的审理和裁判，保护公民、法人和其他组织的合法权益，维护和监督行政机关依法行使职权。行政诉讼不论在处理的纠纷的性质、诉讼的目的及任务，还是在具体的证据制度方面，都呈现出不同于刑事诉讼和民事诉讼的特点，因而在证明的标准方面也应当有符合其自身规律的自己的标准，“专业的精细化程度是衡量司法职业化成熟的标志，如果我们真的能够精细化地认识理解法律专业某一个狭窄领域，于我们的司法工作大有裨益。”① 故而将行政诉讼的证明标准与刑事诉讼、民事诉讼证明标准不加区分地均界定为“确实、充分”，显然是不合理的。

从诉讼的性质上看，行政诉讼与刑事诉讼的差异要大于其与民事诉讼的差异，这也是行政诉讼法在颁布以前，审理行政诉讼案件适用民事诉讼法而不是刑事诉讼法的重要原因。如前所述，刑事诉讼要解决的问题是，被告人的行为是否构成犯罪以及如何量刑，一旦依法对其定罪量刑，被告人的人身自由将会受到限制，或者财产将被没收，甚至有可能被剥夺生命。而行政诉讼则是要解决在行政管理领域行政机关对行政相对人所作出的具体行政行为是否正确、合法的问题，如果是正确、合法的，即判决予以维持；如果具体行政行为不合法，则将被判决撤销，对行政相对人造成损失的，还应由被告负赔偿责任。由于这种性质上的重大区别，使这两种诉讼（即行政诉讼、刑事诉讼）实行截然不同的原则。刑事诉讼主要由国家公诉机关——人民检察院提起公诉，实行国家追诉原则，并且检察机关依法享有的公诉权是不能自由处分的；而在行政诉讼中，行政相对人一方对行政机关作出的具体行政行为是否起诉，起诉后是否撤诉，均由该行政相对人自主决定，国家对此不予干预。

从法律的规定看，刑事诉讼法与行政诉讼法对证据问题的有关规定是不同的。首先，举证责任的设置不同。刑事诉讼法规定，公诉案件应当由公诉一方承担举证责任，其对于自己所提起的公诉，必须以足够的证据予以支持，否则对被告人的指控将不能成立。刑事诉讼中的被告人不承担举证责任。而行政诉讼法规定，对被诉的具体行政行为承担举证责任的，不是提出诉讼主张的原告，而应当是被告。如果被告不能提出证据证明自己所作出的具体行政行为的合法性，或者人民法院也没有能够收集到必要的证据查清案情，致

① 王新环：《心思缜密是司法者的灵性所在》，载《法制日报》2012年2月8日。

使案件事实处于真伪不明的状况，这时人民法院将按照行政诉讼法的规定判决被告承担败诉的结果。其次，对人民法院在诉讼中对证据的收集和调查的规定不同。《刑事诉讼法》第50条规定：审判人员、检察人员、侦查人员必须依照法定程序，收集能够证实被告人有罪或者无罪、犯罪情节轻重的各种证据。而《行政诉讼法》第32条对被告的举证责任作出了明确的规定，因而人民法院主要应从被告方面获取证据信息，必要时还可以要求被告补充证据，或者自己依职权收集调查证据。可见行政诉讼中人民法院对证据收集、调查的范围要小于刑事诉讼。这必将对证明标准产生重要影响。最后，对待言词证据的态度不同。如前所述，在刑事诉讼中只有被告人的供述，没有其他证据的，不能认定被告人有罪和处以刑罚；而在行政诉讼中，当事人的陈述可以免除对方的举证责任。这一点与诉讼主体是否享有处分权有关。在刑事诉讼中，当事人陈述不是一种独立的证据种类，被告人的供述也不具有免除公诉人举证责任的效力。公诉方也好，辩护方也好，均不享有处分权。在行政诉讼中，原告一方对自己的财产权、人身权以及诉讼权利，可依法行使处分权，因而当事人的陈述是一种独立的证据种类，只要当事人的陈述经查证属实，即可产生相应的法律后果。此外，由于行政诉讼承认当事人一定范围内的处分权，因而国家对刑事诉讼的干预程度必然要强于行政诉讼。

从上述的比较与分析中可以看出：刑事诉讼与行政诉讼不宜采取同样的证明标准，这是诉讼的性质、法律对证据制度的不同规定所决定的，无视这些区别，采用同样的标准，不仅缺乏理论上的支持，而且与现行立法的规定不符。例如，《行政诉讼法》第32条规定，对于被诉的具体行政行为，应当由被告承担举证责任。如果被告不能以足够的证据证明其行政行为的合法性，人民法院也不能收集到必要的证据证明案件的真实情况，按照一元制的“确实、充分”的证明标准，此案是不能下判决的，但依照行政诉讼法关于举证责任的规定，人民法院则可以依举证责任的负担原则判决被告败诉。显然，无论是从理论上讲，还是从立法上讲，行政诉讼的证明标准都应当低于刑事诉讼。

相比之下，行政诉讼的证明标准应当与民事诉讼的证明标准比较接近。首先，这是由两种诉讼的性质比较接近所决定的。行政诉讼与民事诉讼所要直接保护的都是公民、法人和其他组织的人身权、财产权，所不同的只是侵犯这些合法权益的方式不同。正因为如此，在我国，在相当一段时期内，人民法院审理行政诉讼案件适用的是民事诉讼法。其次，从举证责任制度的设立来看，行政诉讼法、民事诉讼法都规定举证责任由诉讼的当事人而不是由司法机关承担，虽然举证责任的具体负担原则不同，但在是否承担举证责任与诉讼的后果、在案件事实真伪不明时举证责任与诉讼的后果、在案件事实真伪不明时依举证责任下判决方面，却是相同的。最后，由于诉讼的性质所决定，国家对行政诉讼和民事诉讼的干预程度远不如刑事诉讼强烈。例如，程序的启动均实行不告不理的原则；当事人在诉讼程序开始后依法享有撤诉的权利；当事人在诉讼中对自己享有的实体权利和诉讼权利享有一定范围的处分权；检察机关对诉讼的监督不能过早介入，而只能在判决、裁定发生法律效力之后，发现其确有错误时才能提出抗诉。由于在上述方面两者比较接近，因而证明的标准也应比较接近。

尽管有这些相似之处，但行政诉讼毕竟是一种独立的诉讼形式，与民事诉讼相比，又有一些独特的地方，这就决定了行政诉讼的证明标准不完全等同于民事诉讼。行政诉讼与民事诉讼最明显的区别就在于，行政法律关系不仅涉及公民、法人或其他组织的合法权益，而且会涉及社会公共利益。通过行政诉讼，一方面要保护公民、法人或其他组织的合法权益，另一方面还要维护和监督行政机关依法行使职权。反映到证据问题上，仅仅谋求纠纷在双方当事人之间的解决是不够的，还必须求得客观上合法和公正的判决结果。另外，行政诉讼的主体一方是行使国家行政职权的行政机关，它与民事诉讼中当事人不同的是，由于它行使的是国家的行政职权，所以对自己拥有的这种职权以及有关的诉讼权利，是不能够自由处分的。从这种分析与比较中可以看出，行政诉讼中的证明标准应略高于民事诉讼的证明标准。

二、行政诉讼的证明标准为法律真实

行政诉讼的证明标准应当低于刑事诉讼、高于民事诉讼，这是通过分析我们得出的基本的结论。但是，对这样的证明标准应当如何明确地加以表述呢？笔者认为，将其表述为法律真实不失为一种恰当的选择。其理由如下：

第一，将行政诉讼证明标准表述为法律真实而不是客观真实，这首先是对我国证据法学中一元制证明标准的否定。刑事诉讼、民事诉讼、行政诉讼由于诉讼的性质不同、目的不同、任务不同以及诉讼活动的规律不同，采用同一标准是不妥当的，也不能适应司法实践的需要。其次，追求客观真实虽然是我国一贯的原则，但诉讼法上将其表述为“确实、充分”，作为法律规范，这太过抽象和不便操作，与诉讼实际也不相符合。在客观真实的要求下，司法人员往往要承担过大的精神压力，公民的权利和自由不可能保持一种稳定的状态，在实践中容易带来蔑视法治的严重后果。总之，客观真实的要求与法治的要求难以相容。[①] 在诉讼中，通过证据需要认识的案件事实，是既往已经发生的事实，它已成为“历史”，不可能再现于审判人员面前，只能通过运用证据，通过证明主体的证明活动将案件事实揭示出来，审判人员再在这个基础上适用法律，作出裁判。即使审判人员作出裁判所依据的证据“确实、充分”，裁判中所认定的事实仍然不等于客观世界实际发生的事实。因此，与其说它是客观真实，不如说它是法律真实更恰当。在整个证明活动中，证明主体对证据的提供、收集、调查、审查判断等活动，都必

① 参见樊崇义主编：《刑事证据法原理与适用》，中国人民公安大学出版社 2001 年版，第 39 页。

须严格依照法律规定的程序进行，这些法律程序实际上是以保障法律真实为使命的。

第二，主张客观真实的哲学基础是辩证唯物主义的认识论、方法论。据此，客观事物应当是可以被认识的，行使审判权的人民法院应当积极地、能动地反映客观世界，没有“确实、充分”的证据，不应当作出裁判。将这种观点用于指导立法和司法，必然导致在诉讼这个特定的环境中制定出过高的证明标准。由于主客观条件的限制，一些案件是难以达到这种标准的，一定要坚持这种标准的话，只能是脱离实际的，因此是违反辩证唯物主义的。毫无疑问，客观真实应当是我们追求的理想，但不顾客观条件一味地、绝对地要求达到那种标准，则是不现实的。“法律寻找的是最大可能性，而不是确定性，确定性是几乎不可能实现的。”① 不承认这一点，认为客观事物都是可以被认识的，那么诉讼法设立第二审程序、审判监督程序也就是多余的了。

第三，诉讼程序本身与法律真实这一证明标准具有相容性。审判人员依法解决行政争议，是在诉讼程序中进行的，诉讼程序有其特定的时间和空间范围，有其特定的复杂环境，这些都会对审判人员达到客观真实产生影响。“每一起案件都有不同的事实，涉及不同的法律规范，牵扯不同的人利益得失乃至命运。法官要像雕琢一件艺术品一样，将自己的知识、经验和裁判技巧倾注于个案的处理上。”② 显然，司法人员处理这些不同的个案，其证明标准很难均达到“确实、充分”。例如，在行政诉讼中，当事人为了胜诉，可能只提供对自己有利的证据，而将不利于自己的证据和有利于对方的证据隐藏起来，这就在客观上为审判人员认识客观真实设置了障碍，而诉讼程序又是有期限性的规定的，当审判人员因某种原因不能掌握“确实、充分”的证据时，有关诉讼期限的规定又不允许

① ［英］理查德·梅：《刑事证据》，王丽等译，法律出版社2007年版，第78页。

② 丁国强：《对法官角色的理性思考》，载《法制日报》2012年2月15日。

该审判人员无期限地等下去，查下去。因而在诉讼程序范围内，要求证明标准必须达到“确实、充分”的程度，显然是不切实际的。实践证明，一味地坚持下去，必然带来越来越多的积案，同时也必然会加大诉讼成本的投入。而法律真实则能与诉讼程序相适应，证明的主体对案件事实的认定只要符合实体法和程序法的有关规定，从法律的角度达到了真实的程度，就应当认为达到了证明的标准。确立这一标准，并不否认客观真实的价值，相反，法律真实所依据的，作为判断依据的具体法律规定应当尽可能地、最大限度地保证客观真实的实现。客观真实是立法以及司法所追求的一种理想，但不应成为具体诉讼中的证明标准。

第四，确立法律真实这一标准，不仅具有理论上的合理性，而且有法律依据。换言之，法律真实是对现行立法的一种概括性表述。例如，《行政诉讼法》第 32 条规定的举证责任，就是对法律真实这一证明标准的最好说明。根据这一规定，被告应当对其作出的具体行政行为承担举证责任。如它不能承担举证责任，人民法院也未能收集、调查到必要的证据，就要由负有举证责任的被告一方承担败诉的后果。人民法院在作这种裁判的时候，并非根据客观真实，而是根据法律真实。被告不能提出证据证明自己的主张，不等于其主张就一定不能成立。尤其是当案件事实处于真伪不明状态时，人民法院要依举证责任裁判，由承担举证责任的一方当事人承担败诉的结果，显然，该裁判所认定的案件事实可能与实际发生的案件事实不一致，但由于这符合了法律的规定，而且在同等情况下被广泛地适用，应当说，它满足了法律上的要求，就应当被认为是达到了法律上的真实，证明的任务即告结束。又如，《行政诉讼法》第 33 条规定，被告在诉讼中不得自行向原告和证人收集、调查证据。假设被告所作出的具体行政行为的结果是正确的，只是有些证据尚未取得，法律及人民法院都不允许被告在诉讼中收集证据，在这种情况下，人民法院依据举证责任判被告败诉，同样会出现裁判所认定的事实与实际发生的案件事实不一致的情况。这时，从证明标准的角度看，显然就是以法律真实而不是以客观真实作为证明标准的。

法律真实作为行政诉讼的证明标准，是符合辩证唯物主义的，也是有其存在的理论及实践基础的，并且在实际上，我国的行政诉讼法已经有了一些规定。但是，理论界对此的认识还不是很充分、很清晰，立法上的规定也还显得零散、不明确和不成熟，因而有必要在理论上加以研究，在立法上进一步完善。

第十八章　刑事证明标准及其层次性

刑事证明标准不仅是刑事诉讼证明理论的主要内容，还是进行刑事诉讼证明活动的重要依据。当前学术界与实务界以极大热情对刑事证明标准进行研究，产生了一些针锋相对的观点并引发大讨论，但是仍未能形成全面、系统、成熟的理论。特别是刑事证明标准层次性问题，无论从证据学理论，还是从证据立法及刑事司法活动，均有进一步研究的必要。

一、我国诉讼法学界关于刑事证明标准层次性问题的观点及其评价

第一种观点是：有罪判决的证明标准分三个层次。层次一："确定无疑"，指认定犯罪事实要证据确实、充分，排除其他可能性，这应当是我国作出有罪判决的最高标准，也是一般的证明标准。层次二："接近确定无疑"，即为了提高同犯罪作斗争的效能，有必要在坚持确定无疑的证明标准的基础上，对某些案件以及犯罪构成的某些要件稍稍降低证明标准，规定只需达到接近确定无疑，即相当于排除合理怀疑的证明程度即可。层次三："有确定证据的推定"，指根据法律规定，从已证实的事实直接认定另一事实的存在，除非被追诉者提出反证加以推翻。推定反映的只是一种高度的可能性，基于推定认定的事实在证明程度上低于排他性和排除合理怀疑。①

① 参见陈光中：《构建层次性的证明标准》，载《检察日报》2002年3月26日。

第二种观点是：刑事诉讼的证明标准有不同的表现，即刑事诉讼的不同阶段适用不同的证明标准、不同证明责任的承担主体适用不同的证明标准、不同证明对象适用不同的证明标准，上述三种表现中的第一种和第二种是一个问题的两个不同表述，两者是相同的。其表现为：其一，刑事证明标准阶段性在各国均有表现；第二，刑事证明标准阶段性的理论基础是刑事诉讼阶段论和证明过程论；其三，我国刑事诉讼不同阶段适用的证明标准不同，即立案的证明标准是人民法院、人民检察院或者公安机关认为有犯罪事实需要追究刑事责任；移送审查起诉的证明标准是公安机关认为犯罪事实清楚，证据确实、充分；提起公诉的证明标准是人民检察院认为犯罪事实已经查清，证据确实、充分；有罪判决的证明标准是人民法院认为案件事实清楚，证据确实、充分。①

第三种观点是：“刑事证明标准分为实体证明标准和程序证明标准，程序证明标准是衡量证明主体的证明活动是否符合法定证明步骤、方法、方式的准则和标尺，它是证明效力产生的源泉。它是一个渐进的过程，是有层次的。其特点是：其一，程序证明标准在诉讼过程中呈现阶段性特点，表现为侦查阶段的单方证明、审查起诉阶段的复式确认单方证明和审判阶段的对抗双方在场下的裁判证明。其二，程序证明标准随诉讼进程体现递升的趋势。一般来说，复式确认单方证明标准在层次上要高于单方证明标准，而双方对抗下的裁判证明标准又高于复式确认单方证明标准。其三，程序证明标准是一个动态概念，在诉讼过程中是由低向高运动的。运动着的程序作为这种证明标准的载体也使它在诉讼中处于运动状态。”②

以上三种颇具有代表性的观点，从不同视角阐述了刑事证明标

---

① 参见李学宽、汪海燕、张小玲：《关于刑事证明标准层次性问题的探讨》，载《政法论坛》2000 年第 1 期。

② 宋世杰：《证据学新论》，中国检察出版社 2001 年版，第 256 ~ 257 页。

准的层次性问题。第一种观点是根据不同案件的性质，将有罪判决的证明标准划分为三个层次，这种划分有利于提高诉讼效率和促进惩罚犯罪诉讼目的的实现，只是多少有些局限性，即仅限于审判阶段。第二种观点是根据刑事诉讼不同阶段的性质和诉讼活动，划分了立案、移送审查起诉、提起公诉、有罪判决四个层次的刑事证明标准，是对我国现行刑事诉讼法有关内容的总结，具有一定的现实指导意义，但以刑事诉讼阶段作为划分刑事证明标准层次性的标准，是否符合刑事诉讼规律值得思考。第三种观点显然同前两种观点不同，因为前两种观点在第三种观点的视角下均是实体证明标准，不应有层次性，即均为一元的客观真实的证明标准。认为同实体证明标准这一“内容”对应的程序证明标准这一“形式”才存在着层次性，并具有可操作性和现实性品格。但这种区分的合理依据是什么，将本来就是程序问题的刑事证明标准再作实体与程序的区分有何理论意义——尽管我们将证明对象分为实体法事实和程序法事实——仍值得进一步探讨。笔者认为任何一种观点都不可避免地孕育着片面真理的内涵，笔者在此提出刑事证明标准层次性问题存在于侦查、起诉、审判三个阶段的观点，期待学界同仁们的批评指正。在详细阐述这一观点前，有必要先考察一下外国的刑事证明标准层次性问题和确立我国刑事证明标准层次性问题的几个基本理论支撑点。

二、外国刑事证明标准的层次性问题

1. 大陆法系国家的相关规定

大陆法系国家有罪判决证明标准的表述是“内心确信”，其经典表述是法国现行《刑事诉讼法》第353条的规定，“法律并不考虑法官通过何种途径达成内心确信；法律并不要求他们必须追求充分和足够的证据；法律只要求他们心平气和、精神集中，凭自己的诚实和良心，依靠自己的理智，根据有罪证据和辩护理由，形成印象，作出判断。法律只向他们提出一个问题：你是否已形成内心确信？这是他们全部的职责所在。”①《德国刑事诉讼法典》第261条规定，“对证据调查的结果由法庭根据它在审理的全过程中建立起来的内心确信而决定。”②

大陆法系国家提起公诉的证明标准。法国检察官在决定是否提起公诉时必须从追诉的合法性与适当性两方面对案件进行审查，其中关于追诉合法性的审查，除了对诉讼条件的审查外，主要从两方面进行：（1）是否存在公诉的明显理由？首先，检察官必须确定是否具备获得有利的判决的全部构成要件，即根据法律规定确认犯罪成立的前提下，还必须确定行为人的身份。但如果是提请预审的案件，即使不能确定谁是行为人，仍然允许提起公诉。然后通过预审程序发现和确定公诉的特定被告人。（2）是否存在责任阻却事由。例如，是否属于正当行为（正当防卫、紧急避险、行使权利等），是否有责任能力（心志丧失，受到不可抗力之强制），行为是否属于被豁免的范围，等等。如果存在其中一项责任阻却事由，检察官只能决定不起诉。③《德国刑事诉讼法典》第152条第2款规定：“除法律另有规定外，在有足够的事实根据时，检察官负有对所有的可予以追究的犯罪行为作出行动的义务。”这一条虽然主旨在于确定“起诉法定原则”，但它明确要求起诉必须有“足够的事实根据”。根据德国权威教科书的解释这里的“有足够的事实根据”，也就是“有充分的犯罪嫌疑”，指极有可能被法院判决有罪。④

众所周知，大陆法系国家中法国、德国的侦查模式实行检警一

---

① 《法国刑事诉讼法典》，余叔通、谢朝华译，中国政法大学出版社1997年版，第131～132页。

② 《德国刑事诉讼法典》，李昌珂译，中国政法大学出版社1995年版，第106页。

③ 转引自孙长永：《提起公诉的证据标准及其司法审查比较研究》，载《中国法学》2001年第4期。

④ 转引自孙长永：《提起公诉的证据标准及其司法审查比较研究》，载《中国法学》2001年第4期。

体化，作为审前程序的侦查和审查起诉均由检察机关承担，因而本文在考察大陆法系国家刑事证明标准层次性问题时，选择了有罪判决证明标准与提起公诉证明标准作为研究对象。

2. 英美法系国家的相关规定

英美法系国家有罪判决证明标准是排除合理怀疑的标准，所谓合理怀疑，美国加利福尼亚州刑法典对其表述为："它不仅仅是一个可能的怀疑，而是指该案的状态，在经过对所有证据的总的比较和考虑之后，陪审员处于这种状况，他们不能说他们感到对指控罪行的真实性得出永久的裁判已达到的内心确信的程度。"

英国《1994 年皇家检察官守则》① 明确规定了提起公诉的证明标准。该《守则》第 4 条规定，皇家检察官对于警察移送起诉的案件应当从两方面进行审查：一是证据审查；二是公共利益审查。其中证据审查是前提，如果案件未通过证据审查，无论它多么重要或多么严重，都不应当继续进行诉讼。根据该《守则》第 5 条规定，所谓"证据审查"实际上也就是审查是否达到提起或维持公诉所必须满足的证据标准，它要求"检察官必须确信对每个被告人提出的每一项指控都有足够的证据提供现实的定罪预期"。所谓"现实的定罪预期"是客观标准，而不完全是检察官的主观猜测，它是指陪审团或治安法官组成的法庭，在主审法官或书记官根据法律规定很可能给被告人定罪时，如果根据现有证据没有这种现实可能性，并且警察也说不再有其他证据或者没有可能再找到其他证据，就不应当就某个罪名提起公诉。②

美国法没有明确规定检察官决定起诉必须满足的证据标准。但

---

① 关于《皇家检察官守则》译法不同，有人译作《刑事案件起诉规则》，参见《英国刑事诉讼制度的新发展——赴英考察报告》，载《诉讼法论丛》第 2 卷，法律出版社 1998 年版，第 334 页。转引自陈卫东：《程序正义之路》第 2 卷，法律出版社 2005 年版，第 146 页。

② 转引自孙长永：《提起公诉的证据标准及其司法审查比较研究》，载《中国法学》2001 年第 4 期。

是，美国律师协会制定的《职业责任守则》规定："在明知或显然没有合理根据支持指控的情况下，检察官或其他政府律师不得提起或导致提起刑事指控。"① 然而，由于美国联邦司法系统和州司法系统普遍赋予被告人要求预审的权利，在联邦和部分州还实行大陪审团审查起诉制度，美国检察官在决定起诉时必须考虑到所提出的指控在证据方面要经得起预审或大陪审团的审查。因而在实务上，美国检察官决定起诉证据标准一般高于逮捕的证据标准；通常情况下，只有在有可采的证据表明被告人有罪达到高度的盖然性时，即有充分的证据相信能够获得有罪判决时，检察官才会决定起诉。②

在美国证据法则和证据理论中，将证明程度一共分为九等：第一等是绝对确定，由于认识论的限制，认为这一标准无法达到，因此无论出于任何法律目的均无这样的要求；第二等即排除合理怀疑，为刑事案件作出定罪裁决所要求，也是诉讼证明方面的最高标准；第三等是清楚和有说服力的证据，在某些司法区，在死刑案件中当拒绝保释时，以及作出某些民事判决有这样的要求；第四等是优势证据，是作出民事判决以及肯定刑事辩护时的要求；第五等是合理根据，适用于签发令状，无证逮捕、搜查和扣押，提起大陪审团起诉书和检察官起诉书，撤销缓刑和假释，以及公民扭送等情况；第六等是有理由相信，适用于拦截和搜身；第七等是有理由的怀疑，足以将被告人宣布无罪；第八等是怀疑，可以开始侦查；第九等是无线索，不足以采取任何法律行为。③ 可见，在美国，不同等级（层次）的证明标准对应不同的诉讼行为（并不与诉讼阶段完全相对应）。

---

① 转引自孙长永：《提起公诉的证据标准及其司法审查比较研究》，载《中国法学》2001年第4期。

② 转引自孙长永：《提起公诉的证据标准及其司法审查比较研究》，载《中国法学》2001年第4期。

③ 参见《美国联邦刑事诉讼规则和证据规则》，卞建林译，中国政法大学出版社1996年版，第22页。

综上，无论英国、美国还是法国、德国均在审查起诉阶段与审判阶段之间存在层次性证明标准，有的国家还在其他诉讼阶段上或证明过程中存在证明标准的层次性问题，比较分析后会发现许多共通之处。之所以如此，应是其法律思想与哲学理论基础在诉讼证明中的折射与反映。

3. 两大法系国家在刑事证明标准层次性问题上的共同点及其理论支撑点

两大法系国家在不同诉讼阶段存在由低至高的不同等级证明标准，主要体现在提起公诉阶段和审判阶段，其原因应与“审判中心论”的理论相关，即审判阶段是整个刑事诉讼活动的中心，侦查阶段与审查起诉阶段均作为审前程序一个较紧密的整体而为审判服务；侦查阶段进行的收集、固定证据与审查起诉阶段的审查核实证据的诉讼活动，最终归结为提起公诉活动。同时两大法系国家均奉行刑事诉讼中的被告人有权获得迅速交付审判的权利，避免不必要延误的法律思想，在这一思想的指导下，两大法系国家提起公诉的证明标准明显低于有罪判决的证明标准，而且还是节约司法资源、降低诉讼成本、提高诉讼效率这一诉讼价值目标在司法实践中的贯彻和执行。“西方国家，起诉并不意味着侦查的终结，控方在决定起诉后仍然可以继续收集有关的证据。在保留预审制度的大陆法系国家，检察官可以启动预审程序通过预审法官的强制权力进一步收集证据；在英美法系国家，一方面要求控方必须在逮捕嫌疑人后尽快提出指控，另一方面允许控方在决定提出指控后，通过讯问嫌疑人以外的方法继续发现和收集证据，控辩双方还可以通过证据开示程序了解对方持有或控制的证据。对于控方而言，起诉的及时性要求使得它在决定起诉时，不可能拥有太多的证据，同时，起诉后补充收集或者获悉的证据可能会进一步加强控诉证据的证明力，因此，也没有必要要求公诉证据标准必须达到最终足以定罪的程度。”①

另外，基于经验主义的哲学思想，西方国家一般排斥认识真理的终极性，相信真理不过是认识无限接近于客观事实的相对反映而已。人们的认识与客观事物间不可避免地存在一定距离，因而在诉讼中允许法官或陪审员按其建立的心证定案，两大法系国家分别设立了内心确信与排除合理怀疑这两种处于相同级别的并未达到绝对确定程度的审判定罪的证明标准，相应设立了另外两种相同级别的提起公诉证明标准：足够的根据与合理的根据。无论是审判定罪证明标准的内心确信和排除合理怀疑，还是提起公诉证明标准的足够的根据和合理的根据，均与法官或陪审员在经验、知识、习惯、逻辑、良心等因素作用下形成的心证紧密相关，尽管实行职权主义诉讼模式的大陆法系国家在具体司法实践中运用的刑事证明标准比实行当事人主义诉讼模式的英美法系国家严格，但共同的哲学理论指导思想和法律精神决定了两大法系国家在刑事证明标准层次性问题上拥有这些共同特点。

三、确立我国刑事证明标准层次性的几个基本理论前提

1. 现代刑事诉讼法律观

“法治秩序的建立不能单靠制定若干法律条文和设立若干法庭，重要的还得看人民怎样去应用这些设备。更进一步，在社会结构和思想观念上还得先有一番改革。如果在这些方面不加以改革，单把法律和法庭推行下去，结果法治秩序的好处未得，而破坏礼治秩序的弊端却已发生了。”② 我国刑事诉讼法律观受我国传统法律

① 孙长永：《提起公诉的证据标准及其司法审查比较研究》，载《中国法学》2001 年第 4 期。

② 方舟、雪夫主编：《东方赤子——大家丛书费孝通卷》，华文出版社 1999 年版，第 157 页。

文化的影响，强调刑事诉讼对国家安宁和社会稳定的作用，强调个体利益服从社会整体利益，注重刑事诉讼参与人的义务而轻视他们的权利。在这种法律观指导下，为追求刑事诉讼的最高证明标准——客观真实——使刑事诉讼为社会秩序的稳定服务，导致手段的合法与否、个人权利是否受保障及保障的强度如何，不被执法者所注意。现代刑事诉讼法律观强调国家安全、社会秩序与个人权利的同等重要与和谐发展，而在那些受传统法律文化影响较深的东方国家，则更强调建立在已经被规定于宪法中的民主、自由、平等思想基础之上的人权保障观念，让“法律的正当程序”理念烙印于每一位执法者。唯有如此，刑事诉讼的层次性证明标准之科学性才能为每一位执法者所体会，我们所研究的层次性证明标准才能对我国的刑事司法实践具有实际意义。

2. 多元化的诉讼价值论

价值及法律价值多元化的理论有一个演进过程。苏格拉底从价值的角度提出“美德即知识”的哲学命题，指出了事实的“真”与价值的“善”二者统一的关系，被称为伦理价值。康德从认识论的角度，提出了“实然”和“应然”的问题，并认为“实然”是事实认识，是经验知识；“应然”是价值认识，是先验知识，从而将二者割裂开来。黑格尔批判了这一观点，提出了“凡是合理的都是现实的，凡是现实的都是合理的”这一著名命题。马克思在考察人类行为和社会关系必须从人的“质”的属性出发，重视人的需要，揭示人的行为对社会关系所起作用的一般规律后提出了价值这个普遍概念是从人们对待满足他们需要的外界事物的关系中产生的这一行为价值观。将价值运用于法律并对其进行评价就是法律价值，那么法律价值究竟有哪些内容呢？西方有学者认为，一个法律制度若要恰当地完成其职能，就不仅要力求实现正义，而且还需致力于创造秩序。在一个健全的法律制度中，秩序与正义这两个价值通常不会发生冲突，相反，它们往往会在较高的层面上紧密相联，融洽一致。一个法律制度若不能满足正义的要求，那么从长远的角度来看，它就无力为政治实体提供秩序与和平。但在另一方面如果没有一个有序的司法执行制度来确保相同情况获得相同待遇，那么正义也不可能实现。……为人们所要求的这两个价值的综合体，可以用这句话概括即法律旨在创设一种正义的社会“秩序”。① 其中将正义概括为四项内容，即自由、平等、安全和公共福利。西方还有学者认为，法律制度有三个基本价值：秩序、公平和自由。必须先有社会秩序，才谈得上社会公平。法律规则的首要目标，是使社会中各个成员的人身和财产得到保障，使他们的精力不必因操心自我保护而消耗殆尽。② 西方经济分析学派代表人物波斯纳法官认为，所有法律活动（包括立法、执法和诉讼）和全部法律制度都以利用自然资源最大限度地增加社会财富为目的。即效益是法律活动的唯一宗旨，效益是一个公认的法律价值。无论这些学者关于法律价值的观点是否有倾向性或者片面性，不可否认的是，秩序、正义、自由、效益等已成为当代主流法学界公认的法律价值。我国在移植外国法律制度的同时，也引进了西方的多元法律价值观，尤其在当今世界经济全球化，我国进行社会主义市场经济建设和加入 WTO 这一时代背景下，这种法律价值观的移植更趋显著，突出表现在刑事诉讼价值观已由工具主义的一元化法律价值观向秩序、安全、公平、（程序）公正、保障人权和诉讼效益及效率等多元化的法律价值观转变。一改过去“法律是阶级斗争的工具”、“刑事诉讼法是保障刑法实施工具”的法律观，确认刑事诉讼不仅具有保障秩序、安全，实现实体正义的工具价值，还有保障人权的独立的程序正义价值和力求以最小的诉讼成本换取最大的诉讼成果的诉讼效益价值。

---

① 参见［美］E. 博登海默：《法理学——法律哲学与法律方法》，邓正来译，中国政法大学出版社 1999 年版，第 38 页。

② 参见［英］彼德·斯坦、约翰·香德：《西方社会的法律价值》，王献平译，中国人民公安大学出版社 1990 年版，第 38、39 页。

多元的诉讼价值观为我们拓宽了理论研究的视野，在此基础上诉讼证明标准的多元化观点已经提出，① 刑事证明标准层次性问题原本内涵于诉讼证明标准多元化的框架之内，也就理应把多元的价值视角作为其确立的基点。如人权保障与效率价值要求我们在审判阶段或其他任何一个独立的诉讼程序中不能仅仅确立唯一的刑事证明标准（如审判阶段仅确立“确定无疑”），否则将不利于保护人权和提高诉讼效率。“实体正义和程序正义的价值取向决定了对于实体事实和程序事实采取不同的证明标准。同时程序正义也是一个有着不同层次要求的诉讼价值，因此要求围绕这一价值确定一系列不同的证明标准。”② 又如，控辩双方“平等武装”的公平价值观要求，如果审判阶段控方的证明标准仅达到优势证据的层次，则理应对被告人判决无罪。

3. 我国刑事诉讼构造

依据公、检、法三机关分工负责、互相配合、互相制约的原则，我国刑事诉讼构造是以侦查为中心，抑或是以侦查、起诉、审判为中心的职权主义“流水作业”的模式。公、检、法三机关分别行使侦查、起诉、审判三种诉讼职能，“我国侦查构造的特点就是侦查机关以查明案件事实真相为目的，依职权积极主动追诉犯罪，是属于职权主义的类型。”③“我国的侦查机关和检察机关在刑事诉讼中不是同属于单一地专司控诉职能的一方当事人，而是分别行使侦查职权和检察职权的国家专门机关”④，检察机关的主要职责是对侦查终结的案件从犯罪事实是否清楚，证据是否确实、充分方面进行审查，以决定是否提起公诉。在审判阶段，法官同样要对

---

① 关于这一点，参见王圣扬、孙世岗：《诉讼证明标准的反思与重构》，载《中国刑事法杂志》2002 年第 2 期。

② 陈瑞华：《刑事诉讼的前沿问题》，中国人民大学出版社 2005 年版，第 91 ~ 97 页。

③ 李心鉴：《刑事诉讼构造论》，中国政法大学出版社 1992 年版，第 161 页。

④ 李心鉴：《刑事诉讼构造论》，中国政法大学出版社 1992 年版，第 159 页。

案件事实的清楚与否，证据的确实、充分与否进行审查，从而作出是否对被告人定罪判刑的裁判。因此，我国公、检、法三机关在侦查、起诉、审判三个阶段通过收集、固定（或对已经收集、固定的）证据，适用相同的刑事证明标准，重复地进行审查、核实和认定证据的诉讼活动。“但是，各个诉讼阶段的诉讼目的和任务不同，诉讼主体及采取的诉讼行为不同，同时在每个阶段存在证明活动，而证明活动是一个由浅入深，由表及里的认识过程，因此要求对不同诉讼阶段适用不同的证明标准。”① 这种立案、侦查、起诉、审判等程序依职权相对独立，审前程序不是作为一个整体发挥控诉职能，并非完全实行审判中心主义的刑事诉讼模式决定了侦、检、审各阶段的诉讼主体均应掌握刑事证明标准的层次性，亦即刑事证明标准的层次性存在于每一个相对独立的诉讼阶段之中。可见，我国的刑事诉讼构造应是确立刑事证明标准层次性的理论基点之一。

4. 刑事证明标准的层次性与刑事诉讼行为的条件之间的区别与联系

理论界有观点将刑事证明标准与刑事诉讼行为的条件相混淆，例如，根据《刑事诉讼法》第110条规定，将立案条件“认为有犯罪事实需要追究刑事责任”看作立案的证明标准；根据《刑事诉讼法》第79条规定，将逮捕条件“有证据证明有犯罪事实，可能判处徒刑以上刑罚的犯罪嫌疑人、被告人，采取取保候审、监视居住等方法，尚不足以防止发生社会危险性，而有逮捕必要”看作逮捕的证明标准。笔者认为刑事证明标准是指证明主体运用证据证明案件事实所应达到的程度。而诉讼行为的条件是指在刑事诉讼中，制约诉讼活动存在、发展和变化的诸因素。可见，二者乃种属关系，刑事证明标准的显著特征是运用证据证明案件事实，满足了这一要求并不一定能实施诉讼行为，如“有证据证明犯罪事实”

---

① 聂文峰、田艳晖：《我国刑事证明标准层次性探讨和重构》，载《河北法学》2009年第11期。

满足了逮捕的证明标准，但还不能实施逮捕；实施逮捕还要满足“可能判处徒刑以上刑罚，采取取保候审、监视居住等方法尚不足以防止发生社会危险性而有逮捕必要”这些制约因素。

从字义上理解，“标准”乃“衡量事物的准则”；“条件”乃“影响事物发生、存在或发展的因素”，或者是指“为某事而提出的要求或定出的标准”①。刑事证明标准有其特定的含义，专指刑事诉讼活动中运用证据对案件事实证明后所达到的尺度（即衡量准则），其仅对案件事实和证据而言，并不包含法律的适用与法律的准则。刑事诉讼行为的条件显然与刑事证明标准不同，它是指在不同的诉讼阶段中分别由法律规定的采用或实行某种诉讼行为的诸因素（或提出的诸要求）。根据我国刑事诉讼法的规定，这些因素既含有事实、证据方面的因素，也包括适用法律方面的因素；既强调实体法方面的因素，亦注重程序法方面的因素。例如，笔者认为，审查起诉阶段的证明标准存在五个层次：确定无疑；排除合理怀疑；有确实证据的推定；优势证据（有罪证据不足）及有证据证明有犯罪事实。但这一阶段采取的诉讼行为“提起公诉”或“不起诉”的条件显然不完全等同于此间的证明标准，因为提起公诉或不起诉的条件既有事实、证据方面的要求，也有适用法律方面的要件。刑事证明标准与诉讼行为的条件之间的联系亦十分明显。诉讼阶段中某一诉讼行为条件的具备，有待于这一诉讼阶段某一层次证明标准的实现。例如，死刑案件定罪量刑的条件是事实清楚、证据确定无疑及适用法律正确（定性准确、量刑恰当、程序合法），即此类案件必须达到“证据确定无疑”这一刑事证明标准的最高层次。

综上，必须转变刑事诉讼法律观，树立多元诉讼价值观，吸收借鉴外国刑事证明标准的合理因素，建立我国刑事证明标准层次性的理论体系，以确保刑事诉讼公正、高效的运行。我国独特的刑事

---

① 《现代汉语词典》，商务印书馆1996年版，第82、1251页。

诉讼构造决定了不能照搬西方国家的多层次刑事证明标准，而且诉讼阶段中诉讼行为的条件亦不能简单地等同刑事证明标准的层次性。具体来说，在我国刑事诉讼构造中，行使公诉职能的检察机关在起诉后不能继续收集、补充证据，亦不能启动预审程序，通过预审法官的强制权力进一步收集、补充证据。如果在侦查、起诉、审判阶段建立逐级递增的层次性证明标准，难免陷于要么因证据不足致使无罪判决和不起诉案件大量增加而影响惩罚犯罪、维护社会秩序目标的实现，要么为避免上述不利状况的发生而将较低证明标准适用于提起公诉或审判活动中，造成冤假错案及司法混乱，最终导致司法权威受损之两难境地。所以笔者借鉴刑事证明标准层次性理论研究的已有成果，在现行刑事诉讼构造下提出了确立我国刑事证明标准的层次性之设想。

四、我国刑事证明标准层次性的设想

（1）刑事证明标准的层次性与诉讼活动进展的条件以及采取诉讼行为的条件是两个不同的概念。刑事证明标准的层次性存在于侦查、起诉或审判的每一个程序，不能简单地将刑事证明标准的层次性与诉讼行为或诉讼程序进展的条件画等号。侦查人员、检察人员、审判人员应当熟练掌握不同层次的刑事证明标准，以指导自己公正、高效地进行司法活动。

（2）我国刑事证明标准可分为六个层次（级别），由高至低依次为：①确定无疑；②排除合理怀疑；③有确实证据的推定；④优势证据（控方证据不足或有罪证据不足）；⑤有证据证明有犯罪事实；⑥认为有犯罪事实。

详见表3：

表 3

刑事诉讼阶段		层次性证明标准	证明对象	证明结果
审判阶段	1	确定无疑	死刑案件事实	有罪判决
	2	排除合理怀疑	除死刑、特定案件以外的案件事实	有罪判决
	3	有确实证据的推定	特定案件事实①	有罪判决
	4	优势证据（控方证据不足）	一切案件事实	无罪判决
	5	有证据证明有犯罪事实	实体法事实	无罪判决
			程序法事实	决定是否回避、变更某种强制措施、非法证据排除等
审查起诉阶段	1	确定无疑	死刑案件事实	起诉
	2	排除合理怀疑	除死刑、特定案件以外的案件事实	起诉
	3	有确实证据的推定	特定案件事实	起诉
	4	优势证据（有罪证据不足）	一切案件事实	退回补充侦查
				不起诉
	5	有证据证明有犯罪事实	实体法事实	退回补充侦查或不起诉
			程序法事实	决定是否回避、变更某种强制措施等

① 注：特定案件指我国《刑法》第 395 条规定的巨额财产来源不明罪，第 282 条第 2 款规定的非法持有国家绝密、机密文件、资料、物品罪，第 155 条第 2 款规定的走私罪等，详见陈光中：《构建层次性的证明标准》，载《检察日报》2002 年 3 月 26 日。

续表

刑事诉讼阶段	层次性证明标准		证明对象	证明结果
侦查阶段	1	确定无疑	死刑案件事实	侦查终结移送审查起诉
	2	排除合理怀疑	除死刑、特定案件以外的案件事实	侦查终结移送审查起诉
	3	有确实证据的推定	特定案件事实	侦查终结移送审查起诉
	4	优势证据	一切案件事实	法定期限内继续侦查
				超期撤案、释放犯罪嫌疑人
	5	有证据证明有犯罪事实	实体法事实	可能采取强制措施
			程序法事实	决定是否回避、采取某种强制措施等（取保候审或监视居住）
	6	有犯罪事实	一切案件事实	开始侦查
立案阶段	6	认为有犯罪事实	一切案件事实	立案

（3）六个级别的刑事证明标准是与不同案件类型、不同案件事实和不同诉讼行为相适应的，具有相对准确性、连贯性和可操作性，可以在我国现行刑事诉讼体制下实现惩罚犯罪与保障人权的双重目标，既保证司法公正又可提高诉讼效率、节约司法资源。同时，明确侦查机关收集、固定证据，采取强制措施，移送审查起诉等诉讼活动的证明标准，勘分检察机关通过审查、核实证据决定退回补充侦查、不起诉或起诉的证据标准的界限，明晰不同案件有罪判决的证明标准，这些均对司法实践有直接指导意义。这里，笔者所勾勒的不同层次的刑事证明标准，应当是笔者所主张的“多维

证明标准”观点[①]在刑事诉讼中的具体表现。

五、从一起实例看刑事证明标准在司法实践中的适用

1. 公诉机关的公诉意见

公诉机关指控：1999 年 12 月，某工业学院招标建设主教学楼工程。某建筑工程公司工程处负责人钱武为了能承建该项工程，找到时任该校基建处处长的赵文，要求赵提供帮助，并承诺事成之后一定重谢。赵文答应了钱武的要求，并在 1999 年 12 月 28 日的评标会上给某建筑工程公司打了高分。2000 年 1 月 28 日晚，钱武为了答谢赵文在学校主教学楼工程招标过程中的帮忙和今后在施工过程中能够得到赵文的关照，将 20 万元现金送到了赵文家里。赵在退还未果的情况下，将 20 万元收下。

2. 辩护人的辩护意见

（1）公诉方指控赵文 2000 年收受钱武 20 万元贿赂款，事实不清，证据不足。

①从物证、书证的角度来看，控方证据仅证明赵文全家截至 2006 年 9 月共计存有 30 余万元的钱款。该笔财产数额完全符合赵文一家三口每年约 8 万元至 9 万元的工资合法收入（参见侦查笔录第 99 页以及辩方提交法庭的工资证明）。值得注意的是，赵文女儿 2006 年 5 月结婚时还接受了亲戚 7 万元至 8 万元的礼金（参见侦查笔录第 100 页）。此外，某工业学院自 2001 年开始发放岗位业绩津贴，赵文平均每年的津贴约 2 万元。

既然控方能向法庭提交钱武 2000 年从银行提取 20 万元的银行记录书证（参见侦查笔录第 92 页），为何不能向法庭举证侦查笔录第 56 页和第 102 页提到的，赵文于 2000 年受贿后存钱的银行记录书证？可见，公诉人指控赵文收受钱武 20 万元贿赂款的事实，

---

① 参见王圣扬、孙世岗：《诉讼证明标准的反思与重构》，载《中国刑事法杂志》2002 年第 2 期。

既没有物证，也没有书证的验证和支持，属于典型的证据不足。

众所周知，受贿罪必须具备的客观方面是，受贿人收受并占有他人财物，即必须有证据证明受贿人占有所收受的财物（犯罪对象）。然而，本案公诉方在无法举证证明被告人赵文占有20万元行贿款的情况下（即缺少犯罪对象），将赵文家庭的合法财产张冠李戴地认定为受贿款。其逻辑荒谬，难以服人。难道像赵文这样的家庭，既没有购买商品房（目前居住的是单位福利房），又没买车，连30余万元合法财产都没有吗？如果否认这一疑问，显然违背了法律执业者办案的正常逻辑思维。

可见，从受贿罪的犯罪对象来看，公诉人并没有令人信服地举出证据，证明被告人赵文收受并占有了20万元钱款；公诉人出示的证据不能证明赵文具备了受贿罪的客观方面。

②从被告人赵文的口供来看，赵文当庭陈述说，他将该20万元于2000年暑假及中秋节前，分两次退给了行贿人钱武，可见，被告人赵文的口供也否认了其收受20万元贿赂款的事实，即本案到目前为止，没有被告人口供这种证据来证明赵文受贿20万钱款。

③从证人孙芝（赵文之妻）证言来看，赵文与孙芝在笔录中都曾陈述说20万元钱款存在银行，特别是孙芝说20万元在“农行先存了5万元，后来又加了5万存在农行储蓄所，存在市交行营业部10万元”；而赵文也说有10万元让孙芝存在银行了。既然如此，公诉方就应该从上述银行调出孙芝的存款记录；况且，公诉方能够调出钱武2000年的银行取款记录，却没有调出孙芝的存款记录，显然不合常理，只能说明赵文家在2000年、2001年、2002年、2003年均没有存款。物证、书证不能印证孙芝、赵文的陈述，说明孙芝、赵文在案件卷宗里的书面陈述是不真实的。故此，孙芝书面证言不能作为定案的根据。

④从证人钱武证言来看，据侦查笔录第90页记载，侦查人员对行贿人钱武进行了三次讯问，可是，控方仅向法庭提交了两次讯问笔录。其中，在2006年8月30日（第一次讯问）笔录中，钱武

没有提及赵文是否退还受贿款的情节。在2006年9月14日（第三次讯问）笔录中，钱武虽然认可了赵文第一次退钱未成的事实（参见侦查笔录第94页），但是，在钱武交代逢年过节送给赵文的礼金之后，侦查人员讯问他有关赵文退款问题时，钱武是这样回答的（参见侦查笔录第95页）："20万元钱，他当时要退给我，我没要，又给他送回去了。其他的就没有讲过要退，但是我父亲生病住院他去过两次，给过2万元钱。我父亲去世，他也给过5000元。春节期间，他给过我的两个小孩两次钱，一人给1000元，共计4000元钱。"值得注意的是，这里的"其他的就没有讲过要退"中的"其他的"，究竟是指前者逢年过节送的礼金，还是指后者20万元?

显然，仅凭此处笔录难以明确其含义，尤其需要钱武当庭确认和接受质证。辩护人认为，这里的"其他的"完全可以理解为前者逢年过节送的礼金，即，"其他的（逢年过节礼金）就没有讲过要退，但是我父亲生病住院他去过两次，给过2万元钱……"。至于20万元，钱武在此处笔录中并没有给予明确回答。

退一步说，即使公诉人据此认为赵文20万元后来没有退掉，那么，对赵文收受20万元的指控证据也只有一个：即上述讯问钱武的模糊回答笔录。

总之，如果对赵文定罪的话，本案只有钱武的上述证言，但这只是一个孤证。根据证明常理，不能依据孤证定案。更何况我国刑事诉讼法明确规定，证人证言必须在法庭上经过公诉人、被害人和被告人、辩护人双方讯问、质证，听取各方证人的证言并且经过查实以后，才能作为定案的根据。《最高人民法院关于执行〈中华人民共和国刑事诉讼法〉若干问题的解释》第58条规定，证据必须经过当庭出示、辨认、质证等法庭调查程序查证属实，否则不能作为定案的根据。第141条规定，证人应当出庭作证。因此，本案指控被告人赵文犯受贿罪，事实不清，证据不足，不能定案。

（2）关于20万元钱款是否退给钱武的问题，辩护人相信赵文的当庭陈述，即：20万元已于2000年暑假及中秋节前分两次退还给了行贿人钱武。

①赵文已经当庭将退钱的时间、地点、理由、过程等事实情节全部陈述清楚。

②证人孙芝与赵文在卷宗里的书面陈述由于没有得到实物证据的印证（这在前面已详细阐述），因此，可以推理该20万元已由赵文退还给了钱武。

③赵文在侦查阶段的多次书面供述中，都没有退钱的情节；但赵文刚才在法庭调查时已经一一作了质证，充分说明当时之所以未能记录这一情节，是由于办案人员用强硬手段不让赵文说出这一情节或者硬性不予记录这一退款情节，属于变相逼供，当然，也有几次属于办案人员为了推卸责任而不予记录。但无论怎样，赵文已经当庭陈述了当时书面证言中遗漏的退款情节，根据我国刑事诉讼法的规定，应以当庭质证的为准。

④赵文分别于2006年12月和2007年1月，曾多次向上级人民检察院申诉，要求市人民检察院补充调查其于2000年退回给钱武的20万元贿赂款的事实。为此，省人民检察院公诉处和反贪局分别来市人民检察院进行督促。遗憾的是，市人民检察院除了在形式上作了两次退回补充侦查外，并未从实质上就20万元退款事实加以调查。我们不禁要问，难道核实退款情节是洪水猛兽，就那么可怕？况且根据1996年《中华人民共和国刑事诉讼法》第137、139条，《人民检察院组织法》第10条，以及《人民检察院刑事诉讼规则》第250、251、259条等规定，市人民检察院均应当依法核实赵文申诉要求调查核实的20万元退款事实。

⑤行贿人钱武应当出庭作证，接受当庭质证，证明20万元退款之事实，以彻底查清楚本案，但无论我们怎样努力，钱武的证言均无法得到质证，其真实性均得不到核实。

首先，本案公诉方在提交人民法院证据时，明确表示不要求通知关键证人钱武出庭作证。其次，辩护方在庭审前曾分别向省人民检察院、区人民检察院和市中级人民法院提交了对钱武进行调查的申请书，以便核实赵文是否退还20万元贿赂款的情节。再次，辩护方又向市中级人民法院提出申请，传唤钱武出庭作证，同被告人赵文当庭对质。遗憾的是，我们的这些努力但均没有得到实现。既然钱武不愿出庭作证，其证言没有经过质证，真实性无法得到核实，因而，我们认为，钱武的证言依法不能作为定案的根据。

综上所述，关于20万元钱是否退还的事实，由于办案机关在程序上出现了诸多瑕疵，使其终未得到核实。而未得到核实的主要责任在于公诉方，理由是：第一，控方拒不接受辩方多次的申诉以及上级机关的多次督促；第二，控方关键证人钱武拒绝出庭作证。因此，公诉人指控赵文没有退还钱武行贿的20万元证据不足，事实不清，且诉讼程序存在某些瑕疵。换句话说，法庭如果不对此20万元是否退还的事实进行调查核实，不对钱武证言进行当庭质证，若认定该20万元赵文未予退还则难以服人。

综上，辩护人总的辩护观点是：在主观上，被告人赵文没有收受钱武20万元钱款（因为他多次退钱）的故意；在客观上，赵文收到钱武行贿的20万元后又退还给了钱武，即：赵文最终没有占有钱武20万元钱款，不符合受贿罪的客观要件。因此，法庭不应以此20万元判定赵文犯受贿罪。

3. 一审人民法院认定的事实、证据及判决结果

一审人民法院认定：1999年12月，某工业学院招标建设教学楼工程。某建筑工程公司工程处负责人钱武为了能承建该项工程，找到时任该校基建处处长的被告人赵文，要求赵提供帮助，并承诺事成之后予以重谢。1999年12月28日，在该校主教学楼工程的评标会上，赵文给某建筑工程公司评分项目上打了满分。2000年1月28日晚，钱武为了答谢赵文在学校主教学楼工程招标过程中的帮忙和今后在施工过程中能够得到赵文的关照，将20万元现金装在一纸袋内，上面放了一条香烟，来到赵文家里，称送给赵文几条香烟。待钱武走后，赵文发现装在袋内的现金。第二天，赵文携带该现金找到钱武，要求钱武将现金收回，钱武不愿意，赵文在退还

未果的情况下，将20万元收下。案发后，被告人赵文供称于2000年暑假和中秋节前已分别将该20万现金退回给了钱武，并向市人民检察院退了20万元现金。

上述事实有下列证据予以证实：

（1）被告人赵文的供述证实：1999年8、9月份，某工业学院建教学楼组织招投标，钱武代表某建筑工程公司也参与投标，12月份，教学楼开标前钱武向其允诺，如果中标，事后给予重谢。其作为工程招标领导小组成员，在评标会上给某建筑工程公司打了高分。2000年春节的前一天晚上，钱武拎了个纸袋到其家，说送其几条烟。待钱武走后，其发现纸袋里上面是一条烟，下面是20万元人民币。第二天晚上，其找到钱武住处要把钱退掉，钱武没有收，并跟到其家楼下，其将20万元拿回家了。此款其给妻子孙芝存银行10万元，房子装修4—5万元，其余4—5万元放在家里花掉了。现赵文多次供述，20万元在2000年暑假及中秋节前分两次退还给了钱武。

（2）证人钱武的证言证实：1999年12月份，因为参与投标工业学院主教学楼工程，找到基建处处长赵文，请求予以关照，并说如果能中标，一定重谢。中标以后，2000年春节前几天的一天晚上，其从银行提取了20万元现金，用报纸包好放在纸袋里，上面放了一条香烟，然后来到赵文家里，讲给赵文买了几条烟，说了些感谢的话，就走了。第二天晚上，赵文用纸袋拎着钱到其住处退钱，讲其瞎搞，其俩人相互推扯了一会，其又陪着赵文把钱又送到他家，其没上楼，赵把钱拎回家了。

（3）证人孙芝（赵文妻子）证言证实：钱武在2000年春节前的一天晚上到其家，送来20万元。赵文跟其讲，20万元他拒收了。但这20万元什么时候又送来的其不知道。20万元在家放一段时间，其存到农行储蓄所10万元；存在市交行营业部10万元，存期一年，到期就转存，2006年7、8月份提取出来，借给其女婿的嫂子用了。

（4）证人李玉（赵文女婿的嫂子）的证言证实：因其化肥厂设备维修缺少资金，2006 年 8 月初，向孙芝借了 20 万元钱，9 月份听讲赵文出事，其就还掉了。

（5）赵文书写的悔过书证实：春节前一天晚上，钱武提一个袋子到其家讲，给你几条烟，钱走后，其看只有一条烟，下面 20 万元钱，其非常吃惊，也很烦恼。第二天晚上，其就原袋送回去，钱怎么也不收，其转身回家，钱又跟到其楼下，其只好勉强又拿上来。这 20 万元存银行 10 万元，装修房子 5 万元，用掉 5 万元。赵文写给孙芝的信称：其已向检察机关主动作了交代。20 万元的事你知道，如果检察机关找你了解，请积极配合，其他的钱你知道多少讲多少。如需要退回赃款，请设法配合。

（6）某工业学院干部任免审批表、文件证实了赵文在该校任职的情况。

（7）某工业学院主教学楼招投标材料、中标通知书、招投标计算得分表、评分表证实：某建筑工程公司等七家公司参与竞标，赵文给某建筑工程公司各项评分项目上均打了满分，某建筑工程公司获得承建资格。

（8）建设银行现金支票证实：钱武于 2000 年 1 月 28 日从建设银行提取了 20 万元现金。

（9）收据证实：案发后赵文退款 20 万元的情况。

（10）被告人赵文的户籍证明证实了赵文的年龄情况。

综上，一审人民法院的结论是：

对被告人赵文及其辩护人提出的辩解、辩护意见，经查：赵文收受钱武的 20 万元受贿款，有其多次供述及证人证言予以证实，证据间能相互印证，足以认定。对赵文称 20 万元已分别退给钱武的辩解得不到其他证据印证，亦与查明的事实不符。对赵文收受 20 万元的赃款如何使用、是否存入银行，不影响受贿罪的认定。检察机关在侦办此案中依法办案，并没有发现违法办案的情况。证人钱武虽未出庭作证，但其证言经庭审举证、质证，可以作为证据使用。故对赵文及其辩护人提出的赵文无罪的辩解、辩护意见，本院不予采纳。

本院认为：被告人赵文身为国家工作人员，在担任某工业学院基建处处长期间，利用职务之便，非法收受钱武人民币20万元，为钱武在工程招标等方面谋取利益，其行为已构成受贿罪，依法应予处罚。公诉机关指控赵文受贿20万元的事实和罪名成立，本院依法予以确认。

4. 简要的评析：本案对被告人赵文的定罪是否达到了排除合理怀疑的证明标准

笔者认为，本案对被告人赵文的定罪没有达到排除合理怀疑的证明标准。因为，本案对被告人的定罪证据实质上只有行贿人一人的证言（何况该证人还没有出庭作证接受质询）；被告人赵文及证人孙芝在侦查阶段的言词笔录均承认受贿20万元，并说将该钱分别存入了两家银行，但：其一，案内没有他们的银行存单这一书证来印证二人的言词笔录的真实性，其二，他俩在审判阶段全部翻供，说钱已经退还给了行贿人，所以，他俩在侦查阶段所作的言词笔录虚假的可能性很大，因而不能作为定案的根据。故此，对赵文的定罪证据不足。

对被告人赵文及证人孙芝在侦查阶段言词笔录真实性的合理怀疑来源于案内没有银行存单，反过来说，如果案内有银行存单这一证据，那就排除了这一合理怀疑，那么，被告人赵文及证人孙芝在侦查阶段的言词笔录就具有真实性，就可以作为定案的根据，进而，全案证据就达到了排除合理怀疑的程度。即：本案的证据链条在印证被告人有罪供述和孙芝有罪证言真实性的时候断裂了，而这又反过来推导出被告人有罪供述和孙芝有罪证言的虚假性。所以，从全案证据来说，定罪证据只有行贿人证言这一个证据，因而，本案对被告人定罪的证据不足。

第十九章　刑事疑案与证明标准

一、疑案的产生与刑事证明标准的基础分析

疑案从无属于无罪推定原则的主要内容之一，我国现行刑事诉讼法已确立了疑案从无的司法原则。在刑法学中，人们所说的疑案包括两种情形：一种是无法可依之疑案，另一种是有法难依之疑案。[①] 而在刑事诉讼法学上，无罪推定意义上的疑案是指犯罪事实已经发生，某人被怀疑涉嫌此案，但经过司法机关查证，最终因证据的原因，既不能肯定其为犯罪人，也不能否定其为犯罪人，从而形成疑案。从上述而知，刑法学意义上的疑案与刑事诉讼法学上的疑案有着本质的区别。[②] 刑事疑案是在刑事诉讼过程中产生的，而刑事诉讼从本质上讲是一个证明过程。“审判的艺术实际上只不过是利用证据的艺术罢了，而不是别的什么东西。”[③] 因而要正确理解刑事疑案的产生，首先必须对刑事证明标准的理论基础进行分析。

我国现行刑事证明理论的指导思想是辩证唯物主义的认识论，其基本原理有：认识的主观性与客观性原理；认识的绝对性与相对

---

① 参见陈兴良主编：《刑事疑案研究》，中国检察出版社 1992 年版，第 238 页。

② 参见杨旺年、王文瑞：《无罪推定之疑案及其认定》，载《西安文理学院学报》（社会科学版）2005 年第 5 期。

③ ［苏］安·扬·维辛斯基：《苏维埃法律上的诉讼证据理论》，王之相译，法律出版社 1954 年版，第 78 页。

性原理；认识的真理性与正当性原理；认识的实践标准。内容主要为：存在是第一性的，认识是第二性的，认识是存在的反映；真理是人们对客观事物及其发展规律的正确反映；实践是认识的基础，是认识的唯一源泉，也是检验真理的唯一标准。在刑事诉讼中，公安司法机关正是依据认识论的具体要求，使其主观认识符合案件客观事实。而要使主观认识符合客观实际，就必须坚持实践的观点，一切从实际出发，尊重客观事实，进行调查研究，运用证据对待证明事项进行证明。毫无疑问，理想的证明状态是查明了案件事实并查获了犯罪人从而使国家的刑罚权得以实现。但由于主客观条件的种种限制，并非所有的案件都能达到这一理想状态。因而，要全面、准确地理解和处理刑事疑案，必须正确认识真理的绝对性和相对性及其辩证关系。

真理的绝对性和相对性是真理的两重属性，两者是辩证统一的。真理的绝对性包含两个方面：①任何真理都是对客观事物及规律的正确认识，都有不能被推翻的客观内容，这是无条件的、绝对的；②人类有可能正确认识无限发展着的物质世界，每一个真理都是向着无限发展着的物质世界的接近，这也是无条件的、绝对的。真理的相对性是指人们在一定条件下所认识的真理是有限度的。相对性表现在：①任何真理都是对整个世界某一领域、某一过程的正确反映，因而是有条件的、相对的；②任何真理都是对特定事物一定程度、一定层次的近似正确的反映，因而是相对的。绝对真理和相对真理的辩证关系表现在：①两者相互渗透、相互联结。一方面，相对之中有绝对，任何相对真理之中都包含着绝对真理的成分；另一方面，绝对之中也有相对，无数相对真理的总和构成绝对真理。②真理是由相对走向绝对的永无止境的发展过程。任何真理性认识都是由相对真理向绝对真理转化的一个环节。刑事诉讼中对案件的事实情况的查明也体现了绝对真理与相对真理的辩证统一。一方面，应当承认，公安司法机关有可能运用证据准确无误地查明案件客观事实，案件的事实具有不能被随意改变的客观性。如果忽视这一点，否认真理的绝对性，也就否认了真理的客观性，把真理的相对性夸大为主观随意性，从而陷入唯心主义的诡辩论。另一方面，由于诉讼证明具有有限性，对具体刑事案件事实的查明只能是在一定范围内、一定层次上近似性的正确反映。“人的认识能力的有限性在诉讼证明中十分明显，因为诉讼证明具有以下几个特点：1. 证明的方式具有不确定性。……2. 证明的材料具有不确定性。……3. 诉讼证明中逻辑推理的前提具有不确定性。……4. 证明的结果因难以检验和验证而具有不确定性。”① 鉴于这些不确定因素，一些案件经过侦查和补充侦查，仍然无充分证据证明被告人有罪，也没有足以令人信服的理由排除被告人犯罪，从而势必产生刑事疑案。可见，疑案归根结底是证据问题。

当然，上述分析的前提是以认识论作为刑事证明标准的理论基础，目前，也有学者提出“证据法理论基础应从认识论走向价值论”②。笔者认为，尽管诉讼包含着一系列法律价值的实现和选择过程，诉讼证明过程或多或少都带有一些“价值”的色彩，但却并不能因此而动摇认识论作为刑事证明理论的基础。充其量，刑事证明活动中体现的应当是真理（认识论）与价值（价值论）的结合与统一。因为，“按照真理论的原则，人的一概活动必须从客观对象出发，朝着全心全意地认识真理和达到真理的方向发挥，否则便不可能获得完全的真理；按照价值论的原则，人的活动必须按照主体的需要出发，努力使现实的客观为主体的发展服务，在这一过程中，掌握真理只能作为实现价值的条件和手段，否则真理是无用的。”③ 一方面，如果仅以真理论为基础，诉讼证明活动的目的必然不会全面，因为目的是受价值支配的。“刑事诉讼的目的集中体现了其设计者关于刑事诉讼的价值观，即关于刑事程序对社会及其

---

① 龙宗智：《相对合理主义》，中国政法大学出版社 1999 年版，第 434 ~ 435 页。

② 陈瑞华：《从认识论走向价值论》，载《法学》2001 年第 1 期。

③ 李文健：《刑事诉讼效率论》，中国政法大学出版社 1999 年版，第 3 页。

成员的作用、意义的认识和评价。”① 另一方面，如果仅以价值论为基础而无视认识论，则必然使这种价值需求受主观随意性所支配而演变成“臆见”或“妄想”。毕竟，“实现刑罚公正和诉讼效率都离不开对案件真相的正确认识，要达到刑事诉讼的最佳效益，必然以实体事实的发现为前提。”② 因而，必须把真理观与价值观统一起来，正确理解和处理两者之间的辩证统一关系。“可以说，真理是价值的基础，离开真理，将会导致价值空虚；而价值则是真理的主宰，脱离价值，真理就会成为无用之才。”③ 因而，在刑事证明过程中应该坚持真理观（认识论）与价值观（价值论）的辩证统一。从此意义上讲，刑事疑案是在真理观与价值观共同作用影响下的产物。

二、刑事证明标准与疑案的含义及关系

1. 刑事证明标准的含义

关于刑事证明标准的概念，我国学界存在不尽相同的表述或用语。归纳起来，大体上有两种情况：其一，侧重于从证明要求的角度来解释证明标准，从此角度出发的观点有：“所谓标准，根据《辞海》的解释是：‘衡量事物的准则’。因而证明标准应是衡量证明主体的证明活动是否达到证明要求以及具体达到何种程度的准则和标尺。那么，刑事证明标准即是衡量刑事证明主体的证明活动是否达到刑事证明要求及具体达到何种程度的准则和标尺。”④ “证明标准是衡量是否符合法律规定的证明要求的具体尺度。”而“证明

① 宋英辉：《刑事诉讼目的论》，中国人民公安大学出版社 1995 年版，第 3 页。
② 李文健：《刑事诉讼效率论》，中国政法大学出版社 1999 年版，第 12 页。
③ 李文健：《刑事诉讼效率论》，中国政法大学出版社 1999 年版，第 15 页。
④ 宋世杰、彭海青：《刑事诉讼的双重证明标准》，载《法学研究》2001 年第 1 期。

要求是法律要求证明案件事实所要达到的程度”[①]。“证明标准，即证明要求、证明程度，或者证明要求、证明程度的具体化。”[②] 其二，侧重于从证明责任的角度来理解和阐述证明标准问题，从此角度出发的观点有：“证明标准是指负担证明责任的人提供证据对案件事实加以证明所要达到的程度，它昭示着当事人的证明责任能否解除。”[③] 此种表述主要受英美证据法的影响，英美证据法中的证明标准“是指为了避免遭到于己不利的裁判，负有证明责任的当事人履行其职责必须达到法律所要求的程度”[④]。可以说，“英美法的证明责任是从诉讼主体角度来观察证明标准的，实质上是证明标准的主体化；证明标准是从诉讼客体角度来观察证明责任的，实质上是证明责任的客体化。”[⑤] 以上这些表述尽管各有侧重，但都在不同程度上折射出刑事证明标准的内涵。笔者认为，对证明标准概念的理解必须与证明（责任）主体的证明对象相结合。只有在负有证明责任的机关、人员和待证对象特定化时，才会产生特定的刑事证明标准问题。脱离一定的证明主体和证明对象来讨论证明标准问题是毫无意义的。鉴于此，笔者认为，刑事证明标准应作广义理解。比如，以人民检察院为证明主体、被告人被提起公诉为证明对象的刑事证明标准应当是“犯罪嫌疑人的犯罪事实已经查清，证据确实、充分，依法应当追究刑事责任”。而以人民检察院为证明责任主体（除巨额财产来源不明罪）、被告人有罪为证明对象的刑事证明标准应当是“案件事实清楚，证据确实、充分”。刑事证明标准不仅应包括有罪证明标准，而且还应包括无罪、疑罪证明标准甚至是立案、逮捕、移送审查起诉、提起公诉的证明标准。当然，

---

① 陈光中主编：《刑事诉讼法学》（新编），中国政法大学出版社1996年版，第165页。

② 李佑标：《试论证明标准的范围》，载《人民检察》1996年第9期。

③ 汤维建：《关于证据属性的若干思考和讨论》，载《政法论坛》2000年第6期。

④ 毕玉谦：《证明标准研究》，载《诉讼法论丛》第3卷，法律出版社1999年版。

⑤ 毕玉谦：《证明标准研究》，载《诉讼法论丛》第3卷，法律出版社1999年版。

有学者认为："诉讼证明标准指的是裁判者对待证的实体法律要件事实存在作出肯定性认定的证明过程，而不是裁判者对待证的案件事实作出否定性的证明程度要求。"① 这一观点有待进一步研究，因为，其一，根据我国刑事诉讼法的规定，公安司法机关对犯罪嫌疑人、被告人的无罪、罪轻证据也应当收集并审查、判断。其二，对待证事实作肯定性认定的证明标准与对待证事实作否定性认定的证明标准是一个问题的两个方面，当肯定性认定达不到证明标准时，即意味着否定性认定可能符合证明标准，这时，也要求证明主体对案件作出裁判。

2. 刑事疑案的含义

在刑事证明过程中，疑案时有出现，它是困扰刑事诉讼正常进行的一大障碍。对于疑案（疑罪）的概念，早在《唐律疏议》中就曾有过相当准确的注释：所谓"疑罪"，是指事有疑似，处断难明的案件。"'疑'，即虚实之证等，是非之理均；或事涉疑似，旁无证见；或旁有闻证，事非疑似之类。"此即意味着：凡有罪证据与无罪证据的数量相等，指控与辩护的理由持平；或被告人似有犯罪嫌疑，但旁无证见之人；或者虽然有人证明某人犯罪，而案件事实似乎又与被告人无关，诸如此类，都属于"疑罪"。此外，《礼记·王制篇》中也有记载："疑狱，汜与众共之，众疑赦之。"此句中的"疑狱"即指对犯罪事实有怀疑而不能决断的案件。

当前，我国学界对"疑罪"、"疑案"的认识存在以下几种情形：有学者认为"疑案，是指刑事诉讼中的疑难案件。司法实践中遇到的疑案，通常有三种：一种是罪与非罪定性有疑难的案件，即罪疑案件；另一类是此罪与彼罪有疑难的案件；再一种是罪轻与罪重量刑上有疑难的案件。"② 也有学者认为，"疑罪有各种不同的

① 汪祖兴、欧阳生：《试论诉讼证明标准的客观真实和一元制》，载《现代法学》2010年第3期。

② 陈曾侠：《论"疑罪从无"原则》，载《法学评论》1992年第3期。

情况，但总括起来，不外乎两类：一类是案件本身的事实不清，或证据不足，因而对被告人是否构成犯罪发生疑问，无法决断的案件。另一类是案件事实已经查清，但在适用法律上发生疑难，即办案人员对如何认定犯罪性质有不同意见"，"就问题本身的性质而言，前者属于认定案件事实，涉及如何适用程序法（刑事诉讼法）的问题；后者则属于如何确定犯罪性质，涉及如何适用实体法（刑法）的问题。"① 不论何种表述，刑事疑案是对构成犯罪既不能肯定也不能否定而处于不确定状态的案件，"不确定"应当是"疑案"的本质。从刑事证明标准角度来讲，"疑案"实质上是达不到刑事（有罪）证明标准的案件。

3. 刑事证明标准与疑案的关系

尽管刑事证明标准与疑案是两个不同范畴的概念，但两者之间存在着密切的关系。认识这一点，对于合理建构刑事证明标准和准确界定刑事疑案都具有重要作用。

从广义上讲，刑事证明标准应当包括刑事疑案的证明标准。可见，正确理解刑事证明标准是准确界定刑事疑案的前提。从狭义上讲，刑事证明标准仅指刑事有罪证明标准，此意义上的刑事证明标准与疑案也存在密切关系，即疑案是达不到刑事（有罪）证明标准的案件。鉴于刑事证明标准的多层次性，刑事疑案在不同诉讼阶段也应有不同的内涵。在立案过程，我国《刑事诉讼法》第 110 条规定，认为有犯罪事实需要追究刑事责任的时候，应当立案。因而，难以确定是否有犯罪事实需要追究刑事责任的案件应视为立案中的疑案。在移送审查起诉阶段，我国《刑事诉讼法》第 160 条规定，公安机关侦查终结的案件，应当做到犯罪事实清楚，证据确实、充分……移送同级人民检察院审查决定。因而，公安机关经侦查，难以认定犯罪事实清楚，证据确实、充分的案件，则应视为移

① 崔敏、张文清主编：《刑事证据的理论与实践》，中国人民公安大学出版社 1992 年版，第 303～304 页。

送审查起诉过程中的疑案。在提起公诉阶段，我国《刑事诉讼法》第 172 条规定，人民检察院认为犯罪嫌疑人的犯罪事实已经查清，证据确实、充分，依法应当追究刑事责任的，应当作出起诉决定。因而，人民检察院难以认定“犯罪嫌疑人的犯罪事实已经查清，证据确实、充分，依法应当追究刑事责任”的案件，应视为提起公诉阶段的疑案。在人民法院审判阶段，我国《刑事诉讼法》第 195 条第（一）项规定，案件事实清楚，证据确实、充分，依据法律认定被告人有罪的，应当作出有罪判决。因而，人民法院难以认定“案件事实清楚，证据确实、充分”的案件，则应视为人民法院审判阶段的疑案。可见，广义上“疑案”的概念及其认定标准在诉讼各阶段中均与刑事证明标准密切相关，不可分割。

三、刑事疑案的处理与刑事证明标准

1. 刑事疑案处理原则评析

毋庸置疑，刑事疑案的出现是不可避免的，而如何正确、合理地处理刑事疑案也就成了一个不容回避的问题。对此，不同国家在不同的时期有着不尽相同的疑案处理原则。归纳起来，大体上有以下几种类型。第一，疑案从神原则。这一原则是古代神示证据制度下的产物，即对于难以查明的案件事实，以各种方法诉诸神，凭借神的某种启示来确定待证事项的真伪、被告人是否有罪。该原则产生的时代是古代奴隶制社会和封建社会前期，当时生产力发展水平极其落后，人对客观世界的认识能力极其有限。随着人类文明的逐步发展，此项原则早已不再适用。第二，疑案从轻原则。此原则要求对“疑罪”案件从轻处罚，但其前提仍是坚持有罪推定。《尚书·吕刑》中记载：“五刑之疑有赦，五罚之疑有赦，其审克之。”此原则的一个重要体现是“疑案从赎”，《尚书·吕刑》中记载：“墨辟疑赦，其罚百锾，阅实其罪。劓辟疑赦，其罚惟倍，阅实其罪。剕辟疑赦，其罚倍差，阅实其罪。宫辟疑赦，其罚六百锾，阅实其罪。大辟疑赦，其罚千锾，阅实其罪。”我国唐代也有疑罪从赎的原则规定，《唐律》第502条规定："诸疑罪，各依所犯以赎论。"采用此原则，有利于保障人们的人身安全与自由，可以有效避免乱捕乱杀。但由于坚持有罪推定为前提，必然导致许多无罪的人被判有罪，从而不利于真正实现人权保障。第三，疑案从实原则。此原则坚持最彻底的有罪推定，即把疑罪完全视为已查实的犯罪，同样处罚。显然，此原则有违现代刑事诉讼人权保障的要求，不宜为现代法治国家所采用。第四，疑案从挂原则。此原则的含义为，在对有罪、无罪难以下结论时，可以视之为"悬案"，暂不作处理。如果被告人在押，可以依据案情变更为较轻的强制措施或者不变更。虽然此原则看似坚持了实事求是的原则，但实质上造成了许多案件久拖不决，影响了刑事诉讼效率，进而导致刑事诉讼目的——控制犯罪和保障人权的双重软化。第五，疑案从无原则。此原则直接源于近现代西方国家实行的无罪推定原则，即对认定被告人有罪的证据不够确实、充分时，应作出有利于被告人的解释。具体而言，在有罪或无罪难以确定时，应推定被告人无罪；在罪重和罪轻难以确定时，应本着刑疑唯轻原则按被告人罪轻处理。坚持这一原则，有利有弊，但"数利取其重，数弊取其轻"，总体看来，仍是利大于弊。

我国修改后的刑事诉讼法吸收了西方无罪推定的合理成分，引入了疑案从无的处理原则。该原则是在坚持追求客观事实的基础上，对于那些确实难以处断的案件采取的一种处理方法，有利于实现诉讼效率的提高和对人权的保障。"为了严格尊重权利和竭力保护权利，有时会使罪犯借此隐藏起来，那就让他去吧。一个狡猾的贼落网，总比每个人都像贼一样在房间里发抖要好得多。"①"疑罪按无罪处理有利有弊。但权衡利弊，则利大于弊。这是出于巩固人

① ［苏］亚历山大·雅科大列夫：《公正审判与我们》，载《莫斯科新闻》1988年第7期。

民民主专政，维护社会安定团结的根本考虑。”[①] 从近几年司法实践的情况来看，我国疑案从无原则的功效并未有效发挥，其问题的关键在于疑案从无原则在实践中缺乏统一、合理的适用标准，造成该“从无”的却没有“从无”，不该“从无”的却按“从无”处理，从而导致要么放纵犯罪，要么侵犯人权。可见，确定统一、合理的疑案从无原则的适用标准势在必行。

一般而言，诉讼活动的中心问题是运用证据证明案件事实并作出裁判。通常情况下，司法人员运用所掌握的证据材料，对案件事实进行审理后作出的判断可能会有三种情形：有罪、无罪和疑罪。而审理后的处理结果只应有两种：有罪和无罪。因为，依据疑案（罪）从无原则，疑罪也应作无罪判决。从此意义上讲，一个具体的刑事案件只要排除了有罪判决，就应当作无罪判决。从证明标准角度而言，只要属于达不到刑事（有罪）证明标准的案件，就应当作无罪判决，可见，疑罪是达不到刑事（有罪）证明标准的案件。因而，要正确适用疑案从无原则，必须从刑事证明标准入手分析。这要求必须对刑事证明标准有一个全面的了解。

2. 刑事证明标准的内容分析

一个国家的刑事证明标准受该国历史、文化背景的影响，特别是与其诉讼文化与制度密不可分。在我国，长期受辩证唯物主义认识论的影响，我国刑事诉讼的证明标准采取的是彻底的真实客观标准，即认定案件事实必须做到“事实清楚，证据确实、充分”。因为我国刑事诉讼法坚持“以事实为根据，以法律为准绳”的基本原则，而且，我国《刑事诉讼法》第195条规定：案件事实清楚，证据确实充分，依据法律认定被告人有罪的，应当作出有罪判决。在实践中，对于“案件事实清楚，证据确实、充分”的认定标志是：（1）据以定案的证据均已查证属实；（2）案件事实均有必要的证据予以证明；（3）证据之间，证据与案件事实之间的矛盾得

① 陈光中等：《刑事诉讼中证明责任问题新探》，载《法学研究》1991年第2期。

到了合理的排除；（4）得出的结论是唯一的，排除了其他的可能性。[①] 对于我国现行的刑事证明标准，目前在法学界存在不同的评价，并由此引发了一些关于刑事证明标准的新观点。特别是，法律真实说和客观真实说两种观点争论尤为激烈。其中，客观真实说即是我国现行刑事证明标准，此观点从辩证唯物主义认识论出发，认为“我国诉讼中的证明任务是查明案件的客观真实或案件的真实情况。……查明案件的客观真实，归根到底，就是要求司法人员的主观认识必须符合客观实际”。尽管此观点在我国法学界有相当大的影响，并为立法所采纳，但从司法实践情况来看，此观点仍存在一些缺陷。比如，其标准缺乏可操作性，从对法官的问卷调查报告的结果来看，“54%的被调查对象认为现行刑事认证标准不好把握。而认为该标准比较好把握的32人中，84%属于从事法律工作10年以上的人。”特别是，竟然没有一人认为现行标准“很好把握。”[②] 可见，在实践中客观真实标准缺乏可操作性是其弊端之一。其弊端之二在于，该标准片面地追求客观真实，有可能忽略对刑事诉讼价值的关注，甚至导致不惜牺牲程序的公正而带来非法取证、刑讯逼供现象的出现。其弊病之三在于，客观真实的证明标准容易走向绝对化，从而只强调客观真理的绝对性而忽视案件客观事实的相对性，在实践中易产生理想化趋向。正是鉴于客观真实标准具有以上一些弊端，法学理论界出现了法律真实标准。所谓法律真实，是指在发现和认定案件事实过程中，必须尊重体现一定价值的刑事程序的要求，在对案件事实的认识达到法律要求的标准时，即可定罪量刑，否则，应当宣布被追诉人无罪。[③] 此观点从客观真实存在的缺陷入手分析，力图在刑事诉讼证明标准中引入价值论思想，将

---

① 参见樊崇义主编：《证据法学》，法律出版社2004年版，第312~313页。

② 陈碧：《关于刑事审判中认证问题的思考》，载《证据学论坛》第2卷，中国检察出版社2001年版。

③ 参见樊崇义等：《刑事证据前沿问题研究》，载《证据学论坛》第1卷，中国检察出版社2000年版。

价值论作为其指导思想。可见，客观事实与法律事实之争实质上是在刑事证明标准问题上坚持“真理观”（认识论）或“价值观”（价值论）之争。对此，前文已有阐述，基于此，刑事证明标准应该坚持真理观与价值观的辩证统一，从此意义上讲，法律真实说有一定积极意义。但是，过分地强调法律真实而忽略客观真实，则有可能陷入主观随意性，导致刑事案件错判率的上升。毕竟，刑事证明标准应当是对法官评判证据中的自由裁量权的一种约束，主观随意性不宜太强。因而，即使坚持法律真实，仍需要以客观真实为基础。因为，法律真实的本身是为了追求客观真实，其判定证据是否真实的最终标准还是看其是否与案件事实相符合，即是否达到了客观事实，从而客观真实实质上是判定法律真实的标准。从此意义上讲，另立法律事实标准的必要性值得怀疑。而且，坚持法律真实也有一些本身难以克服的弊端，坚持法律真实也未必就能解决客观真实标准现存的问题。因为：其一，法律真实在实践中同样必须设定若干可操作性强的具体标准，并不一定比客观真实易于把握。其二，坚持客观真实虽然可能易于忽视诉讼价值，但与非法取证、刑讯逼供现象的发生却没有必然的内在联系。其三，坚持客观真实并不等于坚持绝对真实，它体现的是绝对真实与相对真实的辩证统一。比如有学者以刑事诉讼中疑案从无原则为例，指出公正的裁判未必建立在客观真实基础之上。然而，不容否认的是，适用疑案从无原则，正是坚持客观真实为前提，体现了绝对真实与相对真实的辩证统一。如果不是以客观事实为标准，那么怎么会有疑案产生？又何谈疑案的处理呢？可见，疑案从无原则并不会动摇客观真实标准，相反，它正是坚持客观真实所产生的结果，是坚持其标准的一个有力支持。因而，刑事证明标准仍应坚持客观真实而无须另立一个法律真实标准。针对司法实践中出现的问题，必须在坚持客观真实的基础上处理好以下问题：第一，坚持绝对真实与相对真实的辩证统一；第二，在坚持客观真实的基础之上，引入价值论思想，实现“真理观”与“价值观”的结合与统一；第三，增强客观真实标准的可操作性。

3. 疑案从无原则的适用标准

我国刑事证明标准坚持客观真实，在不同诉讼阶段有具体不同的证明标准。由此可以推知，疑案从无原则的适用标准也应坚持客观真实。从狭义上讲，疑案从无原则仅指审判阶段达不到刑事（有罪）证明标准的案件应作无罪处理，而从广义上则应包括多种含义。具体而言，在立案中，如果达不到“有犯罪事实需要追究刑事责任”这一标准时，则应适用疑案从无原则（即不予立案）；在逮捕过程中，如果达不到“有证据证明有犯罪事实，可能判处徒刑以上刑罚的犯罪嫌疑人、被告人……而有逮捕必要”这一标准，则应适用疑案从无原则（即不予逮捕）；在移送审查起诉过程，如果侦查终结的案件达不到“犯罪事实清楚，证据确实、充分”标准，则应适用疑案从无原则（即应撤销案件）；在审查起诉过程，如果案件达不到“犯罪嫌疑人的犯罪事实已经查清，证据确实、充分，依法应当追究刑事责任”标准，则应适用疑案从无原则（即不起诉或退回补充侦查）；在审判中，《刑事诉讼法》第195条第（三）项规定：证据不足，不能认定被告人有罪的，应当作出证据不足、指控的犯罪不能成立的无罪判决。结合刑事证明标准，此即意味着达不到“事实清楚，证据确实、充分”标准的案件应作无罪判决。可见，疑案从无从最广义上讲，是一种科学诉讼的理念，即“存在疑问时作有利于被告人的处理”。从狭义上讲，疑案从无即指《刑事诉讼法》第195条第（三）项的规定。（下文仅讨论狭义上疑案从无原则的适用标准）

一般地，鉴于我国刑事有罪证明标准是客观真实即“事实清楚，证据确实、充分”，显然达不到此标准的案件应当适用疑案从无原则。但应当注意，此标准应是绝对真实与相对真实的统一，绝不能仅认为是绝对真实。否则，势必导致按无罪处理的刑事疑案数量过多，而真正能达到绝对真实从而被判作有罪的案件数量极其有限，甚至几乎没有，这显然缺乏科学性和合理性。正如英国《不列颠百科全书》称：“由于取得证据的方法有显著不同和区别，证据只能产生程度不同的盖然性，而不会有绝对真理的意义。”也有学者认为，刑事有罪证明标准应坚持客观真实，而疑案从无原则应适用于有合理怀疑的案件。此观点看似正确，但有合理怀疑实质上属于法律真实的范畴，与客观真实怎可相提并论。而且不容回避的是，客观真实与有合理怀疑标准之间无必然衔接性，这必然造成对于证明程度界于客观真实与有合理怀疑标准之间的案件没有处理的依据，从而导致案件处理依据断层现象。事实上，有合理怀疑是英美证据法中的概念。

在英美证据法上，按照《刑事诉讼与证据》一书的归纳，依证明所需的确定性程度划分，证据标准由高到低共有以下几个层次：（1）绝对的确定性——任何法律目的均不作此要求；（2）排除合理怀疑——刑事案件中为有罪认定所必需；（3）有合理怀疑——无罪释放被告人的充足理由……。由此可见，在英美证据法中，刑事有罪证明标准与刑事疑罪（无罪处理）证明标准具有良好的衔接性，即以是否存在合理怀疑为界限。那么，究竟何为合理怀疑，对此存在下列一些表述。塞西尔·特纳认为，“所谓合理怀疑，指的是陪审员对控告的事实缺乏道德上的确信，对有罪判决的可靠性没有把握时所存在的心理状态。因为，控诉一方只证明一种有罪的可能性（即使是根据或然性的原则提出一种很强的可能性）是不够的，而必须将事实证明到道德上确信的程度——能够使人信服，具有充分理由，可以作出判断确信的程度。”① “所谓有合理怀疑，按照19世纪美国一位首席法官的说法则在一切证据经过全部比较与认真考虑以后，审理事实的人本于道义和良知，对于所诉的事实，不能信以为真。究竟有无合理怀疑，如依一位爱尔兰法官的说法，是本于一颗赤诚的心，对于全部证据经过冷静的观察，发生理智的了解，不受任何一方的影响，没有偏见，没有恐惧。”② “所

① ［英］塞西尔·特纳：《肯尼刑法原理》，华夏出版社1989年版，第574页。

② 樊崇义等：《刑事证据前沿问题研究》，载《证据学论坛》第1卷，中国检察出版社2000年版。

谓合理之怀疑，并非以下各种的怀疑；任意妄想的怀疑，过于敏感技巧的怀疑，仅凭臆测的怀疑，吹毛求疵、强词夺理的怀疑，与证言无徵的怀疑，非故为被告解脱以逃避刑责的怀疑。如果属于以上各种的怀疑，即非通常有理性的人所谓合理的、公正诚实的怀疑。”① 从以上诸表述来看，其标准体现的是一种法律真实而非客观真实，显然在我国缺乏适用的理论基础。在英国，由于对合理怀疑无法下一个准确的定义，所以此标准有时也受到质疑和指责。

在我国，疑案从无原则的适用标准应当与刑事证明标准相一致，即坚持客观真实。在审判中，凡是达不到刑事有罪证明标准即“事实清楚，证据确实、充分”的案件均可适用疑案从无原则，这一客观真实标准体现的是绝对真实与相对真实的辩证统一。在司法实践中，这一标准还需进一步细化，并增强其可操作性，以便于司法人员的把握。这一要求对于适用合理怀疑标准同样必需。比如，日本学者指出“关于什么是合理的怀疑，以证据提出和辩论所达到的客观状态来看可以考虑以下的因素。首先，即使事实的某些部分或细节尚未弄清，只要对这些部分的疑问不致影响要证事实本身已达到的证明度，则这种疑问就不属于‘合理的怀疑’；反之，如果局部或细节的不明足以动摇要证事实本身的证明度，则存在‘合理的怀疑’，不得认定有罪。……其次，合理的怀疑或反证的余地应该是具体的、有一定根据的。抽象的、纯理论上的怀疑或缺乏一定事实根据的怀疑不能称为合理怀疑。”② 这些认识尽管是对合理怀疑的阐释，但笔者认为这些理论研究对我国疑案从无原则适用标准的可操作性同样具有积极作用。

---

① 樊崇义等：《刑事证据前沿问题研究》，载《证据学论坛》第1卷，中国检察出版社2000年版。

② 樊崇义等：《刑事证据前沿问题研究》，载《证据学论坛》第1卷，中国检察出版社2000年版。

后　记

一直以来，本人对证据学中的诉讼证明责任和证明标准颇有兴趣，发表了一些论文。后来，就想着出一本书，将自己多年来关于诉讼证明责任和证明标准方面的教学感想、研究心得、实践体会、学术成果加以整理，聚集起来。但一来由于杂事缠身，二来由于自己学术上的“懒惰”，三来也由于一些众所周知的原因，即所谓经济条件的制约，这个事情就一直拖下来了。

从去年9月份决定出书以后，我利用能够利用的时间对原稿进行了校对、修订、删节和增补。正要付梓之时，2012年3月14日，第十一届全国人民代表大会第五次会议通过了《全国人民代表大会关于修改〈中华人民共和国刑事诉讼法〉的决定》，于是我于匆忙中根据2012年刑事诉讼法将书中有关的法律条文进行了修订。

这本书的出版，我首先要感谢安徽大学“211工程”三期学术创新团队建设项目“宽严相济视野下中国刑事法律制度研究”（项目批准号：SKTD002B）的资助。没有它的资助，我可能还没有出书的紧迫感，这本书的书稿有可能仍未整理而静静地躺在我的书橱里。

我要感谢我带的一些研究生，他们首先是安徽大学2003届诉讼法专业的孙世岗、孟庆保、尚华等同学，他们在攻读硕士学位期间，参加了本书有关章节的研究；其次是安徽大学2010级、2011级诉讼法专业的刘家磊、刘新年、陈静、宋婷婷、陈雷、班银安、汤舟、苏韦、张继斌等同学，他们分别对本书的有关章节进行了校对、添补；还有其他一些同学，在此不一一列出。

我要感谢我的夫人齐国屏女士，她一直以她的勤劳、质朴和聪慧在操持着这个家，是她的一以贯之的支持才使我将这本书顺利完成。

我要感谢我的几家法律顾问单位，正是他们的支持，使我能够投身于司法实践，从具有动感的法律实际生活中观察并感受到诉讼中的证明责任和证明标准问题。本书中的一些观点正是这些观察和感受的体现。

另外，我还要感谢本书的责任编辑和中国人民公安大学出版社，感谢他们对本书的辛苦付出。

由于本人才疏学浅，书中不足乃至错误在所难免，诚恳希望广大读者批评指正。

作者

2012 年 3 月 30 日

于合肥安徽大学龙河校区